国家出版基金项目
NATIONAL PUBLICATION FOUNDATION

百年清史研究史

黄兴涛 夏明方 杨念群 主编

思想文化史卷

杨念群 著

中国人民大学出版社
·北京·

总　序

清史研究早在清王朝存在之时就已经开始。即便从清朝灭亡算起，以整个朝代为时间范围的清史研究也已有一百多年。2012 年上半年，为纪念辛亥革命推翻清朝统治、结束帝制一百周年，中国人民大学清史研究所精心筹划主办了“清帝逊位与民国肇建”国际学术研讨会，自觉从“清史”与“民国史”的转换视角着眼，聚焦和探究那一特定时期的复杂历史内容。这次国际学术会议取得了圆满成功，达到了预期效果。会议期间，学者们纷纷表示，清史研究已然进入一个新的时间节点，应该对百年以来的既有研究进行系统的梳理和深度的总结，在此基础上再开始新的航程、扬帆远行。对此，专职人员较多的清史研究所自当责无旁贷。

思考并确立这一学术史课题，得到了国家清史纂修工程的推动。2002 年，经国家批准，戴逸先生领衔主持的国家清史纂修工程正式启动，至 2012 年已开展十年。展望未来，也需要对以往的清史研究进行一番整体的回顾。于是，2012 年年底，在戴逸、李文海两位先生的指导下，清史研究所特别在京郊召开了一次全所会议，专门研讨这一问题，确定将“百年清史研究史”作为教育部人文社会科学重点研究基地下一阶段的重大项目来展开集体攻关，并按领域筹划分工，分别安排各领域的学术骨干来承担编撰任务。

大家商定，“百年清史研究史”的撰述，旨在较为系统地勾勒、梳理百年以来清史研究的基本线索，揭示其突出的问题意识和主要关切，总结其研究成绩，尽量有别于以往那些通行的研究“综述”，避免单纯罗列和一般性概述清史研究成果，力图归纳和提炼出政治、经济、社会、思想文化等清史研究领域中的若干重要进展、关注焦点和特色问题，围绕这些进展、焦点和问题对以往研究的特点及得失展开分析，并尝试寻找出某些具有共识的研究范式来进行反思，从而为今后清史研究的开展提供有益的借鉴。经过多年的努力，如今总算有了结果。

全书共分十卷，包括导论卷、政治史卷、经济史卷、社会史卷、思想文化史卷、中外关系史卷、边疆民族卷、历史地理卷、文献档案卷、海外研究卷。各卷因内容有别，故在掌握和运用体例方面会有所不同。特别值得一提的是海外研究卷的设置，我们特别邀请了国外清史研究名家森正夫、岸本美绪、狭间直树、岩井茂树、罗威廉、巴斯蒂、钟鸣旦、萨莫伊洛夫、杉山清彦、金成修、巴德妮、何娜来专门撰写，体现出真正的国际性交流与研究视野。在这里，我们要郑重地对他们，以及各卷的编撰者，表示由衷的感谢。此外，本书的出版得到了国家出版基金的资助，这也是应该表示感谢的。

清史研究向为显学，学术成果异常丰富，对其百年历程进行全面系统的总结存在相当难度。我们秉承对前辈学者的崇敬之心和对学术的虔敬态度，努力进行此种学术史的探索，实在深感忐忑。限于视野、学力和时间的不足，分析、总结难免存在疏漏、缺失和不当之处，敬请同道学人不吝指正。

中国人民大学清史研究所

2020年4月

目　录

导论　近百年来清代思想文化研究范式的形成与转换

清代思想文化与前朝有所不同的一个重要特点是，清朝是由在汉人眼中属于异族的满人统治的朝代，正是因为满人曾长期被汉人当作野蛮化的族群加以看待，所以满人即使成为实际上的统治者，也面临着如何确认自己的身份认同这样的复杂问题。因为满人一方面要以汉人奉持的儒家价值观为核心，借此统摄知识人的思想，另一方面由于清朝控制的疆域版图空前辽阔，族群分布日益呈现出多样性和藩部地位不断提升，清廷必须兼顾汉人以外的多民族共同体的感受和利益，所以其思想文化构成了一种独特的“二元特性”，这种二元特性并非前朝的“汉化”模式所能解释。

与之对照，一些汉人知识群体则秉持宋明以来所形成的“夷夏之辨”立场，经常蔑视满人以蛮霸的军事暴力夺得天下，认为其并不具有文化正当性。与此同时，清朝统治者则以“大一统”的新思维涵括和抵消了夷夏对立的紧张感，把汉人知识群体逐渐收编到由新型正统观支配的多元体制内。因此，清朝统治者和汉族文人之间的思想博弈及其相互转换过程无疑是考察清代思想文化演变的一个重要切入点。晚清“民族主义”思潮的兴起在很大程度上与夷夏之辨的思维有着微妙的继承关系，同时又是革命党人发起反清运动的舆论源头。因此，“民族主义”思潮所表现出的变革趋向遂成为后人评价晚清思想的一个重要指标。

清代思想文化有别于前朝的另一个特点是，受西学输入的影响日益深入，以至于到了很难保留其传统原貌的地步。那么，西学到底在多大程度上改变和模塑了清代思想文化的特质，就成为我们无法回避的一条思考主线。其中所孕育的繁复曲折绝非前代思想所能概括。

本章拟以“民族主义”与“西学输入”这两个切入点为参照系和坐标，尝试分析近百年来清代思想文化研究所依恃的方法论及其演变态势。

第一节　清代思想文化与近代民族主义思潮的关系

“夷夏之辨”是宋明遗留下来的有关华夏与异族对立的传统解释框架，其核心论点就是突出强调汉民族在文化上的优越性，即使北方民族进入中原进行统治，也是蛮族利用军事暴力对汉人的暂时征服。如果从南北对峙的角度观察，那么南方在文化上的优雅和北方在军事上的霸凌就恰恰构成文明与野蛮的对峙格局，并凸显出南方文化的优越性。清初以来，清代统治者花费了巨大的精力去弥合满汉界限，除了政治治理上的考量，就是想方设法地拉近与汉人文明之间的距离，这是其与元代统治者相当不同的地方。

应该承认，清廷曾一度构建起了一个新型的“大一统”理论体系，至少从表面上暂时淡化了满汉之间出于夷夏之辨的原因所形成的隔阂与界限，使得满汉关系处于相对比较均衡的状态。可是到了晚清，革命党为了强化反满革命的正当性，重新唤醒了明末清初一些士人所表述的夷夏势不两立的激进言论，种族差异从此再成反满利器。所以，这一时期的革命话语都着力于唤醒汉人对清朝入关时虐杀汉人的恐怖记忆，以激起满汉民族仇恨为首要目的。这套言论一方面大量借用夷夏之辨的旧思维，另一方面却又打着现代“民族主义”的旗号。早期萧一山、孟森等人的著作中都遗留着革命党反清情绪的烙印。① 到了 20 世纪三四十年代日本侵华时期，历史学界更是弥漫着一种感时忧愤的情绪。受此影响，革命党所惯常使用的“民族主义”话语直接被转移到了清史研究中，重演了一遍“夷夏之辨”的当代戏码。这方面的例子集中体现在钱

---

① 最明显的例子是萧一山所著的《清代通史》，书名由孙中山亲自题写，讲晚清历史时也勾勒出了一条从天地会、太平天国、同盟会到辛亥首义的反满革命线索。（萧一山. 清代通史. 上海：华东师范大学出版社，2006）

穆的《中国近三百年学术史》《国史大纲》、刘师培的《清儒得失论》等著作中。这些作品的一个共同特点是，把自己的现代民族主义情怀投射到明末遗民如顾炎武、王船山或者黄宗羲、万斯同等人身上，清代中期被多次比附者还有赵翼、王鸣盛或者钱大昕等人，晚期的章太炎则充当了反满民族主义的最著名的代言人。

清朝历史研究呈现出的强烈民族主义倾向与晚清立宪派和革命派之间的政治分歧有着密切的关联。立宪派认为中华民族的构成应该包括满、蒙、藏、回等多种族群，这些多民族聚居的广大疆域才是建构新型国家共同体的传统基础。革命派因为以"反满"为旗帜，一开始自然就只能把满人连同其他异于汉族的少数族群统统排斥在革命同盟的阵营之外，根本无暇顾及从联合多民族力量的角度合理化革命的理论基础，所以在争辩的大部分时间中革命派除了激情四溢的斗争态度，很难在反满舆论的正当性上自圆其说。

当年梁启超就对立宪派与革命派双方的民族主义言论做出了区分，认为立宪派的"民族主义"属于"大民族主义"，而革命派的"民族主义"属于"小民族主义"，这个区分显然是对革命派排斥非汉族人民进入现代国家建设行列表达了不同意见。① 许多学者已经察觉到孙中山的"小民族主义"由于过多关注民族差异的决定性作用，从而使其革命学说具有强烈的排他性特征，其反满思想实则承继了宋明"夷夏之辨"言说中"华夏"与"夷狄"截然对立的旧思路，这就使其在解读"中华民族"之形成的含义时，自动把"汉族"以外的各民族排斥在中华民国的建国版图之外。这种单一的汉人建国论显然是一种相当荒谬的选择。立宪派的"大民族主义"观由于兼顾了清代多民族共存的既成事实，实际上是对清代既有疆域版图的继承而非瓦解，在外敌频繁入侵的急迫形势下，强调以多民族共同体为基础合力建国以对抗外敌的论述策略无疑更具说服力，这也是后来孙中山转而倡导"五族共和"的一个重要原因。

革命派民族观的狭隘性也导致其提出的革命与建国目标蕴含着强烈的内在冲突，孙中山提出的"驱除鞑虏，恢复中华"的革命旗号不过是传统夷夏观的翻版，而"创立合众政府"的设计却理应包括汉族在内的

---

① 梁启超. 政治学大家伯伦知理之学说：二//梁启超全集：第四集　论著四. 汤志钧，汤仁泽，编. 北京：中国人民大学出版社，2018：215.

多民族民众参与其中，但这两个目标显然是相互矛盾的。[①] 比较吊诡的是，西方民族主义理论恰恰也强调种族差异源于血缘、语言、宗教、文化传统和民俗之区别[②]，这与传统中国极端意义上的“夷夏观”颇有暗合之处，西方民族主义理论在成为革命党反满的工具时，就会与中国传统“夷夏观”相互呼应，但却与当时中国现实中的民主建国方案和目标发生了严重偏离。有的学者注意到，同样是引用西方的伯伦知理（Johann Caspar Bluntschli）学说，两派却得出了截然相反的结论，革命派强调种界分别对政治的影响，立宪派则强调政治对种界的融合与调节功能，实际上双方的分歧很少表现在学理方面，而大多表现在对事实的判断和各自不同的策略考虑上。[③]

争论到最后，革命党与立宪派的观点有逐渐趋同的迹象，甚至革命党提出的一些口号如“五族共和”正是脱胎于立宪派的言论。[④] 同时，革命党与立宪派在民族问题上之所以出现如此大的分歧，背后还有南北文化的差异在起着潜在的作用。崛起于南方的革命党因依托会党等反清势力，对清朝的满、蒙、回、藏等少数族群的政治治理能力一直持怀疑态度，所以革命党的方案中一度把满、蒙、回、藏等排除在建国方案之外，这是其反满逻辑的自然延伸。相反，长期居于北方的清朝政治集团及君主立宪的支持者则一直把汉族之外的满、蒙、回、藏视为政治共同体中理所应当的参与者，故“五族共和论”的提出实际是政治立场逐渐妥协、趋同的结果，同时也是革命党与立宪派在民族主义思想上日趋靠拢的表现。

另外，对晚清民族主义思潮的研究相当明显地受到人类学理论和方法的影响，如费孝通先生提出的“中华民族多元一体论”就把“中华民族”的形成分为自在的和自觉的两个阶段，这个提法到目前为止仍支配

---

① 朱维铮. 清末的民族主义//李世涛. 知识分子立场：民族主义与转型期中国的命运. 北京：时代文艺出版社，2000：195.

② 徐迅. 民族主义. 2版. 北京：中国社会科学出版社，2005：38.

③ 孙宏云. 1905—1907年汪精卫梁启超关于种族革命的论战与伯伦知理《国家学》的关系. 学术研究，2002（6）：112-113.

④ 村田雄二郎. 孙中山与辛亥革命时期的“五族共和论”. 广东社会科学，2006（5）：121.

着晚清民族史的研究导向。① 据此分析，其实“夷夏之辨”就带有一种相当“自在”的性质，展示的是多民族互相冲突与融合的历史，这种历史又非西方强调种族差异的族群理论所能解释，而是一种相互渗透的过程。费先生所说的“自觉”则更接近在民族国家建立过程中所面对的西方的民族意识的觉醒与自我认同。这完全是一种现代性的产物，是西方压迫和塑造的结果。具体的例子是，在日本侵华战争期间，顾颉刚等人就提出了“中华民族是一个”的主张，即以忽视各族群的文化自我认同为代价而强行整合成一个共同的政治目标。② 由此可知，如何处理好“文化多元”与“政治一体”的关系一直是民族主义研究中的关键议题。

第二节　“科学”标准引领和制约下的清代思想史研究

民初以来，清代思想文化史研究的基本框架越来越受到科学评价体系的影响，最突出的例子就是清代考据学被视为清代思想逐渐摆脱古典意义的道德伦理学说的束缚，初步具有“科学化”特征的实例。此说的首倡者是梁启超，他在《清代学术概论》中率先把清代“考据学”比附成“科学方法”。胡适则进一步强化了这个观点，把清代考据学与宋明理学之间的差异看作“科学”方法与旧学体系的对立。另外还有一支论述脉络则不强调清代学术思想的“准科学性”，而是坚持考据学同样拥有自身的“义理”，具有不亚于宋明理学所具有的“思想性”，并非琐碎饾饤之学，而且认为清代考据学对古代典章制度的深入考察可以说明其同样具有一定程度的“经世”功能，并非自闭式的书斋学问。③

---

① 费孝通，等. 中华民族多元一体格局. 北京：中央民族学院出版社，1989：3.

② 马戎. “中华民族是一个”：围绕 1939 年这一议题的大讨论. 北京：社会科学文献出版社，2016.

③ 这方面的代表性著作有：张丽珠. 清代新义理学：传统与现代的交会. 台北：里仁书局，2003；张丽珠. 清代义理学新貌. 台北：里仁书局，1999；张寿安. 以礼代理：凌廷堪与清中叶儒学思想之转变. 石家庄：河北教育出版社，2001；张寿安. 十八世纪礼学考证的思想活力：礼教论争与礼秩重省. 北京：北京大学出版社，2005。

这条思路不妨被当作尝试疏离以“科学”方法为中心比附清代考据学的努力，但毋庸讳言，清代考据学是否具有科学性这个问题仍长期主宰着清代思想史研究。当年胡适提出过清代经学的四点特质，梁启超则概括出朴学的十大特征，他们都指出考据学的“归纳”方法正是一种探究“客观性”的实验科学手段。梁启超的“理学反动说”试图证明，考据学是为了消除由前代学者曲解圣人立教本意所带来的经典误读和理解混乱。胡适则把“理学反动说”看作以复古为解放的说辞，并把这番说辞与科学精神挂起钩来，升格为一种实验主义哲学方法，即归纳与演绎同时并用的科学方法。后人对此论点颇多发挥，如有人把清代考据学比附于 19 世纪欧洲历史学家兰克（Leopold von Ranke）的方法，给他的史学贴上了一个所谓“语文考据学派”史学的标签，而丝毫没有发现兰克的史学主要彰显的是一种德意志民族精神，而非一种所谓客观的实证方法。① 还有人把戴震思想理解成中国式自由主义的成熟和自我意识之呈露的表现。这些似是而非的误读可谓比比皆是。实际上，从梁启超、胡适以来一直到当代学者对考据学的概括似乎仍失之于笼统和乐观，只是从外貌上笼统归纳出考据学疑似西方“科学”的一些特征，但其内容包括文字、训诂、音韵、版本、目录、校勘、辨伪、辑佚、金石、史事考订诸学均属于传统学问的分支，其被标榜的所谓“实学”特质与宋明理学相较，不过是更少掺杂一些佛理玄学和“禅学化”“语录化”的特征而已。清季学术以复古为目标，仍属于中国传统学脉的延续，与西学方法很难扯上关系。

清代思想学术“科学化”观点的提出，与胡适等人身处五四启蒙风潮洗礼之中这个大背景密切相关。胡适的留学经历使他信奉杜威实验主义，他在审视清代考据学时自然很容易对其研究方法产生科学主义式的臆想。后人为了证明乾嘉学术有别于宋明思想之优势，亦沿袭胡适的思路，继续用科学理念对乾嘉学术旨趣进行深度包装，遂使之日益脱离了其特殊的历史语境，至于把戴震思想拔高到抨击皇权专制、倡导个性自由的高度就更属于玄学呓语。“个人主义”只有到了五四时期才短暂地成为学界的热议话题，但由于缺乏中国传统根基的支持，再加上日益迫

---

① 杜维运. 清代史学与史家. 台北：东大图书有限公司，1984：273.

近的外来威胁，“个人主义”很快就被团体主义和集体主义取而代之。① 乾嘉学术之所以无法用“科学化”加以解释，乃在于乾嘉学术的主导趋向是“复古”而非面向西方融汇新知，对数学和天文学这类学科的兴趣基本被局限在古史的叙述框架内。在皇家的视野里，西学、西艺不过是政治礼仪的附属品，根本无法演化为寻究物质文明深层原理的动力，更不可能进展到通过实验手段来发现事物深层逻辑的阶段，故与科学精神的发明与应用相去甚远。

尽管如此，随着晚清内忧外患局势的加剧，西学还是开始慢慢渗入中国文化的脆弱肌体，不断对传统学问体系施加影响。对于西学是如何影响清代思想文化研究的，学界主要聚焦于以下几个问题：西学是经过何种渠道输入的，其支配力如何？天主教传教士和新教传教士传播西学的贡献有何差异？作为西学传播媒介的语言和文字样态及其翻译路径是什么？如何呈现其“接受史”的状况？同时也有学者提示，要避免仅仅单纯从语义学的角度探讨西学翻译问题，并假设中西之间借助透明的对等互译，就足以展示西学传播的正当性，而没有看到西学语汇进入中国后往往受制于自身的文化传统并发生变异。同时必须注意到，这个“跨语际实践”过程又是政治权力不断支配、干预的结果。

我们首先来看传教士与西学输入的关系。大多数学者一方面认为传教士扮演着西方殖民者的先驱角色，坐着炮弹而来；另一方面又注意到其在引进西学方面的先导作用。从第二方面而言，评价传教士的作用基本上是根据他们传播的“科学”知识是否与西方的相关发展成果同步。根据这个标准，耶稣会士就被贬低成天主教正统哲学和中世纪封建思想的维护者，是传播欧洲先进科学的阻碍力量。其被贬斥的证据包括天文学方面采用第谷体系，数学也是初等数学，没有输入解析几何、微积分、初等概率等先进知识。②

在我看来，这种武断评价至少在两个方面有所欠缺：一是完全抹杀了晚明耶稣会士传播西学的先导作用，二是基本没有涉及清朝统治者对西学的选择和利用方式。由于中西文化碰撞时，西方始终处于更加强势

① 杨念群. 五四的另一面：“社会”观念的形成与新型组织的诞生. 上海：上海人民出版社，2019：136－204.

② 何兆武. 中西文化交流史论. 北京：中国青年出版社，2001：导言 6.

的地位，故西学东渐大多是一种单向传输过程，除了其本身内容之外，清朝对西学的采纳机制及其制度安排往往起着决定性的作用，否则就无法解释，在晚清时期同步受到西学影响的情况下，为什么日本会全面击败中国，在现代化的程度上领先于亚洲其他各国。与此同时，一些学者又举出若干证据反驳耶稣会士只是传播旧学的论断，试图证明他们对天文、算学、历法的输入一度使中国接近了欧洲天文学发展的前沿领域，例如耶稣会士介绍了不少伽利略、开普勒等人的天文学知识，清初哥白尼的日心地动说也开始传入中国。耶稣会士的主要贡献是引发了中国人思维方式的变革，使中国人形成了新的世界观和对待中国传统文化的新态度，是一种外在激励性因素，故而不应根据某项具体西方知识输入的先进与否来评判其价值。

与耶稣会士相比，持“自由派”或“社会派”立场的新教传教士显然在传播西学方面更加灵活有效，其传播的内容涉及自然科学、社会科学诸领域，也涉及伦理道德、风俗习惯、宗教信仰等人文方面的知识，并更深入地渗透到中国近代各种热点问题的讨论中，使中国人突破了“文化中心主义”而进入“万国”史观的境界。同时，他们还输入了进化史观，改变了传统中国的历史循环论思维，把历史叙述构造、串联成一种具有过去、现在和未来意义的连续图景。以上研究结论各有侧重，但都或多或少以“单向文化传播论”作为判断西学作用的依据。所谓“单向文化传播论”，是指完全以西方近代以来形成的科学观与方法论为尺度来衡量中国步入现代化轨道的程度，并形成是非褒贬之标准。① 另外，在讨论中西关系时，亦以西方为中心，构建出“传播—接受”“中心—边缘”“进步—保守”的二元对立模式。中国在接受西学的过程中成为只能被动回应、毫无主体意识的盲从者。

为了克服“单向文化传播论”中所蕴含的中西二元对立的弊端，一部分学者主张从互为主体并探究其融合互动的态势入手重估西学东渐的意义。他们注意到新旧之间并不总是处于一种截然二分的状态，或者一方绝对主动一方徒然被动的纠结状况，而是呈现出一种辩证意义上的张力关系。

---

① 杨念群. 反思西学东渐史的若干议题：从“单向文化传播论”到知识类型转变的现代性分析. 华东师范大学学报（哲学社会科学版），2019（3）：18－34.

与此趋势相对应的是，不少学者关注的“近代中国的知识转型”这个话题也逐渐超脱了仅仅从探索西方知识之自我品质与传输路径之构成转向，强调要兼容传统学术与西方近代科学知识在中国的双向建构过程。[①] 由此可知，中国知识并非按照“单向传播”的轨道被动接受改造，而是主动地迎取、消化、融会，最终变异成非西非中的新型学问。中国的“历史经验”也会在不同时期主导外部世界的认知。所以，在检视西学东渐时需要考虑中国人自身的文化和历史经验随时可能发挥着支配性作用，这种传统思维习惯如果仅按单向传播论的经验来观察，就很容易被简单粗暴地看作不合时宜的落伍表现，或者遭到有意遮蔽和忽略。

如果借助双向互动的视角重新审视西学东渐史，那么阅读主体对西方知识的感知与吸收过程就显得尤为重要。由于中国传统阅读空间如书院、藏书楼和私人宅邸的构成与西方有很大差异，如何建构中国读者的阅读与思想内在面相的变化就日益成为一个了解近代知识传播的关键路径。从近代报刊的出版和阅读，以及私人日记与文集中对“西学”的认知，直到外洋考察著述，科举进学阅读范围的变化等方面均可考察晚清士人读书秩序（order of reading）的走向，再如日本思想作为变革中介的翻译和引入成为新旧阅读之争的动源，也不妨纳入考察范围。[②] 阅读史给我们的一个重要启示是，中国人在接受西学的同时有一个重建文化主体的自我变革意向。

中国近代传播媒介中大量新名词的产生及其所发挥的功能也是西学东渐研究的重要对象。这些具有“现代性品格”的新名词，尤其是大量引入的双音节以上的词汇和抽象概念，经过再创造后成为知识界建立新的身份认同的基础，近代新名词提供了众多新的“概念工具”和“思想资源”，改变了中国人的思维方式，提高了中国人的科学思维能力和效率，从社会科学概念引入的角度看，中国人对世界空间的认知和对历史阶段的划分都有实质性的变化。[③]

---

① 张寿安. 晚清民初的知识转型与知识传播. 北京：北京师范大学出版社，2018：导言 2.

② 潘光哲. 晚清士人的西学阅读史：1833—1898. 台北：“中央研究院”近代史研究所，2005：5.

③ 黄兴涛. 近代中国新名词的思想史意义发微：兼谈对于“一般思想史”之认识. 开放时代，2003（4）：72.

尽管“概念史”和“阅读史”研究对“单向文化传播论”有重要的纠偏作用，但仍有把概念和新名词的对等翻译固化在一种“透明性阐释”中的危险。因此，有的学者提出用“互译性”取代这种关注语言表层对等翻译的研究。这种被称为“跨语际实践”的研究策略否认概念和名词，或者理论可以原封不动地以本来面目进入另一种文化语境，否认翻译只不过起着一种中介性的搬运功能，认为语言之间的对等交流无法透明地按照原样进行输出输入，任何“互译”都是历史人为地建构起来的结果，必须考察语言如何在一种文化语境中被合法地进行组合和再建构的过程，如此才能真正把握西学东渐的真实意义。①

第三节　从“启蒙论”到“早期近代论”：清代思想文化研究范式的演变

民国初年的清代思想文化史研究除了深深地打上了“民族主义”和“革命”导向的烙印之外，主要受到西方启蒙思想的影响，一些前辈学者尤喜把明末清初的一些思想家如王船山、黄宗羲等装入西方启蒙思想的框架内进行比附裁量。梁启超就率先把清初学术思潮当作一种“启蒙期运动”加以认识，并将之看作晚明发生王学极盛之弊后的突破转向。任公又把“理学反动说”与清中叶乾嘉学派的“科学精神”挂起钩来，这样就把清代思想成就抬升到一个足以和近代精神相匹配的高度。后来的马克思主义史学家部分继承了这一思路，如侯外庐就把清初“质测”之学当作科学唯物主义的表现，这种唯物主义一元论显示出启蒙学者与封建礼教的对立斗争。侯外庐以方以智为例，肯定其思想中包含的唯物主义的“科学”之部分，声称他发现了类似笛卡尔式的命题，是“百科全书派”唯物主义的中国版。这是方以智思想启蒙的核心价值，同时侯

① 刘禾. 跨语际实践：文学、民族文化与被译介的现代性（中国，1900—1937）. 宋伟杰，等译. 北京：三联书店，2002：1.

外庐又批评其“社会观”在改造现实方面的无力。①

在20世纪五六十年代达至顶峰的“启蒙论”叙述框架在21世纪却遭到年青一代学者的批评。他们认为，把王学及其弟子的思想当作人文主义启蒙思想完全是现代人的一厢情愿，“良知”之学基于中国传统经验，体现的是一种正统性思维，它超越了主客二元对立的划分模式。用唯物唯心的二元方法理解阳明心学、刘宗周和黄宗羲的气一元论则是完全选错了方向。

不少学者认为，明清之际学术思潮的变迁集中体现出的是某种“由虚转实”的核心价值体系，“实学”好像由此顺理成章地成为清学的别名，然而，“实学”的内涵到底如何界定，始终是一个见仁见智的问题，只有置于特定的思想背景下方可昭彰著明。以清学批评的对象宋明理学为例，其标榜的心性修养与虚玄的佛道功夫有别，恰可称为“实学”，而清学则反其道而行之，其标榜的“实”的目标与对人的内在心性追求逐渐被移置于外部世界的倾向有关，但这并不意味着那些关注实际事务的学问就可统统叫作“实学”。“实学”不是一个无所不包的大筐，好像什么都可以往里装，仿佛可以安置任何与“物质”相关的东西。

“经世”思想的界定也面临同样的困境。“经世”本来是中国古代原有的概念，它之所以被重新发掘，是因为它有可能被置于“近代化”的语境中加以诠释，或者只与中国现代化的问题发生关系时，“经世”一词才被纳入考察视野。这其实已经不符合“经世”观念在常态下所应具有的本义，这也是民初以来西方“启蒙论”仍潜在地支配清代思想文化研究所造成的后果。

“启蒙论”的一个变种是近些年被反复阐说的“早期近代性”（early modernity）。② 所谓“早期现代性”，是指在西方对中国真正形成致命冲击以前，中国即已开始拥有了某种与欧洲相似的“近代性”。这种“近代性”完全萌发于中国的内部，并不是西方从外部施加压力造成的后果。这种观点想以此证明，中国历史在受到西方影响之前即已拥有进

① 侯外庐. 方以智——中国的百科全书派大哲学家：论启蒙学者方以智的悲剧生平及其唯物主义思想（上篇）. 历史研究，1957（6）：4-5.

② 罗威廉. 中国最后的帝国：大清王朝. 李仁渊，张远，译. 台北：台湾大学出版中心，2016：6.

入现代化社会的潜质和能力，并非依赖于西学的输入。比较突出的例子是“公共领域”与“市民社会”观念的引进。“公共领域”与“市民社会”在西方是一组相关概念，阐明的是欧洲市民阶级通过特定空间表达自身诉求，形成制衡封建帝王权威，最终诱发资产阶级革命的历史。其“公共领域”中“自治”状态的营造，成为“市民”阶级崛起的基础。然而，这组概念一旦移植到对中国历史的解释中就完全失去了原意。

中国基层的所谓“自治”当然也有与官方行政体系相区别的特征，但大多数乡村的所谓“自治组织”仍或多或少依赖于官僚系统的支持才得以正常运作，根本无法从它们的荫蔽下真正界分出来，形成独立的场域，当然也就形不成像西方那样有自身政治诉求的“市民”阶级。所以，即使到了接近“近代”的历史时期，一些貌似“自治”的团体和私人所表达的思想也往往是传统资源的变种与延伸，而不是“近代”因素结出的果实。挪用“早期近代性”这个说法也容易对一些传统观念的作用产生误解，例如对“经世”观念的解说就总是依傍于是否与“近代”发生的事件相互衔接，把“经世”看作西方科技进入中国之前即已具有的一种胚胎式基础，从而为晚清改革寻找到合理性依托。

以“启蒙论”和“早期近代性”为依据对清代思想文化进行考察，很容易陷入照搬西方历史演变逻辑的窠臼中。前者完全是对西方历史的移植和模仿，后者虽然拒绝以西方冲击的标尺丈量中国历史演变的程度，尝试在中国传统内部寻找变革的动力源，但最终还是希望能够从中国传统中找到与西方同等重要的“近代化”因子。其评判依据和尺度仍然落脚在西方思维限定的框架内，正如罗威廉（William T. Rowe）所意识到的那样，“早期近代性”既然是有意从欧洲史学中挪用过来的概念，那么使用这个概念就似乎会将一系列从西方经验启发的预设强加给中国，以至于模糊了中国历史的实际状况。①

另有一些学者也力图回避西方的单线进化史观对解释清代思想文化史的支配作用，提议用“复线历史观”取而代之，从中发现历史被遮蔽

① 罗威廉. 中国最后的帝国：大清王朝. 李仁渊，张远，译. 台北：台湾大学出版中心，2016：6.

的一些更为复杂的面貌，打捞出那些被遗忘的记忆和声音。[①] 但“复线历史观”的论述立足点仍落在“线性”这个概念上，只不过使原有的“单线”变成了“复线”，表面上想颠覆西方线性近代史观，实则不过是其补充形态而已，正如在历史高音之外寻找历史低音的努力。我仍把它看作“启蒙论”与“早期近代论”的一种延续和修正。

要克服以上两种模式带来的弊端，一个重要的出路即是重新沉潜到中国古史的文献脉络中，发现中国历史演进的内在逻辑，特别是重新评价和解释其与西方进化论思维相悖逆的思想。举例而言，中国古代历史观中的“黄金三代论”一度被贬低为落伍的理论，最终全面为西方进化论模式所取代，但如果仔细辨析其观点，所谓“黄金三代论”并非严格意义上的“向后看”，或者被世人讥讽为落后怀旧的陈腐之论那么简单，而是一种以历史循环论为外观，呈螺旋式上升的深度理论构想。古代有所谓“一文一质”“一治一乱”等说法，这些说法不一定与历史发展的直线演进逻辑完全贴合，并不符合进化论所昭示的必然性法则，但不能不说有相当的道理。近代西方对中国传统的冲击和改造，使中国被纳入全球性的国际体系，这确实是进化论和科学观的威力所致，但并不意味着这些理论在被应用到没有西方力量形塑的历史状态时其解释力会自动生效。如从“文质之辨”看清代思想的演化，其基本规则是文明的特质有一个从野蛮向雅致变化的过程，但本属于原始状态的“质”之部分不一定就会被处于优势高位的“文”之一面所完全收编同化，它有可能反过来对“文”的特性形成制约，这种观念与“夷夏之辨”中华夷之角色、地位可以互换的古典看法是一致的。这对满人入关以后所采取的一系列统治策略有较强的解释力，甚至也对理解中国历史为何时常陷入“一治一乱”的循环格局有一定的帮助。

再如对“经世观”的评价，我们总有一个误解，那就是所谓“经世”一定与西方的科学思维和技术的引进程度有关。道理似乎不言自明：在西方大规模入侵之前，中国不可能有值得重视或者可以作为议题的实质变化，所以“经世”就一定是一种类似西方式的“变革”，否则“经世”就没有意义，所以“经世”就似乎一定要表现出一种“变革”

---

① 杜赞奇. 从民族国家拯救历史：民族主义话语与中国现代史研究. 王宪明，等译. 北京：社会科学文献出版社，2003：2-4.

的姿态和意向，或者一种“非常态”思维。其实这种思路完全没有关注到，明清历史即使处于常态时期，许多变革也在不断发生，只不过不是表现为一种激进式的或暴力式的变化。所以，我们讨论“经世观”，至少应该把它划分成两种类型，一种是“变态期”的“经世观”，另一种是“常态期”的“经世观”，这两种“经世观”分别发挥着不同的功用。具体就明清历史而言，如果只把“经世观”限定在明末清初或清末民初这两个时段，则显然忽略了在清代的常态时期一批政治精英对治理技术的发明所做的努力，这些努力完全可以在前近代的视野里加以考察，而不必强行把它们归并到近代变革的思路中。①

以上我们分别对近百年来清代思想文化史研究所依据的基本方法和理论视角进行了概要式梳理，清代思想文化史研究受“民族主义”“近代西方启蒙论”“单向文化传播论”“早期近代论”等不同理论流派的影响，带有相当强烈的用西方历史比附和衡量中国历史价值的意识与倾向。经过多年的反思，一些研究者已开始寻找清代思想文化中带有自主性的演变特性和发展脉络，尝试建立起具有本土气质的解释框架。这是近些年来非常值得期待的研究走势，值得重视。

---

① 罗威廉. 救世：陈宏谋与十八世纪中国的精英意识. 陈乃宣，李兴华，胡玲，等译. 北京：中国人民大学出版社，2013：475.

第一章　明末清初思想文化研究范式的转移

——以近百年相关讨论为中心

明末清初是中国历史上一个比较特殊和敏感的时期，因清代是满人入关后以异族身份建立的新朝，其政权易手发生的鼎革含义与前朝以汉人为主体的改朝换代大有不同。故从晚清到民初，对这段历史的诠释主要受制于立宪派和革命党激辩后留下的思想遗产。革命党认为，明清易代出现的大量遗民舆论正可为清末的反满行动提供抗争资源，这一时期清史叙述的主线刻意突出满人对汉人的压迫和汉满两族在人种与文化方面的差异，以凸显汉人的文明优越感，对清初明代遗民言论的解读基本认同宋朝以来流行的“夷夏之辨”观。

20 世纪 30 年代以后，日本入侵触发了知识界感时忧愤的躁动情怀，各类清史论述对清初遗民思想的高调推崇更成为彼时宣泄悲愤心绪的渠道，慢慢淤积演化成一种现代民族主义的群体想象，并适时集中喷涌出来。可是细究其义，其主导言论不仅仍未跃出夷夏之辨的古典逻辑，反而更加有所强化。这里仅举一例，郑天挺先生在 1938 年的《日记》中说：“自国难日急，学者好读遗民诗文，余则主读中兴名臣集，以为遗民诗文固可以激励正气，而中兴名臣之所作，于激励正气外，兼可以振发信心。当千钧一发之际，不有匡济之术，乌可以复兴哉？”[①] 郑天挺表露的这番心迹，说明他虽不赞成学者沉迷于遗民诗文，徒发感慨，却也间接折射出当时知识界的普遍阅读风气，似仍未脱离借明遗民感愤言辞浇心中之忧时块垒的旧式轨辙。

---

① 郑天挺. 郑天挺西南联大日记：上册. 北京：中华书局，2018：18.

新中国成立后，明清转型这段历史基本上被看作明朝末年思想“启蒙期”的延续和遗响。所谓“启蒙”，被解读为：（1）中国传统学问开始对西学的输入频繁做出回应，并孕育出新的观念，与此时中国社会中普遍出现的商业资本主义萌芽同步发生，形成互动态势；（2）对宋明理学压抑人性的批判和对情欲生活方式的肯定，构成了反专制的舆论基础，是对近代欧洲人性论解放思潮的呼应。这套论述几乎完全挪用西方从中世纪迈向启蒙时代的历史书写程式，大体是对欧洲近代思想演变过程的刻意模仿。另外，在20世纪50年代到60年代，出版了大量用唯物辩证法诠释清初“启蒙”思想家的作品，论述主旨大致都遵循着主流意识形态中的核心“启蒙论”宗旨。同时，大多采取的是“哲学史”式的讨论规则，即把遗民言论归纳成本体论、认识论、价值论、人生论等条条框框，进行填充式阐述，很少有人跳出二元论分析的窠臼。

20世纪90年代以后，对明末清初思想文化的探究力求突破“哲学史”叙述的僵硬套路，以免随意裁剪清初时论，造成对遗民思想真义的污染和伤害。一些学者把视线逐渐向言论产生的历史氛围和时人心态延伸，试图感同身受地接近与领悟清初知识阶层的心绪氛围和感情结构，而不仅仅拘泥于那些漂浮在表层的表态式言论。这股被称为新文化史的研究浪潮，日益取代老套陈旧的阐释模板，渐趋汇入学界主流。本章拟分三个部分，对明末清初的思想学风及其在文化层面的变化做出一些概要式梳理和观察。

第一节　反思“民族主义”与“进化论”模式支配下的明清鼎革研究

在西方诸多引进思想中，我认为除了“科学主义”之外，近代“民族主义”思潮大概对中国学界的影响最大，其支配作用在民国初年的明末清初思想研究中即已初现端倪。到了20世纪30年代，更因日本入侵而达于鼎盛。但这些因现代帝国主义入侵所表达的“民族主义”忧患情绪，大多建立在满汉冲突的历史记忆上，使用的还是“驱除鞑虏，恢复中华”的传统表述。

最有名的激愤表述恐怕莫过于钱穆的以下表述，他说：“满清最狡险，入室操戈，深知中华学术深浅而自以利害为之择，从我者尊，逆我者贱，治学者皆不敢以天下治乱为心，而相率逃于故纸丛碎中，其为人高下深浅不一，而皆足以坏学术、毁风俗而贼人才。”① 刘师培的言论与钱穆的言论可谓相互呼应，他是这样描画清代的文化氛围的：“盖士之朴者惟知诵习帖括，以期弋获，才智之士，惮于文网，迫于饥寒，全身畏害之不暇，而用世之念汩于无形。加以廉耻道丧，清议荡然，流俗沈昏，无复崇儒重道，以爵位之尊卑判己身之荣辱。由是儒之名目贱，而所治之学亦异。”② 梁启超对此有类似的看法，他说：“异族入主中夏，有志节者，耻立乎其朝，故刊落声华，专集精力以治朴学。”③ 钱穆在《中国近三百年学术史》的自序中特别点出了自己的撰述时间是在九一八事变发生时：“斯编初讲，正值‘九一八事变’骤起。五载以来，身处故都，不啻边塞，大难目击，别有会心。司马氏表六国事，曰：‘近己则俗变相类’，是书所论，可谓近己矣。岂敢进退前人，自适己意？亦将以明天人之际，通古今之变，求以合之当世，备一家之言。”④

又如汪东在民国二十六年（1937）为冯国瑞《顾亭林入关史迹考》一文所作序言里即有如下评论：“昆山顾亭林先生，不仅为有清一代之朴学大师，民族思想与黄（梨洲）王（船山）并著。”又说亭林在“胡运未衰，汉祚难复”的境遇下，“老而著书，指陈天下郡国利病，将以遗后人”。后面马上联系现实境况发出感慨：“然身逢丧乱，志极幽忧，昆山为亭林故乡，与余同郡，今悉遭倭寇所蹂践，田庐城市，荡为废墟，一息尚存，岂忘规复，失哲有灵，当蒙阴佑。”⑤ 这凭借的明显还是“民族主义”概念包装下的满汉对立思维。

高良佐在《清代民族思想之先导者》一文的开头就表示：“夫清之兴也，乘明末内乱之机，以异族入主中国；明之遗民，抱国亡家破之痛，怀光复故鼎之志，或则文字鼓吹，或为投袂举义，故排满之思想，光复

① 钱穆. 中国近三百年学术史：上册. 北京：商务印书馆，1997：2.

② 刘师培. 清儒得失论. 长春：吉林人民出版社，2013：227.

③ 梁启超. 清代学术概论. 上海：商务印书馆，1930：28.

④ 同①自序 3-4.

⑤ 冯国瑞. 顾亭林入关史迹考. 西北史地季刊，1938（1）：96.

之运动，前仆后起，再接再厉，终清之世，未尝中辍，卒之得诸吾族者仍为吾族所有，为我国近世史之一大关键焉。究其致此之由，则以我之固有汉族本位思想，实为其主要之原动力也。盖种族主义……以积怨日深，表现益著，伏流奔莽，潜灭无定，至于清末，乃成波澜雄伟之壮观，辛亥一役，告厥成功，非偶然也。”这段话的意思是，辛亥革命即以“排满”为号召，外面却包裹一层“民族主义”的西式外衣。所谓“排满”口号，不过是古典夷夏之辨的一个自然延伸，并不是什么新东西。所以，他的结论是：“其致力虽各不同，而皆以反抗异族，提倡汉学，以激发民族自觉为本旨则一也。”① 类似贴着“民族主义”标签，实则认同夷夏之辨逻辑的言论随处可见，如束世澂在《王船山先生之政法思想》一文中就明确指出，王船山政法思想根本之一就是“种族之防不可不切也”②。侯外庐则在《船山学案》里特别挑明，王船山对晚清民族主义思想的兴起发挥着相当明显的制约作用，他注意到：“船山之学，盛于清末策论时代。当时争诵船山史论，以求应识时务之选。其注意民族革命者，则专论船山华夷思想，以为反清的号召。”③ 可见，这一时期的言论并没有明确区分现代“民族主义”与传统“华夷之辨”论说的差异究竟何在。

还有一批学人亦借助“民族主义”要旨，探讨清代史学之演变特性。吴景贤在《清代史学与民族思想》一文中，就把“民族主义思想”当作贯穿整个有清史学的一个总体线索和脉络展开分析。他把清代史学分为三个时期。从清初史学，中经乾嘉史学，一直到晚清的革命史学，都是在民族主义思想的规范下形成和演变的。第一期为“清初民族史学之发生”，基本聚焦在顾、黄、王三大家和万斯同、邵念鲁、全祖望等核心人物上。第二期是“乾嘉民族史学之潜伏”，围绕赵翼、王鸣盛、钱大昕、梁章钜等人展开讨论。第三期是“清末民族史学之勃兴”，主要集中探讨章太炎的民族史论，并涉及晚清学人如何重新唤醒清初明遗民的历史记忆，以资当下史论之用这样的主题。④

另有一派学人则通过寻求其思想的“客观性”来评价明末清初思

① 高良佐. 清代民族思想之先导者. 建国月刊，1933，9（5）：1.

② 束世澂. 王船山先生之政法思想. 史地学报，1924，3（4）：77.

③ 侯外庐. 船山学案. 重庆：三友书店，1944：1-2.

④ 吴景贤. 清代史学与民族思想. 国师季刊，1940（7/8）：79-102.

想，力求为这一时期的许多论述寻求“科学性”基础。梁启超就明确说过：“这个时代的学术主潮是：厌倦主观的冥想而倾向于客观的考察。”[①] 这方面的代表作应该是何炳松为胡适、姚名达的《章实斋先生年谱》所作的一篇长序。在这篇序言中，何炳松首先批评以往学人只按今古文经学的阵营划分思想流派的做法，硬把章学诚拖到某个特定“门户”中，把“‘六经皆史’这句话看作章氏一生学问的唯一供献”。他说：“我以为章氏固然是门户中人，这种拖人下水使他同流合污的情形，在科学方法还没有传入以前的中国学术界谁亦免不了，这不是章氏的罪过。但是我以为章氏真正的面目和伟大的供献，绝对不在‘门户’中，却在‘门户外’。”[②] 何炳松认为，章氏对中国史学的一个大贡献就是记注与撰述的分家，换句话说，就是能够把中国两千年来材料和著作畛域不分的习惯、流弊完全廓清，并因此能够把通史的旗帜树得鲜明夺目，这是章氏素有的特识，即打破了唐代刘知幾首倡经传、编年两种体裁，使中国史材料和著作的门类层次不分的旧传统。

章氏对中国史学的另一个大贡献就是，他所说的“天人之际”完全可以用客观主义和主观主义的界分予以解释。“天人之际”与汉代董仲舒根据阴阳五行而产生出来的“天人之际”风马牛不相及。章学诚这样说：“盖欲为良史者，当慎辨于天人之际，尽其天而不益以人也。”章氏的意思是，精于史学的学者应该辨明什么是客观主义、什么是主观主义，然后纯用客观主义去观察一切事物的真相，不应该掺杂丝毫主观成见。这是章氏在史学上客观主观学说的一个大前提。另外，章氏史学又有主观成分在里面。他认为，历史的内容是人类的事实，事实的外表就是史文。历史学家在研究人类事实的时候，看见得失、是非和盛衰消息，当然会生发出入予夺和往复凭吊的心理作用，因此就免不了生出气和情来。这种气和情，就是史学上主观主义的两个原素。把这两个原素尽量发表出来的史文就是世界上绝顶好的文章。但是这里面有客观和主观的不同，我们应该辨别清楚。这种评价显然是把章学诚史学装入西方二元论的架构里裁量其价值。那么，人类是否就永远得不到一部平心静气地秉笔直书的历史？章学诚找到了一个调剂的办法，其大意是：主观里面的气本

① 梁启超. 中国近三百年学术史. 上海：上海古籍出版社，2014：1.

② 胡适，姚名达. 章实斋先生年谱. 上海：商务印书馆，1929：何炳松序 7.

来是违理自用的，倘使能够合于理，那就是客观的了；主观里面的情本来是汩性自姿的，倘使能够本于性，那就是客观的了。章氏主张用“合理”两个字来救济主观的气，用“本性”两个字来救济主观的情。换句话说，如果能够用我们的理性来限制我们感情的冲动，那么我们主观里面的气和情就自然可以与客观里面的事实真相相印证，做到两相符合。

何炳松不由地发出感慨说，虽然章氏所说的话不一定和现代心理学家完全相合，但是他对于史学上客观、主观的分别看得这样清楚，他对于语言主观里面两个原素的分析和性质说得这样彻底，他对于限制主观、达到客观的办法想得这样周到，于是觉得黑格尔（Hegel）的“民族精神说”、英国白克尔（Buckle）的“文化进步的定律”等“历史的哲学”都显得肤浅。①

民国初年，进化论的引进在明末清初学风的研究中带有指针性意义。有的文章在标题上就直接套用比附“进化”思想。王孝鱼的《王船山的历史进化论》一文，开头就劈面指斥古代史观：“我们中国，一向是崇拜上古的观念笼罩着思想界……直至现代，接受了西方的文明，认识了西方思想的全部，才慢慢地更正过来。”② 王孝鱼认为，王船山很“重视物质文明”，有不少反驳“重朴”的言论，阐发“节损”的害处，在王船山眼里“朴就是无用的别名，重朴就是要把文明归到野蛮，人类归到禽兽”③。他总结的王船山提倡物质文明的一个根本观点是：“既要珍生，必求情之适畅，物质文明不就是适情的工具吗？走路不舒适了要坐车，坐牛车不舒适了要坐火车；穴居不舒适了要建筑房屋，简单的房子不舒适了要住有新式设备的洋楼；结绳不舒适了要创造文字，简单的文字不够用了要创造复杂的文字……这些都是人类求适其情、求珍其生的种种表见。这就是历史进化。”④ 王孝鱼还认为，“物质文明”提高了，人的行为和心理自然就随着有了变迁，有较易向上的可能性。因为人类要“珍生”“适情”，固然是注重物质文明的一个理由，但又不是“享乐主义”。还因为物质文明提高了，人类的生养方面、环境方面自然要好得多。

① 胡适，姚名达. 章实斋先生年谱. 上海：商务印书馆，1929：何炳松序.

② 王孝鱼. 王船山的历史进化论. 中山文化教育馆季刊，1935，2（1）：105.

③ 同②107.

④ 同②108.

侯外庐在《船山学案》第五节“人性论与道器观，人类的能动性”中，也把王船山的“道器”论与探究自然法则这一西式观点衔接贯通，他说：“人类不仅反映自然，而且能够循自然的规律而改造自然（或世界），因而复改造自己的气质。船山的道器观更富有近代思想的内容，这不仅因为他认识器先道后，而且更因为他把人类对于自然（或世界）的创造活动，提到妥当的地位，谓创器即以创道。他和主观观念论者相反，乃是依据对象的合法则性（实在），而创造法则。”① 王船山的许多议论含有近代的平均主义和法权思想，却又与西方的近代思想略有不同，他“从平均主义达到形式的平等主义，和卢梭的天赋平权说不同，而强调了政治上人为的调节，肯定了道德律之节制”②。从《船山学案》的目录中也可以看出侯外庐受进化论影响的诸多迹象，如第二节“船山的自然史哲学——𬘡缊生化论”，第六节“船山人性论中的近代命题”，第七节“船山的知识论”，第八节“船山的人类史论”，等等。

王船山的历史观也被套入进化论的框架进行解说，如说“他虽然犹保留三代盛世的观念，但在内容上则从历史的进化观，已经否定了王霸分期之说。他的立说，是由野蛮到文明的进化论出发，他常说明太昊以前人类犹禽，轩辕以前人类为夷狄（指野蛮人），划分野人之‘质’与华人之‘文’，这是最合近代科学的论断”③。这明显是按古典的“文质之辨”逻辑来规划船山历史观的大模样，但“文质之辨”并非如进化论那般始终想构造出一条线性的发展脉系，而仍是从回向三代循环论体系中衍生出来的历史想象。④

侯外庐还擅长拿同时期学人的思想做类比，其结论是：“平心而论，船山的进化历史观，是近代的眼光”，和他相比，像邵康节之类不过是“中古的小天地观，犹蜘蛛之织网，依样不出檐下与树间”⑤。因为“他的史论超出历来先设的定理，……而把握理势的统一，以说明客观的合法则运动”⑥。

---

① 侯外庐. 船山学案. 重庆：三友书店，1944：69.

② 同①96－97.

③ 同①126.

④ 杨念群. “文质”之辨与中国历史观之构造. 史林，2009（5）：82－90.

⑤ 同①133.

⑥ 同①135.

与后来唯物史观下的写作相比，侯外庐并不想“以今概古”，把船山史论拔高到超越时代的“先知”预言的地步。如他说：“船山的史论的最大精神即在企图说明历史具体时代的特性，这在原则上是科学的，他认一代有一代的制度特性，不能混同，故结论为‘要非参万世而咸率由’，古之制不可概今日，今之制不可垂后日，所贵乎明史者则在于认史的发展理势，这是一个封建时代大胆的论断，直至今日犹足以示范那研究历史的紧要前题。”①

嵇文甫则在《船山哲学》中把王船山对古今制度因革的看法当作一种发展的眼光，更用社会发展阶段的逻辑概述其历史要义。嵇文甫说：“他把封建看作从万国并立到一统天下的一种过渡制度，不专就一种制度本身上看，而从历史发展的趋势上过程上看，这种观点极可称赞。由部落而封建以至集团国家，与近代学者所讲社会发展的阶段亦颇相类。他认定从散乱到统一是历史发展必然的趋势，这是一种‘贞一之理’。”② 这段话里已明确出现像“社会发展的阶段”“必然的趋势”这样的说法，相当接近后来教科书式的表述。在第三章“华夷文野论”中，嵇文甫认为船山的“华夷论”是最极端的民族主义。嵇文甫说：“他看一姓的兴亡轻，而看民族的盛衰重，宁可失位于贼臣，不可卖国于外族。不能自保其民族，便什么仁义道德都不配讲了。”③ “他要把中国附近风土相类的小民族统列入中国的版图，使同化于中国，这分明是从自固族类的民族主义，转而为向外发展的大中华主义。”④ 船山的高明之处在于，不固守汉族为唯一之文明源头的看法，认识到汉人祖先也可能是野蛮人，是夷狄。嵇文甫说：“他居然敢把夷狄禽兽作为我们的祖先，在进化论输入中国以前，这样的说法实在太大胆了。”同时他也承认中国之外的夷狄也可能拥有先进的文明，两方面是可以相互转化的，“他并且说当中国正为夷狄禽兽时，也许其他地方文明正盛，各民族文化发展先后迟速不等，而华与夷可以前后易位，文明并不是中国所专有的，至于他说中国文化日衰，将由文明人退为夷狄，更退为禽兽，

---

① 侯外庐. 船山学案. 重庆：三友书店，1944：138.

② 嵇文甫. 船山哲学. 上海：开明书店，1936：62.

③ 同②97.

④ 同②100.

虽然没有完全摆脱开邵康节元会运世的循环论，但亦有一种道理”[①]。这个观点其实是先秦时期孔孟谈到过的夷夏可以相互进退转换的古义，不算什么大胆言论，与进化论没有关系，但在稽文甫的论说框架里，二者却是相通的。

还有一种思路，就是把清初几大思想闻人更合规格地塞入既定的解释套路，并与现实需求一一对应。何贻焜编著的《亭林学术述评》一书即是如此。何贻焜专列一节，对比顾亭林思想与“新文化运动”“新生活运动”之间的关系，故有以下说法：“顾先生觉得社会像一个有机体，个人意识既可以影响社会意识，个人行为也可以影响社会行为，所以他特别注重个人的学识和操守。”[②] 这简直就是把亭林幻化成民国初年的知识人在说话，或者好像一个国民党人在大谈社会改造方案，进行“心理建设”和“物质建设”。又如“顾先生对人口分配问题，曾有一段很精辟的言论，足为现代从事农村运动与社会运动者的参考”[③]。再如何贻焜认为，“就轻重缓急而言，顾先生还是偏重唯心的”，这是以“唯物论”“唯心论”二分法来衡量学人境界深浅的一个突出例子。

从《亭林学术述评》这本书的目录来看，套用现代社会学、经济学和史学理论的痕迹非常明显，即如第二篇“顾亭林先生的社会观”中就列有这样的标题：“改造社会方案（一）——心理建设”“改造社会方案（二）——物质建设”，最后一节是“从顾先生的社会观谈到中国新生活运动”，又如第五篇“顾亭林先生的经济思想”则列有“交易论”“生产论”“消费论”等小标题。何贻焜明确地说：“要研究社会现象，有种种不同的方法，但是最普遍的恐怕要算是历史的方法（historical method）了。”何贻焜又在另一节中说：“除历史方法外，还得应用观察的方法（method of observation）。”[④] 在“对顾先生经济思想的评价”一节中，何贻焜更是直接引用了穆勒（John Mill）在《政治经济学原理》（*Principles of Political Economy*）中提出的有关经济学“四分法”的观点。穆勒说：“经济科学包括四种研究：（一）支配生产之定律如何？（二）社

① 稽文甫. 船山哲学. 上海：开明书店，1936：103.

② 何贻焜. 亭林学术述评. 南京：正中书局，1944：34.

③ 同②38.

④ 同②28.

会劳动所产之物如何分配？其定律如何？（三）货物互易之定律如何？（四）支配消费之定理如何？”《政治经济学原理》即分四章：（一）生产；（二）分配；（三）交易；（四）消费。顾亭林虽不知有“四分法”，但对于生产、分配、交易、消费均曾论列，所以用“四分法”分析顾先生的经济思想并无不合之处。①

在另一部题为《中国十七世纪思想史》的著作中，杨荣国更是以一种接近战斗的激烈姿态勾勒明末清初的思想谱系。看他书中所立的一些标题即可明了其用意，如第二章论黄宗羲就设计了如下标题：“宗羲的论实践和他的反主知主义”“宗羲的反君主专制与倡导民主”“宗羲论发展工商业与实行土地国有”等等。又如论王船山一章所立标题则是：“船山的社会发展观”“船山的民族民主思想和他的反对古制”“船山的维护农村利益与消除农业土地上的垄断”等等。在此书“绪论”里，杨荣国明确指出，到了17世纪，适当明末清初的时候，已呈现出不同的历史景象，这种景象就是资本主义萌芽的出现。它主要表现在四个方面：一是都市经济的发达，主要指丝织品和瓷器；二是海外贸易的展开；三是田赋征收银两；四是土地之兼并。以这四条做前提，封建经济的基础就此被破坏了。如果不是满人入关，实行一套落后的封建统治，那么中国资本主义的开展是很有可能的。② 此书的结论非常明确：“考其所以蓬勃进步之由，实由于当时的社会经济有了变动，已呈现着资本主义活跃的前期形态，因而反映在思想的争斗上，一方面否定着旧的静止的烦琐的和专制的思想，另一方面则在创造着新的实践的科学的和民主的思想。”③ 从此解释出发，黄宗羲的《明夷待访录》俨然成了反君权、倡民主的檄文。此书中还有一些似是而非的比附，如说：“至于专制制度，宗羲大致的意思，认为如果不废除君主的话，则实行君主立宪”，“就是把宰相的权加大”④。又如：“船山的民族主义，和孙中山先生的民族主义是一样的，是在‘中华民族自求解放，中国境内各民族一律平等’。”⑤ 这些观点就更不知从何说起了。

---

① 何贻焜. 亭林学术述评. 南京：正中书局，1944：168.
② 杨荣国. 中国十七世纪思想史. 永安：东南出版社，1945：5.
③ 同②14.
④ 同②27.
⑤ 同②102.

以唯心唯物二元对立的模式概括明末清初思想界的特质，在当时蔚然成风。杨向奎在《〈明夷待访录〉作者黄宗羲》这篇介绍性文章里，就把黄宗羲的理气、心性论置于这种理论模式中进行裁定。杨向奎首先这样说：主观唯心主义者谈心谈性，客观唯心主义者谈理谈气。但在探讨理气的学派中分化出唯物主义思想家，北宋张载是其中卓越的一位，梨洲也肯定了横渠虚空即气的理论，说明了他在理气问题上的反唯心主义思想。但杨向奎又认为，黄梨洲在理气问题上的理论属于唯物主义，这是哲学史家所承认的，但他在进一步以理气一元论解释心性一元论的时候，却进退失据而陷入唯心主义的泥沼中。这指的是黄梨洲同时信奉阳明心学，所以造成了在追寻“良知”的过程中无法安排“理气”的位置。因为“理气”“心性”之学属于两个思想体系，勉强合起来只能是二元论，或者倒向唯物，或者倒向唯心，而梨洲于此最终倒向了唯心。①

那么，梨洲为什么进退于心物之间而不能自拔？杨向奎认为，这可以归因于他的阶级立场问题。黄宗羲一生的思想行为可分为“两截”，他早年是一位爱国的民族主义者，但晚年未能坚持早年原则，致有“遗民不世袭”之讥。在哲学思想上摇摆不定，在政治行动上前后也不一致。他在理气问题上采纳横渠说，主张唯物主义一元论，在心性问题上却采纳陆王一派的唯心主义一元论。同是一元，而唯物唯心对立，但梨洲企图沟通两说，互相比附，以理气一元说明心性一元，结果使唯心主义一元论污染了唯物主义一元论。关于黄宗羲的政治思想，杨向奎的表述也是典型的意识形态优先式判断，如他说：“在政治思想上，他的思想核心是反封建，虽然他意识不到这一点，他反君主、反吏胥，反封建法制进而探讨封建土地所有制问题，是他对整个封建制度有了怀疑。但新过程在他的思想中还没有形成，反封建而没有新的出路，那么你将如何安顿自己？”② 总之，黄宗羲最终还是迷失在唯物还是唯心的论辩乱局里无法脱身。

还有一种研究倾向是紧密对应西方思想的发展阶段，把明末清初的思潮理解为一种“启蒙思想”，这派观点可称为“启蒙论”。梁启超率先

---

① 杨向奎.《明夷待访录》作者黄宗羲. 史学月刊，1980（1）：42.

② 同①45.

把清初学术思潮当作一种“启蒙期运动”加以认识，并将之看作晚明王学极盛之弊所导致的结果，因为“晚明理学之弊，恰如欧洲中世黑暗时代之景教；其极也，能使人之心思耳目皆闭塞不用；独立创造之精神，消蚀达于零度”①，这样就造成“学者习于‘束书不观，游谈无根’，理学家不复能系社会之信仰”。因此，顾炎武等人“乃起而矫之，大倡‘言经学无理学’之说，教学者脱宋明儒羁勒，直接反求之于古经”②。在此之后，一些清初学者甚至被直接贴上了“启蒙思想家”的标签。如侯外庐一篇文章的标题就是《方以智——中国的百科全书派大哲学家：论启蒙学者方以智的悲剧生平及其唯物主义思想》，此文题目显示出三个关键词，一是“百科全书”，二是“启蒙学者”，三是“唯物主义”，实际上把方以智定位成了类似狄德罗或笛卡尔的西方启蒙学者。文章对方以智著作《通雅》的评价是：“（一）从著作的体例内容上讲，它部分地是‘百科全书’派唯物主义的中国版；（二）单从方法论上讲，它部分地又是笛卡尔思想的中国版，和笛卡尔在某些科学如数学、物理学上的成绩一样，方以智通过他的方法，在文字语言方面首先提出语文一致的学说，适应了近代民族形成的启蒙倾向。”③ 侯外庐举出其“质测”之学就是科学唯物主义的表现，“显然和中世纪宋明的正宗道学家的态度是相反的”，是从自然史出发的唯物主义一元论，“表现出启蒙学者对封建礼教信仰者的斗争”④。

侯外庐把方以智的“科学观”和社会观分别进行评价，断定其“科学观”较为进步，而社会观则有自相矛盾的嫌疑，无法满足真正的时代要求。侯外庐说：“启蒙者的一般倾向，善于探求万世的乐土或黄金的世界，而不可能懂得现实社会改造的方向。然而随着时代的发展，他们也可能提出一种乌托邦而客观上仅是民主的要求，也可能提出一种改造方案而客观上仅是公法的要求，黄宗羲属于前者，而方以智属于后者。”⑤ 两相比较，“笛卡尔—荷尔巴赫是世界哲学史上的著名大师，然

---

① 梁启超. 清代学术概论. 上海：商务印书馆，1930：10.

② 同①4.

③ 侯外庐. 方以智——中国的百科全书派大哲学家：论启蒙学者方以智的悲剧生平及其唯物主义思想（上篇）. 历史研究，1957（6）：4.

④ 同③5.

⑤ 同③15.

而中国的启蒙大哲学家方以智却埋没了三百年”[1]。

方以智“科学观”之所以先进，是在于“已经得出了相似于笛卡尔的命题”，这个命题是“宇宙永远保存着同量的运动”[2]，并且不完全地猜到了能量不灭的原理。而且，“从生成发展的量变的运动学说，他不但批判总结了古人本末、先后、有无、道器的旧说，而且批判了利玛窦等的上帝创世说。[3] ……在生物进化论以及万有引力、细胞说还没有出现的时候，方以智的这样的定理是最进步的”[4]。方以智的表达尽管还是古典式的，却孕育着现代科学的胚胎思想，“他的气即天、物即天、天地一大物理、两间皆实、心亦一物等命题，已经意味出物质存在是第一性的”[5]。因此，方以智到处对以心、以神为第一性的各种唯心主义学派如儒、佛、道和基督教展开了无情的斗争，从而捍卫着唯物主义的阵地。这正是市民反对派从光明理想和封建黑暗不相容的悲剧生活，折射到世界观的革命意识。侯外庐把方以智的世界观概括成以“火”为中心的唯物主义一元论。

对这个看法，杨向奎提出了不同意见。在与学者冒怀辛的通信中，杨向奎指出，如果把方以智“火”的一元论放在世界范围内观察，“这不过是近代科学没有发达以前的一种臆测，它不是科学。自然哲学而不是科学的抽象，也就很难成其为哲学，但方以智还处在自然哲学就是科学的阶段，实验科学还没有发达起来，它还处于臆测的期间”[6]。

侯外庐提出的明末清初思想“启蒙论”对后世影响很大，如他的学生邱汉生对李颙思想的评价，就说其“明体适用之学，悔过自新之学，囿于理学家的思想范围，没有什么创新。虽然自成一家之言，其思想价值是不高的。但是其思想中的‘同民之欲’观点，其《观感录》中表彰

---

① 侯外庐. 方以智——中国的百科全书派大哲学家：论启蒙学者方以智的悲剧生平及其唯物主义思想（上篇）. 历史研究，1957（6）：21.

② 侯外庐. 方以智——中国的百科全书派大哲学家：论启蒙学者方以智的悲剧生平及其唯物主义思想（下篇）. 历史研究，1957（7）：5.

③ 利玛窦（Mathieu Ricci，1552—1610），意大利人，1582 年来中国，1610 年殁于北京。（费赖之. 在华耶稣会士列传及书目：上册. 冯承钧，译. 北京：中华书局，1995：31 - 32）

④ 同②6 - 7.

⑤ 同②17.

⑥ 杨向奎，冒怀辛. 关于方以智和中国传统哲学思想的讨论. 历史研究，1985（1）：35.

出身卑贱的学者的观点，其《四书反身录》中主张讲学、主张集会结社的观点，是十分可贵的，因而，李颙思想就具有启蒙思想的性格”①。直到21世纪初，仍有学者论证，晚明出现的社会批判思潮，与王学初创时的批判精神相比，带有明显的启蒙主义色彩，明道救世的主题极其鲜明。②

在老一辈学者中，蔡尚思则突出赞赏黄宗羲的反君权思想，认为学界多注意他在《宋元学案》《明儒学案》方面的思想史地位，而忽略了他在《明夷待访录》中阐发的“反君权”思想。古代关于君权的设计，主要有宗法世袭、选贤让贤、虚君无君等几大派，《明夷待访录》批判君主专制最为激烈，直到清末还为资产阶级民权派所大力宣传。③

老一辈学者惯于从唯心唯物二元对立的视角观察明清鼎革时期思想的做法，自20世纪八九十年代以来逐渐遭到一些年轻学者的反思与批评。他们认为，应尽量避免用今人的观点去刻意审读、裁断古人的思想，而是从古人自身的论说脉络和生成语境出发去体悟其深意。这里仅举一例，以观此争论之大概。2013年第1期的《史林》发表了贾庆军的《黄宗羲与弟子学术分歧研究之思考》一文。方祖猷认为，黄宗羲晚年与其弟子产生分歧是由于他表面上的经世主张受心学残余和慎独风格的羁绊，故而提出：“显然，这种道德修养方法与潘平格相比是落后了，也与黄氏的经世主张不相配合。难怪甬上弟子为潘平格学说所吸引，对刘蕺山之学由信而疑而离了。”④ 意思是：因为黄氏弟子不满意其师固守心学门户，转向“实学”的决心不够彻底，所以师生之间才产生分歧。贾庆军将方祖猷的观点概括为：“照方先生看来，明清之际学术风气和社会思潮已经改变，出现了所谓的人文主义思想和实学思潮，这种思潮除了开拓了自然科学等新领域之外，还将传统的经学和性理之学改造为经世致用之学，这是历史的一种进步。而黄宗羲一方面开拓出天文质测之实学，提倡经史经世，另一方面却又坚持其承自蕺山的性理之

① 邱汉生．关中大儒李颙思想再探（下）．西北大学学报（哲学社会科学版），1987（2）：26.

② 李海生．社会批判思潮与明末清初的学术转变．华东师范大学学报（哲学社会科学版），2001（3）：65.

③ 蔡尚思．黄宗羲反君权思想的历史地位．文史哲，1987（2）：18－19.

④ 贾庆军．黄宗羲与弟子学术分歧研究之思考——《清初浙东学派论丛》专章析评．史林，2013（1）：178.

学。所以黄宗羲是既进步又保守，在前一方面他是弟子们的导师，而在后一方面则不如弟子们进步了。”①

贾庆军觉得方祖猷把王学及其弟子的学问当作人文主义解放思想完全是现代人的一厢情愿和断章取义。在阳明看来，良知或天理是一种自然的存在，在其中万物一体、理气合一、心物合一，在本体意义上，良知或天理就是宇宙整体。所以，良知之学体现的是一种整体思维，它超越了主客二元对立的划分模式。② 贾庆军指出：“如果牵强附会以现在唯物唯心之标签来标识朱子逐物致知和禅学明心见性之思维方式的话，前者是唯物的，后者就是唯心的。无论是唯物还是唯心，皆是在人（心）物分离或主客观分离的方式下产生的，而这两种倾向都是阳明所反对的。阳明良知之学不是唯物的或唯心的，更不是什么主观唯心主义，它超越于唯物唯心两分之思维模式之上，力图以一种更完整、更本源、更真实的方式接近世界的本来面目。”③ 因此，更应该将良知之学称为整体之学或整体圣学。如此说来，“以近代唯物唯心二元思维去理解王学，并进而将唯物进化论设定为历史进步的表现，最终必然是将王学看成是唯心的和落后的。……这不仅无法正确理解阳明心学、刘宗周和黄宗羲的‘气一元论’，也同样无法正确理解所谓的明清‘实学’”④。贾庆军举例说，对黄宗羲弟子万斯同经世思想的评价，以及民本思想的四个方面（对君主专制的批判，对农民起义的同情，对妇女命运的同情，对海商和市民斗争的同情），一看就是近现代唯物史学的典型论域。这些论说完全可以在儒家传统体系中获得恰当的理解，不应被近现代学者牵强附会成近代进步思想或革命思想。

此文还讨论了全祖望的气节问题，说到方祖猷“本来可以更深切地感受到全祖望那儒家士人体认和践行天道之勇气和信心，但他却将其气节阐释成了一种阶级性和民族性的产物。这样的产物经常会出现在近现代唯物史家僵化教条的意识形态教科书中，却是古人所不理解的”⑤。

---

① 贾庆军. 黄宗羲与弟子学术分歧研究之思考——《清初浙东学派论丛》专章析评. 史林，2013（1）：178.

② 同①.

③ 同①179.

④ 同①179.

⑤ 同①180.

此文认为，方祖猷对“所谓的全祖望思想的人民性、民主性之阐释更是让人费解。在全祖望等儒家士人看来，人们行为的正当与否皆看其是否符合天道，而不是其人数多寡还是阶级性。以现代阶级革命的观点来阐释古人天道革命的思想，有似南辕北辙”①。而潘平格的事功之学显然不同于现代唯物主义，潘平格所追求的功业依然是道德意义上的。同时，潘平格也不是儒学完整天理之继承者，可以说，他是介于前二者之间的一种事功学者或实学学者，这种实学不同于儒家整体实学，也不同于近现代功利实学。因此，万斯同、全祖望、潘平格等所谓对黄宗羲的突破具有进步意义，是值得怀疑的。与其说是进步，毋宁说是一种退步。②

此文还批判了过高估计清初“实学”价值的舆论导向，指出这种导向是从现代唯物主义的思维方式出发，以为只要关注现实的学术就是实学，所以才把万斯同、全祖望、潘平格等注重从现实出发的浙东学人看成实学和进步的代表。殊不知，万斯同等人的实学和近代实学根本不是同一种东西。近代实学是与西方物质技术联系在一起的，它注重的是技术对自然世界的征服，这一世界既包括物质自然世界，也包括人的思想世界。万斯同找到的不是近代实学意义上的学问和人性。在学术上走向考据之学，其表现是经史之学泛滥，对节目时变之崇拜，在性学上虽然出现对现实人欲的承认，但这一人欲和近现代人欲大不相同，是现实之道德情感，这导致了礼学的盛行。此礼学与理学本质上是一样的，即从节目时变中寻求某种道德规范。这种割裂天道的性学反而更加严肃和拘谨，也为后来所谓的礼教吃人埋下了伏笔。因此，崇尚所谓经世实学的浙东学人并不一定走向近代功利实学，他们反而会形成一种更为僵化的礼制统治。他们拘泥于现实行为建立的礼制规范比之整体天道要狭窄多了，其严厉程度也在不断加剧。所以，万斯同、潘平格、戴震等人的所谓现实人欲不仅不是开放，反而会形成更为严厉的道德专制。③ 通过以上论辩可知，黄宗羲与其弟子们的分歧实际上是推崇整体儒学还是片面

---

① 贾庆军. 黄宗羲与弟子学术分歧研究之思考——《清初浙东学派论丛》专章析评. 史林，2013（1）：180.

② 同①182.

③ 同①182-183.

事功儒学的分歧，这种分歧无法用近现代的进化论和二元论思维模式予以解释。

在一篇题为《理学实践的失败与清学的兴起》的文章中，作者陈强提出了类似的问题，所谓“实学”的兴起不仅是一种问学方法的革新，而且是士人群体人生价值观的改变导致的一场政治运动。此文把明清易代时继理学而起的“清学”当作“儒道”作为信念诚挚的政治运动加以分析，断定理学政治实践的失败导致了清学的兴起。这与主要着眼于学术重心的移易以及问学方法的革新，因而倾向于将其解释为空言心性之玄谈的反动，或者儒家智识主义的兴起的观点截然异趣。①

陈强指出，宋儒素有功利道德相互对峙的王霸之辨，朱子陈亮之争实则是凭恃理想的道德心性还是实用型的践履法则之争，最终以人性之完善为基石的三代由此悬为国家行为的既定方向，而政治家正心诚意的个人修养则被普遍视作臻于此境的不二法门。仍有争议的只是心性功夫的具体方式，是以正闻熏习之道问学为主，还是以诚明自照之尊德性为主，而明亡的结局使得理学的信仰渐趋坍塌。事实上，真正给予新儒学以致命一击的并非清初学者的实证研究，而是当时流行的对于人性终臻完善的悲观失望的情绪。正心诚意的王道政治，不仅没能造就“天理世界”，反而导致了武备废弛、国力耗散，从而引发了惨绝人寰的易代鼎革。“心”由此被褫夺了作为检验真理之标准的资格。在宋儒那里，所谓认识之真无非心上觉得合理，而清人则将真理的准绳转移到了外在的“事实”。

明清之际学术思潮的变迁一直被视为某种“由虚转实”的演变过程，“实学”就顺理成章地成为清学的别名。然而，虚实之“实”是一个与时俱迁的概念，其确切内涵只有联系特定思想背景方可昭彰著明。事实上，宋儒首先标榜其专制取向的心性修养为“实学”，以为与虚玄的佛道功夫判然有别。问题是理学的政治实践并未兑现其“为万世开太平”的承诺，那么作为其思想指南的形而上学也就自然而然地沦为空言心性之玄谈。同理，注重实用性和客观性的清学之所以为“实”，亦与当时的社会思潮倾向将真理之准绳以及人生的目的移置于外部世界密切相关。② 所以，在黄宗羲这里，仅以现实的、不完善的人性为其基石，

---

① 陈强. 理学实践的失败与清学的兴起. 复旦学报（社会科学版），2006（4）：55.

② 同①57－58.

而无不切实际的、浪漫的想象。制约权力的体制改革理所当然地取代了正心诚意的功夫践履，成为头等大事，而“治道”亦由高尚的哲学思想沦落为实际的政治技巧。其结论是，正是知识分子之世界观的根本变化驱使背景各异的清初学者同时开启了“由虚转实”的精神旅程，由此宣告了以实事求是为标榜的清学的兴起。规定这一思潮之本质的并非学术重心的移易，或者问学方法的革新，而是由明清之际的思想氛围所塑造的全新的世界模式。① 此文的缺点是，完全跨过“明学”的内涵不予置评，径直以“清学”接通“宋学”为讨论基点，论断似嫌简略，显得不够细密周详。

明清转型时期思想研究有一个特点，就是大多数学者均把眼光放在如何从心学向考据学转轨的心路历程上，相对忽略了当时还出现过一个短暂的理学复兴运动。这是因为明朝灭亡后，出于对“心学”误国的反省，学风渐趋务实，但时人似只关注“实学”的兴起及最终归流兼并于考据学的一面，而忽略了雍乾两朝之前以陆世仪、陈瑚为首的“理学”复兴潮流及其“以实践为要务，以乡里为始基”的底层作为，其相与讲明道理，身体力行，究心乡邦利病，布德施化，其流风余韵延至民国而未绝。这方面的讨论，有严寿澂的《略论清初江南理学之风：以陆桴亭、陈确庵为例》一文，此文目的就是重新揭橥此一边缘脉络，并兼及陆世仪等在乡约、社仓方面的构想与议论，对所谓“明道”“淑世”的作为有所论列。②

在另一篇有关王船山的论文中，严寿澂更指船山是彻底的一元论者，以为宇宙间唯是一气，并认为这一看法非船山所独具，且引刘咸炘之论云：“吾华之言宇宙本体，本止一气。”没有柏拉图关于“理世界”的看法，即如“程朱亦不过析言理耳，非有理气二元之见也”。又云：“形上绝对必征形下实事，即理即事，虽分必合。乃华人之通风，亦华人之特长也。”严寿澂认为：“明乎此，今世学者唯物唯心之聚讼、理学气学之纷纶，皆可摧陷廓清。”③ 这个看法与前述学者坚持用整体而非二元对立方式理解学人思想旨趣的观点相当一致。

---

① 陈强. 理学实践的失败与清学的兴起. 复旦学报（社会科学版），2006（4）：59.

② 严寿澂. 略论清初江南理学之风：以陆桴亭、陈确庵为例. 史林，2013（2）：71－83.

③ 严寿澂. 明末大儒王船山的人格与思想. 中华文史论丛，2007，87（3）：107.

第二节　治学视野的拓展：从“观念史”到“感觉史”

自民国初年到20世纪末，对明末清初思想的研究一直表现出一种浓厚的自说自话的“哲学史”品格，这很容易导致学者在若干概念范畴之间采取相互对应或对立的二元辨析思路，比如“唯物”还是“唯心”、“专制”抑或“民主”、“封建”还是“统一”等，往往占据着讨论的主题，研讨对象也大体局限于思想家文本的范围。20世纪90年代以后，“社会史”与“文化史”的探索热度持续升温，其研究风格比较倾向于寻求思想生成的外在环境及其社会文化根源，至少强调要顾及某人思想与历史情境之间的互动态势。这方面可举出的成果甚多，这里只选取张循对“儒学社会性格”的探讨作为一个样本做些分析。关于“儒学转向”的问题，前辈学者已积累了相当丰富的研究素材，典型表述如宋明以来儒学思想向清代之转变是经历了一个从“尊德性”到“道问学”的历程。① 或者换一种说法，清学中的乾嘉考据学并非对程朱理学的反动，二者之间也没有形成一种截然阻隔的断裂状态，而是构成某种变相的延续。明清思想史的相互衔接存在一条“内在理路”，这条“内在理路”并非随着外缘因素发生变化而中断。

治学风格的变化背后隐藏着“儒学”是否具有某种“社会性格”的问题，因为儒学素来讲“内圣外王”，“内圣”的成善为己与“外王”的施政于民是一条外推的连贯线索，不可轻易割裂，专治一端。故余英时曾划分宋明之“外王”路线为“得君行道”和“觉民行道”两种不同取向。② 但清代儒学中的“内圣外王”之理路似乎均不适宜于用以上两条转向路径加以评断。因清代初期和中叶皇家的高度集权使士人失去了任

---

① 余英时. 清代思想史的一个新解释//中国思想传统的现代诠释. 南京：江苏人民出版社，1995.

② 余英时. 明代理学与政治文化发微//宋明理学与政治文化. 桂林：广西师范大学出版社，2006.

何“得君行道”的机会，而清初也一度认定明朝衰亡乃是阳明学空谈误国所致，“觉民行道”这一思想遗脉同样没有机会在清初得到彰显。而乾嘉之学那种过度专门化的圈子型研习时尚，又给人以莫测高深的印象，故而清初士人的学问转向到底由何原因促成，就不能仅仅从“内在理路”的延续中得到诠释，而需彻底转换思路，从更广阔的视域中寻究新解。张循的文章不是从“内圣外王”之张力入手讨论这些转向，而是以儒家士人与世俗大众之间的关系为切入视角，观察“儒家社会性格”的形成机制。他认为儒家与社会大众之间的联系表现为接纳大众或疏远大众两种倾向，即所谓“求同”和“存异”两种社会性格。明清之际，儒学的理论重心出现了从“道在人心”到“道在六经”的转移，同时又处在社会经济大发展和明清鼎革剧变的外缘环境中。在这两方面因素共同作用下，儒学的社会性格从主动地“求同”转变为有意识地“存异”，从主动地接纳大众调整为有意识地与大众保持距离。

我的理解是，这里所说的“同”与“异”已不是一种囿于思想史模式的封闭言说，而是涉及儒学士人日常生活的一种转向，这种选择自有深意蕴于其中。比如我们就不能把考据学家埋首故纸、不问世事的态度简单归结为专制压力下的消极避世，而是有更复杂的深层原因。我所想到的是，无论是思想还是行动，是坚守“内圣”还是趋于“外王”，都必须处理两层关系：一层是与君王和上层政治的关系，另一层是与大众庶民的日常生活品味的关系。从钱穆到余英时，基本上处理的是第一层关系，第二层关系则由近年兴起的“社会史”“文化史”研究群体担当起了主要的解释任务。不过后一层论述基本上模仿、挪用西方资本主义消费理论及其相关研究成果，把它们直接移植到明清之际士人群体品味变化的认识中，而没有从士人自身延续的审美传统中寻求答案。张循的文章则试图指出，从“道在人心”向“道在六经”的变化，证明儒家有一个从认同或融合庶民化的文化品味阶段，反向转为“精英文化”、的趋向。这种品味的改变并非纯由思想史的学理框架所能说明，而必须从社会层面入手寻求原因。“求同”与“存异”不是思想内部的表现，而是社会性格的映射。

这种转变出于两个原因：一是晚明以降发达的商业文化遭到清初士人的抵拒，但张循只提出财富多寡成为一种新标准后导致士人地位相对下降，他论述说："晚明商业的勃兴开启了民间社会，让世人找到了入仕从政之外的另一个'行道'的用武之地。这是王学可以并愿意接纳社会上各色人等共明此学的外在背景，由此也使得王学的社会性格体现出强烈的'求同'倾向。但商业和商人力量的上升也使四民，尤其是其中的士、商关系发生了变化，为了维持士尊商卑的传统格局，士人又往往会在心理和行动上强化自己与大众的区别。"① 但我更倾向于认为，清初士人"存异"心理的强化是因为他们把明朝灭亡的原因归结为商业发达导致的极度奢靡，世间风气应该从过分奢华的"文"转向相对简朴的"质"，故重提道德自律变成了一种自救途径。②

可惜的是，张循只限于描述清朝儒士的"存异"心态及其表现，没有辨别"存异"背后士人思想的深层逻辑。我的问题有三：（1）清人以乾嘉专门之学"存异"于宋明之学，然而他们就彻底放弃了"外王"的诉求吗？（2）如果没有，他们又是如何以另一种面目去实践"外王"理想的？（3）"存异"与文化品味的关系到底如何设定？"存异"只是一种姿态而已，一些学者对自我的高自标置使学术专门化、技术化，却未必能创造出更有品味的文化习尚。那么，如何评价清朝文化与晚明文化之间的差异？此文并没有清晰地回答这些问题。

对明末清初的研究往往集中在若干思想家的文本之内进行解读，对其在直观情境中产生出的具体语态，或者缺乏敏感，或者欠缺捕捉能力，对那些贴近民众生活样态的言论更是少有涉猎。这种局面在 21 世纪初有所改变。精英思想家的文本仍继续受到重视，但解释角度却大有变化。另外，一些边缘史料开始进入史家视野，比如对各类善书的解读即是一例。吴震在《明末清初道德劝善思想溯源》一文中，就注意到了袁黄的《功过格》及衍生出的大量善书对明末清初道德秩序重建的作用，并从中国第一部善书《太上感应篇》入手进行分析，指出"劝善"虽源于道教，但非其专利，劝善也是儒学的一贯传统，是中国传统伦理思想的重要特质。③ 另外，还有学者注意到明清转型之际"奢靡"观念

---

① 张循."求同"与"存异"：明清之际儒学社会性格的转变. 武汉大学学报（人文科学版），2017（3）：82.

② 杨念群. 何处是"江南"：清朝正统观的确立与士林精神世界的变异. 北京：三联书店，2010：第二章，第四章，第五章.

③ 吴震. 明末清初道德劝善思想溯源. 复旦学报（社会科学版），2008（6）：66－75.

发生了巨大变化。如钞晓鸿在《明清人的“奢靡”观念及其演变——基于地方志的考察》这篇文章中，就观察到了明清两朝消费观念的不同，主要表现在三个方面：(1) 明清之际一些超过某事项实用需要与原本不应有的消费活动以及稍许炫耀攀比等得到默认与肯定，甚至不再属于奢侈之列。① 同时认为，所谓奢侈现象的出现正是经济发展及生活水平提高的具体体现，而不是将消费者的心态作为成因与判断标准。(2) 对奢侈的评价出现变化，重点强调其在当时社会的经济功能，认识到“奢靡”对个人与社会所带来的后果不同，区分了个人奢侈与社会增加消费的不同功用，肯定部分人奢侈消费在繁荣经济、扩大就业、增加他人收入等方面的作用。(3) 对积极从事工商业、追求财富利益的肯定，认为其与奢侈之间不存在必然关系。②

还有一种思路，是避开“启蒙论”，主要从认识论、本体论、价值论入手论析明清转型的近代意义，把明遗民置于鼎革剧变的严酷氛围里，设身处地地体味其思想选择的艰难境遇以及由此引发的内心冲突与紧张。这种“社会心态史”的取向，在香港学者何冠彪的著作中表现得十分突出。他在《论明遗民的出处》这篇文章里就指出：明遗民的所谓“死节”问题之所以成为焦点，是因为有别于前朝的满人异族统治所导致的心理压抑与冲突的结果。随着南明诸王相继败亡，满人的政权日渐巩固，明遗民所面临的最迫切问题不是如何选择“死节”以彰显对前朝的效忠，而是如何重新在“出处”进退之间进行考量、权衡。因为他们只有生与死两条路可以选择，但随着时间推移，打着“死节”旗号盲目殉身前朝的行为已颇遭非议。如黄宗羲不但要严辨死节得失，而且指斥时人随便轻生是毫无意义之举。③ 陈确更是把所谓“死节”划分为“死事”“死义”“死名”“死愤”“不得不死”“不必死而死”六等，顾炎武、王夫之都有不必轻生殉国的言论，清初思想家一致表扬“死节”，但大都没有非议不死之人。

鼎革之际，一般人在“出”“处”之间偏于主张“处”，并有大量讨论

① 钞晓鸿. 明清人的“奢靡”观念及其演变——基于地方志的考察. 历史研究，2002(4)：110.

② 同①114.

③ 何冠彪. 明末清初学术思想研究. 台北：台湾学生书局，1991：53.

“治生之道”的文字。寻究生计与托迹山林都关乎风节，也是时人在死节之外做出的多样选择。明遗民除了面对个人“出处”问题，还要面对一个较高层次的困境，即怎样在文化落后的异族统治下保存汉文化和拯救黎民百姓。其中分别标志着“种族主义”和“文化主义”两种思想体系，前者最重“夷夏大防”，后者则降低夷夏之防的门槛，主张在与现政权合作的前提下隐形地保存中国文化。事实上，清初已有“遗民不世袭”的说法，从“出处”关节上严守夷夏之界已不可能。《论明遗民的出处》一文对清初的所谓“贰臣”，如钱谦益、吴伟业如何在异族统治下保存汉文化的看法，与提倡“文化主义”的明遗民观点加以比照，应是一种有趣的尝试。

钱谦益认为，文化的延续不因异族入主而中断，相反文化在这段时间内会发出异彩。① 他的言论推翻了“宋亡而中国亡”之说，推而广之，即否定“明亡而中国亡”之说。他希望不要拘执于明代兴亡的小格局，否则过分眷怀明代学术文化只会使汉文化倒退。② 钱谦益、吴伟业虽亦以汉文化的存亡为重，但他们和鼓吹“文化主义”的明遗民有根本的差别。因为遗民没有屈膝于清朝，他们的言论是本于热爱汉文化而发，但“贰臣”则不同。当然，我们不否定其中或有些人是为保存文化而不惜放弃名节，但相信绝大部分“贰臣”的理论是在变节以后才推衍出来的，以作为他们行为的理论依据。这是他们的“事后合理化”（after-the-fact rationalization）多于“事前的信念”（before-the-fact belief）。③ 何冠彪还注意到，明遗民对“出处”并不如前代遗民那样享有选择的自由，他们所受新朝的压迫恐怕是仅有的。时人在评论明遗民的出处时，之所以没有完全以节义为标准来非议出仕的行径，除了有感于他们可能为大势所逼之外，还注意到出仕者能够对社会和民生做出贡献。④

在港台史学界，“出处”问题一直是明末清初思想史讨论的核心问题之一。相关比较重要的成果，还有朱鸿林在《陈白沙的出处经验与道德思考》一文中对明末陈白沙“出处”选择的研究。⑤ 这种思考风格，

---

① 何冠彪. 明末清初学术思想研究. 台北：台湾学生书局，1991：91.

② 同①92.

③ 同①95.

④ 同①97.

⑤ 朱鸿林. 陈白沙的出处经验与道德思考//中国近世儒学实质的思辨与习学. 北京：北京大学出版社，2005：185－219.

与内地（大陆）学者的研究传统相比形成了明显差异。我们可以用吴光等人主编的《黄梨洲三百年祭：祭文·笔谈·论述·佚著》（当代中国出版社，1997）为例，约略做些分析。观察这本论文集的目录，内地（大陆）学者的论文除了一些官样应景的文字可以忽略不计外，大部分文章都在讨论《明夷待访录》里面的早期启蒙学派的思想这类过时话题，而港台学者的论文则有《论黄宗羲的“君臣之义”观念——兼评所谓黄氏“晚节可讥说”》（香港：陈永明）、《略论黄宗羲与“臣节”问题》（澳门：谭世保）等。这些文章的立意，与何冠彪、朱鸿林的想法是相通的。陈永明的论文后来收入其专著《清代前期的政治认同与历史书写》（上海古籍出版社，2011）。

除上述论文外，还有文章集中从“身份认同”角度探讨几类不同政治取向的汉族士人在明亡之际是如何面对鼎革剧变的。《降清明臣与清初舆论》一文指出，由于种种现实原因，明清之际的舆论议人论事多注重事功和社会实效，反而较少空谈道德原则，故对那些在促进社会民生及文化发展方面有实绩的降清明臣多持正面评价，而并非如后世一般，纯粹因其失节而一概予以贬斥。① 这个论断，延续了何冠彪关于“贰臣”风节的讨论。另一篇文章《明人与清人：明清易代下之身分认同》，则是对“遗民不世袭”现象的一个解读。该文综合多个在明末成年而入清后才出仕的汉族士人个案，提出易代之际的士人若没有违反“不仕二姓”原则，就并无为前朝守节的责任和义务，可以相对自由地选择是否在新朝出仕，并以清人自居。②

关于明遗民仕清及其境遇问题，拥有艺术史研究背景的白谦慎则从艺术社会学的视角展开观察。他在《傅山的交往和应酬——艺术社会学的一项个案研究》一书中，仔细钩沉辑佚出傅山与清廷官员魏一鳌的交往经历，对清初的明遗民和仕清汉族官员之间错综繁复的关系颇有新解。通过对傅山因应酬而写就的大量书法作品的辨识，提出其应酬之作多于适情自娱之作；同时又仔细寻绎出傅山与艺术收藏家戴廷栻之间的交往轨迹，借此深入理解艺术创作动机与日常生活及政治态度之间的纠葛关系。白谦慎提出的问题是：作品到底是“心画”还是社会人际网络

① 陈永明. 清代前期的政治认同与历史书写. 上海：上海古籍出版社，2011：42－67.

② 同①68－102.

交往的手段抑或工具？

白谦慎发现，中国书法中的应酬基本上是以杨联陞先生所指出的“报”的关系为原则，但在基本模式的大致规定下，具体的运作则有相当的灵活性。傅山如何书写他的应酬作品，除了有大的方面如基本礼节的考量外，还有其他许多因素影响和制约着他完成一件作品。如彼时心境如何、交往时间长短、介绍人为谁、手边现成的材料、是否有求于对方当下的回报、对方的书法鉴赏水平、一般大众对他的期待等，都会给应酬作品的创作施加影响。一件应酬书法作品的完成，是多种因素综合的结果，它的创作是在基本的文化行为模式的规定下，遵循着其具体场景中所产生的特殊“情景逻辑”而展开的。① 杨念群则发现，清初明遗民的诗文集中经常出现“残山剩水”这个词，这个词并非仅仅对景物的一般文学性描写，而是潜藏着明遗民在鼎革时期的心理感受，是对大好江山惨遭异族践踏而日渐沦落衰败表达出的隐喻性哀思，显示的是另一种“情景逻辑”。如果联系到宋元鼎革之际宋遗民的诗文里早已频繁出现“残山剩水”的描写，就可理解清初明遗民心目中已构成了一幅“南宋—晚明”相互映衬的想象图景，其实是借古人之心绪浇个人之块垒。这与遗民艺术家通过书法和绘画表达山河破碎的隐喻意图是相通的。②

除了从心态史和隐喻史的角度探寻鼎革时期士人的精神世界外，西方后现代思潮的涌入对明清之际思想文化变迁的解释也带来了一定的冲击和启发。特别值得一提的是，性别史、阅读史、出版史、图像史、物质文明史等领域的进展尤其迅速。这股潮流首先在台湾出现，此处不妨以台湾学者毛文芳所著《物・性别・观看——明末清初文化书写新探》一书为例。打开该书目录会发现，无论在题材选择上还是在书写方式上，此书都与传统思想史写作有着根本区别。内容涉及书籍出版及贩卖途径、女性的自我表达和书写样态、园林建筑及其构造形式、相关绘本的叙述风格、女性画像的绘制与观看角度等话题。后来相继出现了李孝悌的《恋恋红尘》等作品，大多聚焦于类似的论域。这些著作基本按照

---

① 白谦慎. 傅山的交往和应酬——艺术社会学的一项个案研究. 上海：上海书画出版社，2003：119. 白谦慎. 傅山的世界：十七世纪中国书法的嬗变. 北京：三联书店，2006.

② 杨念群. 何处是“江南”：清朝正统观的确立与士林精神世界的变异. 北京：三联书店，2010：20－58.

西方消费主义发展理论去处理相关问题，极大地拓展了思想史的研究边界。同时，对明清士大夫雍雅闲适生活的描绘，也隐约透露出一种今不如昔的怀旧心结，成为中国式后现代论述的一种崭新尝试。①

在大陆学者的相关研究中，尤可注意者是赵园的论述方式。赵园的著作，表面上是在讨论所谓明末清初出现的各类士大夫“话题”，然而她的切入方式似乎并不严格遵循思想史讨论知识类型时所须遵循的抽象规范，与同类题材论著的刻板严整相比，在结构上略显松散，但却充满着灵性动感。她更愿意使用时人自身的习惯语言，设身处地地感觉其在当时语境下所散发出的浓密深意。如“话题”涉及“戾气”“生死”“节义”“用独”“南北”“世族”“流品”“衣冠”“交接”“生计”“葬制”等内容，与一般思想史喜欢大量堆砌史料的论述风格不同，赵园力求最大限度地贴近和彰显明遗民生活的现场氛围，触摸其转变的内在肌理与行为选择的个性动机，更接近心态史的境界。如赵园在讨论“戾气”这个话题时注意到了王夫之对“戾气”“躁竞”“气矜”“气激”的反复批评。以“戾气”概括明代尤其是明末的时代氛围，有它异常的准确性。而“躁竞”等则是士人在此时代的普遍姿态，又参与构成着“时代氛围”。“戾气”的发生与明末清初政治暴虐的生态有关，“不妨认为，明代的政治暴虐，非但培养了士人的坚忍，而且培养了他们对残酷的欣赏态度，助成了他们极端的道德主义，鼓励了他们以‘酷’（包括自虐）为道德的自我完成——畸形政治下的病态激情”②。她又说：“处‘酷’固属不得不然，但将处酷的经验普遍化（也即合理化），不可避免地会导致道德主义，更大的危险，还在于模糊了‘仁’‘暴’之辨，使‘酷虐’这一种政治文化内化，造成对士人精神品质的损伤。”③ 赵园的研究，不同于惯常的哲学史路径，也不同于新儒学卫道式的论辩方式，而是要寻找个人感觉与明末清初士人心态之间得以沟通的痛点之所在，然后用纤细敏感的笔触加以昭示。因此，其文字融通显豁，瑰丽婉转，行文语气间或迸发出尖锐的激情，其言说气质形散却神魂俱在，话题探问与学界

---

① 毛文芳. 物·性别·观看——明末清初文化书写新探. 台北：台湾学生书局，2001. 又可参见：李孝悌. 恋恋红尘：中国的城市、欲望和生活. 上海：上海人民出版社，2007。

② 赵园. 明清之际士大夫研究. 北京：北京大学出版社，1999：10.

③ 同②.

论述的关键脉络实不脱节。比如关于“节义”的讨论，比如关于“时间中的遗民现象”的思考，关于“失节忧惧”以及“在故国与新朝之间如何权衡出处”的描写，都与何冠彪等人的探索声气相通，构成了一种潜在的对话关系。

在《明清之际士大夫研究》的“后记”中，赵园对自己的思想史研究缘何带入诸多个人心绪感受做了如下说明：“这样将研究材料作为‘话题’处理，以及有关话题的分类原则，也同样未经事先拟定。只是在这一角度的研究到了一个段落之后，才想到了如下的解释，即明清之际的上述‘思想史意义’首先是士大夫经由‘言论’提供的。言论通常在‘话题’中展开，而‘话题’则在具体的开始情境中展开。言论无不反映着其赖以生成的环境，包括话题在其中展开的言论环境。明清之际言论的活跃，赖有历史机缘，即如所谓‘王纲解纽’所造成的某种松动，某些话题禁忌的解除，明代士风士习（及‘左派王学’）所鼓励的怀疑、立异倾向等。此外还有制度上的原因，尤其与‘言论’关系较为直接的明代的监察制度。明清之际最初吸引了我的，就应当有其时活跃的言论环境、生动的言论方式，以至某些警策的议论。”①

与赵园的“话题”研究有所交集的，是王汎森关于明末清初的思想研究。他的《清初士人的悔罪心态与消极行为：不入城、不赴讲会、不结社》一文涉及了明遗民遭遇鼎革剧变后的心理变化及行为选择。王汎森发现，探讨明清思想文化时，我们大多将心力放在清代思想文化的兴起上，而忽略了明代文化的衰落，其中最令人困惑的是两个问题：（1）晚明文化中那种洒脱、奢放的风格，何以在清代慢慢就看不到了？（2）晚明心学家的讲会、结社，何以在清代也慢慢就看不见了？他尝试讨论一些消极性行为，它们的特色是一系列的“不”。② 这一系列“不”的言行的发生源于明末清初士人特殊的“感情结构”（structure of feeling）的变化。王汎森试着把握他们内心世界的不安躁动，以便观察他们与逝去王朝的关系。他认为，因为亡国产生反省、追忆、悔恨、舍弃的意识，士大夫由晚明的活泼、开放慢慢转变为清代的平实。上述变化

---

① 赵园. 明清之际士大夫研究. 北京：北京大学出版社，1999：542.

② 王汎森. 清初士人的悔罪心态与消极行为：不入城、不赴讲会、不结社//晚明清初思想十论. 上海：复旦大学出版社，2004：188.

助长了清初官方所期望的一种驯服的、平庸的、四平八稳的理想士大夫形态，所以不期然地产生了一种符合政权的吊诡性结果。①

官方意识形态主导下的明末清初“启蒙论”极力突出思想家对“欲望”的肯定，并认为从中发展出了一种“自然人性论”，统统目之为“思想解放”的先驱。王汎森则从中看出了紧张和矛盾，他认为，对“欲”的重新重视是当时思想界极为重要的特色，对此绝不是完全否定的态度。然而，同时“在主张自然人性论的思想家的作品中，常能见到极为深刻的道德严格主义。这种现象以明末清初的思想家为特别突出。这种两极并陈的现象委实令人感到困惑”②。他的结论是：“理欲合性、合二为一等具有自然人性论倾向的思想，基本上是明代思想家对应现实发展出来的，也是明季王学中左、右两派相当普遍的态度。后来在清代思想中也占有重要地位，戴震、焦循、凌廷堪等皆发挥这种想法。这一思想倾向可以为放荡逾检的行为提供思想根据，但是也可能产生一种新的道德严格主义。大体说来，他们只是反对‘陆沉泥腐’，但并不反对道德上严格的自我转化。所以，明季士大夫的作品中到处可以看到自然主义人性论的话，但他们并非都是现代意义下的所谓‘解放的思想家’。”③ 这就把明末清初思想家的表现放在一种斑驳多色的光谱中重新定位，日渐疏离了那种总是干瘪单调又粗暴地给他们贴上标签使其归类站队的简单思维。

第三节　冲突抑或调适：中西文化交流与清初政治文化

明末清初鼎革的特殊意义，除了满人作为异族入主大统以外，西方因素不断渗入传统制度肌体并慢慢改变着中国士人的思维，也是一个前

---

① 王汎森. 清初士人的悔罪心态与消极行为：不入城、不赴讲会、不结社//晚明清初思想十论. 上海：复旦大学出版社，2004：189.

② 同①93.

③ 同①105.

所未有的新鲜变化。民初以来，对明末清初中西文化交往之研究的偏重点曾发生多次移位。早期文章主要聚焦在明末利玛窦等人传教过程中对科学与宗教信仰的态度（到底孰轻孰重）这个问题上，其中也关涉到中国人是否只接受科学的一面，而忽略乃至摒弃其宗教性的一面。如陈受颐在较早的一篇文章中就质疑稻叶君山和梁启超只关注中国人对历算与器械的吸纳，而视宗教思想为科学传播之附庸的提法，否认当时的国人以奉教为手段骗取科学知识，否认西人所说传教行动最后统统沦落成一种“买椟还珠”的举动。其中一个证据是，徐光启信教就是为了纯化风俗，解决世道人心的问题，希望明末远超唐虞三代之治，使国家长治无乱。这个想法和利玛窦的观点完全吻合，这尽管的确是儒教式的思维，但却证明中国人也可能产生信仰，不只采取单边功利的态度。用“天主教”取代“佛教”，其用意亦在于此。利玛窦主持的耶稣会传教方式与天主教以往传教方式的差别即在于，用智识为利器，以求统一已分裂的教会。与那些偏于冥想的教派，或者方济各派、多明我派的苦行观不同，耶稣会要求入会者预先拥有一门专长的学科，只有如此，才许加习神学，这恰恰证明其传教方式采取的是一种更为均衡的策略。

利玛窦的传教路径主张排斥佛道二教而融合汉唐以后之儒教，认为其更接近古代儒教之真谛，而非容纳周敦颐之后发展起来的程朱理学。理由是：宋儒教义中掺入了大量佛学思想，容易和天主教教义发生冲突。陈受颐认定西洋宗教对明末的中国曾发生实在的影响，自有其独立的意义，不能作为西洋科学的配角对待，但又觉得其核心理念仍受儒家思想主导，这种论述似乎陷入了自相矛盾的境地。①

实际情况是，进入清朝以后，一些传教士仍延续了利玛窦的宣教路数。如卫方济于康熙三十七年（1698）著有《人罪至重》一书，其中谈到中国宗教时就引用程朱的话来证明中国道统之传后世有损，仍然坚持宽容原始儒教，排斥近代儒学的路子，把儒者分为“真儒”和“俗儒”两种。“礼仪之争”发生后，传教士对儒学的包容态度开始转向。如汤若望直接否认“天”即“天主”，但像孙璋这类传教士仍著有《性理真

---

① 陈受颐．明末清初耶稣会士的儒教观及其反应．国立北京大学国学季刊，1935（2）：10.

诠》这类著作，其中说到万物之原并不是后儒之所谓太极或阴阳。[①] 他暗示五经中的上帝就是天主，比《天主实义》更加详尽，最后劝告国人接受天主教以补残余古代儒教之不足。

此文对士大夫的回应也有讨论，文中提问：古代的儒家学说究竟为什么与基督教《旧约》时期的思想类似？这是传教士和教徒都没有在著述中解答或暗示解答的问题。清初教徒李祖白最先大胆提出中国人种西来说，武断咬定“此种之初人，实如德亚之苗裔，自西徂东，天学固其所怀来也”[②]，想证明中国人源于犹太民族。英国有个营造师叫约翰·韦伯（John Webb），他也以为中国人是亚当的苗裔，中国语是世界的原始语言，中国古代儒教是希伯来上古的宗教，见解与李祖白不谋而合。[③] 故李祖白的观点遭到杨光先的痛骂亦在情理之中。

唐擘黄的文章《明季清初西来天算对于清代学术的影响》则讨论了与天算之学相关的中西调和论、中西会通论，他引述郭正中的话：“中历必不可尽废，西历必不可专行，四历（大统、回回、魏文魁法、西法）各有所长，当参合诸家，兼收西法”，来证明清初即有一种参合中西的论调。这个时期还有一种观点，即承认西法比中法好，但认为西法本源自中国。

康熙帝曾对梅文鼎论西法的借根方有所误解，认为：“西洋人名此书为阿尔热八达，译言东来法。”（阮元《畴人传》卷三十九《梅文鼎下》）此文对此误解做出澄清说：“今按阿尔热八达，就是 Algebrad 的音翻，这个字源于阿剌伯文，意思指还原，或化散碎为完整的作用，并没有东来的意义。或许当时西人说这个字由东方来，所谓东方乃指阿剌伯，而清帝误会，以为这个字的意义就是东方法。”[④]

---

① 汤若望（Jean Adam Schall Von Bell，1591—1666），德意志人，1622 年来中国，1666 年殁于北京。（费赖之. 在华耶稣会士列传及书目：上册. 冯承钧，译. 北京：中华书局，1995：167）孙璋（Alexandre de la Charme，1695—1767），法兰西人，1728 年来中国，1767 年殁于北京。（费赖之. 在华耶稣会士列传及书目：下册. 冯承钧，译. 北京：中华书局，1995：745-746）

② 陈受颐. 明末清初耶稣会士的儒教观及其反应. 国立北京大学国学季刊，1935（2）：48.

③ 同②49.

④ 唐擘黄. 明季清初西来天算对于清代学术的影响. 中山文化教育馆季刊，1936，3（2）:451.

此文的突出贡献在于归纳出明末清初学风是对“实用”知识大感兴趣：“当时中国流行的学术大部是空疏的，聪明的人得了这个新来的比较实在的精密的学问，当然喜欢用力研究。所以在野的儒生，如王锡阐、薛凤祚等都在这上面用功。”[①] 文中举出利玛窦、徐光启的话来证明这个论断。利玛窦在《几何原本》的“引言”中说到了如何确立知识的客观性标准这个问题，他说：“夫儒者之学，亟致其知，致其知，当由明达物理耳。物理渺隐，人才顽昏；不因既明，累推其未明，吾知奚由至哉?”[②] 因此，“独实理者明理者，剖析心疑，能强人不得不是之，不复有理以疵之。其所致之知且深且固，则无有若几何一家者矣”[③]。意思是说，中国之理因缺乏客观标准，可以用另外一套道理加以反驳，而西方科学之理的提出是有客观标准的，别的道理无法反驳它。所以，徐光启才附和说：“能通几何之学，缜密甚矣。故率天下之人而归于实用者，是或其所由之道也。”[④]

唐擘黄估测西来天算学对清代考据学的一般方法有不小的影响，考据学家如江永、钱大昕、戴震都曾用天算做考证，并归纳出几条理由：一是西来天算学渐渐得人崇信，是因为它推算天象必须依靠客观的证验，这个重要的事实不能不使此后学者对于一般学问都取注重证据的态度，考证学之所以注重证验，不过是这种态度的一种表现。二是天算既然用于考证经史，那么所考证的一定有数目可稽，不能够再有模糊疑似的辩说，考证名物、制度、舆地、水道等事要度量准确，这种务求精确的习惯多少总要影响到考证学的全部方法。

唐擘黄还有一个推断说，清代音韵学的发达也许同西洋字母的输入有关系，如清初刘献廷作《新韵谱》，自谓参考拉丁语和其他语音，可见当时拉丁语的输入带给学者一种新兴奋。唐擘黄承认梁启超首先意识到清代考据学方法受西来天算学的影响，但又认为清代学术受西来影响只惠及天算本身，与其他学问没有关系。而此文则把天算学背后的所谓“客观性”昭示了出来。至于清朝为什么吸收西学只限于“天算”，核心

---

① 唐擘黄. 明季清初西来天算对于清代学术的影响. 中山文化教育馆季刊，1936，3 (2):453.

② 同①452.

③ 同①452.

④ 同①.

原因被指中国人好谈玄论道，轻视技艺，所以不乐治自然科学。① 并且，中华民族富于调和性，态度模糊不明，很难接受客观性的检视。

当论及考据学的起源时，唐擘黄质疑其出于刑名之学的观点。有些人猜测，因为刑家断狱定罪，一定要细找证据，所以考据学受到了刑律的影响，但明季清初刑律学似乎无多大变化，汉学家也很少学律，故对此论存疑。当时还流行一种政治“压抑说”，认为清朝因以异族身份入主中原，不免忌恨汉人做有用之学，所以汉人为避祸计，只好遁入说经一途，既然人才都集中于说经，考据方法自然进步很快，章太炎即持此说。唐擘黄反驳说，仅仅把说经人多作为考据学发达的理由未必得当。清代以前也有说经人很多的时代，何以方法不早已进步？故章太炎所论也许只是诸多原因之一罢了。

此文的另一个议题是：中国自然科学不发达的原因何在？结论是，当时人没有干涉自然现象以投入研究的习惯，只喜欢静观，只喜欢动笔而不喜欢动手。当时传入的西洋天算，虽然已使用望远镜和弧三角等技术，但大部分人还是用眼睛动笔杆观察天象，至于用机械的技术干涉自然现象，即所谓“实验”方法，与当时人的习惯不合，所以这一类的学问很难发达。

在我看来，自然科学除天算以外如“重学”不发达的原因，乃在于天算是一门为王朝政治服务的学问，只在测量天象时才能发挥其辅佐王朝礼仪的作用，并由此受到皇权的重视，进而因其政治实用性从上到下得到提倡，士大夫最终才会趋之若鹜。而“重学”等实验学科，因与王朝礼仪之间难以建立起辅助致用的关系，故被清廷冷落并不出人意料。

有的文章则从比较中国与日本引进西学的主体及措施之异同展开讨论。如易惠莉在题为《传教士、儒士与西学东渐》的文章中有如下比较：日本学习西学的藩校或西医校由日本武士创办，中国最早学习西学的学校由传教士所办。1774 年日本出版由荷兰文翻译过来的《解体新书》等西学书籍，中国同样的西学书籍最早则在 19 世纪 50 年代经传教士翻译出版，如合信翻译《全体新论》《西医略论》《妇婴新说》等书。日本人最早使用的俄、英、法等辞典是由日本人自己编写，中国则由传

① 唐擘黄. 明季清初西来天算对于清代学术的影响. 中山文化教育馆季刊，1936，3 (2)：458.

教士马礼逊、卫三畏等人编写。为明治维新提供理论思想的是福泽谕吉等人，为中国维新变法做思想鼓动的却是传教士的西学书籍和各种报纸杂志。[①] 此论长于中日比较，但对易惠莉的最后一个观点我却颇有疑问，因为当年梁启超、康有为等人在戊戌时期宣讲维新思想时，虽然借助了传教士译介过来的不少观点，但他们自己也撰写了大量论著，并对引进西方思想有所发挥和做了适时的更动，似乎不可轻易抹杀其贡献。不过易惠莉发现以往研究只重视传教士本人如《万国公报》创办人林乐知的工作[②]，却忽视长期担任报纸主编的华人沈毓桂、蔡尔康、任廷旭等人的工作，倒是颇有洞见。

基督教史研究长期思考的一个问题是：传教士对待儒学的态度及其对中国思想界到底产生了什么样的影响？一种观点认为，传教士的态度经历了一个从“孔子或耶稣”到“孔子加耶稣”的战略思想转变。即从最初主张基督教与儒学无法并存两立，必须以基督教取代儒学，到后来意识到这种想法行不通，转而以文化兼容政策促进基督教与儒学的互补和融合，为基督教在华传播开辟道路。这个想法出自顾长声的早年研究。胡卫清认为，此论缺乏史料支撑，因为策略性的文化主张不能被等同于文化战略，是否仅凭借由传教士口述或撰写初稿，然后经由华人助手整理润色的论著，就能准确反映传教士的真实思想和主张？这些调和儒耶的言论是“文化战略”还是“策略性表示”？胡卫清倾向于后者，并列举了传教士的大量言论予以佐证。

胡卫清还指出，传教士一直坚持基督教教育主旨，批评、排拒儒学的道德教育体系，教会教育严格信奉原罪说，信仰三位一体，强调信仰救主耶稣为救赎之唯一前提。儒学教育不可能培养人具有诚实、自然之道德，因为它自身缺乏一种道德动力，基督教崇尚的道德品质“是自由的符合天性的”，而儒学教育所产生的品质则是“形式的和机械的”，孝道、忠诚以及其他道德义务的培训是通过没完没了的重复来印进人们脑

① 易惠莉. 传教士、儒士与西学东渐. 学术月刊，1993 (4)：58. 马礼逊 (Robert Morrison，1782—1834)，英国人，是西方派到中国大陆的第一位新教传教士。卫三畏 (Samuel Wells Williams，1812—1884)，美国人，是最早来中国的美国新教传教士之一。福泽谕吉 (ふくざわゆきち，1835—1901)，日本大阪人，日本近代著名的启蒙思想家。

② 林乐知 (Young John Allen，1836—1907)，美国人，1860 年来到中国，1907 年殁于上海。

海的。儒学训练出的官员并不能坚持道义原则，他们会充分利用职位为自己谋取金钱利益。中国官场的高度腐败与儒学道德教育是有联系的，这反映出中西文化在人性认识论上的悬隔与分歧。儒学教义认为，人性的自足可以通过修身养性、阅读经典和向圣贤学习而获得，道德准则已由经典规定好了。孔子是万世师表，后人通过模仿先贤就可完善自己，因而缺少对道德公理的怀疑精神，最终性格趋于保守。圣贤制定的标准太高，普通人难以企及，在现实生活中坚持道义原则的人往往多是失败者，人们自然而然在道德问题上采取经验主义和实用理性的态度。在基督教的压力下，中国人的精神很容易走上一条不归路，或者全盘西化，或者僵化保守。①

基督教曾在晚明和清初一度兴盛，可在康熙朝以后却遭到严厉查禁，其中缘由到底如何，也是学界持续争论的问题。陶飞亚在《怀疑远人：清中前期的禁教缘由及影响》一文中，批评史学界强行以古代、近代分期划分基督教史的框架。因为自明末起，基督教就以不间断的形式存在于中国历史之中，但治晚清基督教史者，由于过于固守古代与近代的历史分期，往往以鸦片战争为界腰斩这段历史，这导致在近代史叙述中基督教问题似乎是一个突然出现的问题。反教运动在很大程度上被化约为不平等条约与基督教传播之间的因果关系。但在条约时代以前，天主教已在中国传播了一个半世纪，这一时期恰恰发生了相当数量的查禁天主教案件，显然不能用不平等条约的出现来解释。实际上，康熙朝以后，清廷对传教士带来的科学仪器与知识的兴趣日渐减少，清帝对传教士在天文观测和天历方面的依赖也越来越少，传教士没有了像过去那样有效交换传教许可的手段。随着天主教在中国的发展，统治者担心远人来华传教的政治动机，对传教士的怀疑加剧，对西教的误解趋深，这些因素都推动了清廷严厉禁教。近代以后，政治上和思想上的反教传统与签订不平等条约带来的刺激一起，对晚清政教关系的紧张和冲突产生了重要影响。②

谢景芳的《清初抑制西学探论》一文则论证，清初压抑西学是因为

---

① 胡卫清. 传教士　儒学　儒学教育. 史学月刊，1996（6）：49-54.

② 陶飞亚. 怀疑远人：清中前期的禁教缘由及影响. 复旦学报（社会科学版），2009（4）：43.

传教士习用汉语和中国经典的能力下降速度很快，西学中译书籍的数量还未及明末的一半。这也导致西学对中国知识阶层的吸引力大大降低，西学传入的规模和内容均较明末有所不及，梅文鼎受康熙帝嘉奖但却不见征召即是例子，故清初再也无法出现像明末徐光启那样能够在朝倡导西学的人物。就本心而论，清朝统治者本不欲探究西方社会与自然科学的发展成就，更不想以身示范，鼓励臣民发展本国的科学技术；只是想利用西学证明清朝之“顺天应人”“圣学渊源”“柔远能迩”的气象，控驭汉族士大夫，以稳定统治。对授时历算的重视即是一种政治活动，以达神话统治的目的。①

刘墨则感觉，西学对中国传统学术的影响只限于天文、历法、地理学、数学等方面，顶多限于再次唤起中国人对传统中类似学科（如数学）的兴趣。“西学中源论”却阻止了中国学者更进一步接受西方科学，因为“西学中源论”有利于儒者从“道”“术”分离的角度理解西方文化或西学。②

其实，当时的士大夫在吸收“西学”时，都很难跃出“体”“用”二元对立的基本思维惯性。刘耘华在考察宁波士子中少数接触西学者时，发现他们主要探察的范围仍局限在历算领域，他们一致认为是西人窃取商周古学而予以发扬而已，包括黄宗羲在内的宁波士子之所以下苦功修习历算，也是为了维持“我”正“彼”邪、“我”文“彼”野、“我”高“彼”低的文化尊严和本位意识，在这种文化自我中心前提的制约下，这批宁波士子自然难以做到由西“用”而思量西“体”，即便是有着明显优长的西方历算之学，终究也只能在“西学中源”的招牌下做化“异”为“同”的处置，以便纳入其思维框架，融汇成知识的养分。③

对于中西双方的相遇在多大程度上达到了相互借鉴的目的，历来素有争议，刘耘华在讨论中西文化交流的“语法规则”时，从四个方面对此有所反思。第一是就传教士之主动因应与被动附会问题提出了“文化的双重强制”观点，其要点是传教士与中国入教儒士在受制于中西文化

---

① 谢景芳. 清初抑制西学探论. 史学集刊，1999（1）：24－29.

② 刘墨. 乾嘉学术与西学. 清史研究，2005（3）：53－62.

③ 刘耘华. 清初宁波文人的西学观：以黄宗羲为中心来考察. 史林，2009（3）：54－61.

之双重强制的同时，也开启了超出单一文化桎梏的双重视域，造就了中西文化的一种奇特贯通现象。传教士在双重强迫缠夹之下，努力以“似是”之“同”来弥合“实异”之鸿沟，这种调和不仅对儒家思想中的宗教成分进行了新的诠释与定位，而且还牵涉到对儒家思想中本体本原论、天人关系论、道德实践论及格物致知论（知识论）的重新认知。通过对基督教教义的二度解释，褫夺了儒学思想系统中太极、天道、心、性、理、气等概念的本体论蕴涵，使其降低到“依赖者”的层面，又以天主教的天主创造论来重新演绎中国固有的天人合一、万物一体、气化流行等命题。

但是，在传教士努力以天主教教义来置换、重释甚至褫夺某些儒学概念术语原有内涵之时，儒学也同样对天主教教义进行了置换、重释甚至褫夺。刘耘华认为，明末清初的中西文化交往绝非今日意义上的“对话”，传教士始终坚守“真教惟一”“正道惟一”的原意。“索隐派”对于儒家经典的“过度附会”，哪怕是以“天主”来诠释“太极”“天理”，也都是立足于天主教的神学立场，并以此为本位。一切来华传教士都是天主教意义上的普遍论者，他们来中国，说到底就是为了用此“普遍性”代替直至消除中国之“特殊性”，这是他们的共同目标。① 所以，根本不存在与儒学士人的所谓“对话”关系。

在明末清初的中西交流碰撞中，有些属于思想的冲突调适，有些则属于政治境遇支配下的妥协与对峙，因此，探讨清政府特别是皇权对传教士的基本态度是其中一项重要内容。

王先明的《论清代的“禁教”与“防夷”：“闭关主义”政策再认识》一文，对清朝“闭关”的原因进行了重新梳理，认为“闭关”政策不是乾隆二十二年（1757）才形成的一种限制对外贸易的政策，而是自雍正元年（1723）就开始形成的一种防范西方文化的基本国策，其着眼点并不在于贸易利益，而主要在于“人心之大防”。闭关政策实际是清政府面对“西学东渐”采取的一项具有指导意义的总政策，而不是一项具有条文规则的具体措施。闭关政策也长久地拖累着近代中国社会迈进的步伐。从根本上说，“闭关”并不是一项具体的对外举措，而是从文

① 刘耘华．明末清初中西文化关系研究之反思．北京大学学报（哲学社会科学版），2005（4）：59.

化发展总体上对外来文化的一种具有指导意义的原则，它是“闭关主义”而不是“闭关政策”。作为“主义”所造成的民族文化心理上的影响，远比“政策”本身的作用要牢固久远。①

对于这个观点，后来已有不少人提出质疑，比较典型的是赵刚的一篇文章。他通过研究《皇朝文献通考》之《舆地考》《四裔考》《象纬考》，发现在早期全球化背景下，18世纪乾隆时期，在天人关系上以近代西方科学的经纬系统取代传统的分野说；在疆域范围上，以适应不同族群的、多样性的行政管理系统相互并存为特色的“本朝之制”取代九州框架；在四裔关系上，以朝贡、互市并存的模式取代朝贡中心地位。在这个时期，一方面，早期全球化的影响并不限于经济层面，已经深入到当日中国社会的价值层面；另一方面，面对它的影响，清朝统治者并非如时下流行的观点所言仍然闭目塞听，相反他们已经注意到早期全球化背景下中国所面临的新的政治、经济、外交现实，并顺势而为，做出主动和自觉的调整。这种调整不仅反映在取消海禁等贸易政策层面上，更体现在对整个朝贡体制的改变上。②

清初中西思想冲突的一个标志性事件是“礼仪之争”，如何评价这个事件，学界意见分歧较大。一方坚持礼仪之争是清初闭关锁国的结果，另一方则认为是纯由罗马教廷对中国形势的隔膜和误判所致。林金水的《明清之际士大夫与中西礼仪之争》一文，根据罗马耶稣会档案馆珍藏的相关中文资料，对中国士大夫在礼仪之争中的立场和观点，以及礼仪之争的意义、影响和性质做出评判。其要点是，“礼仪之争”在中国导致清政府对天主教的禁教措施日趋严厉，在欧洲却为中国儒家经典和思想的输入提供了契机，为当地启蒙思想家和哲学家送去了东方的精神食粮，促进了欧洲启蒙时代的到来。③

至于“礼仪之争”的发生到底应该由谁负主要责任，李秋零的看法值得注意。他针对有学者把“礼仪之争”引起的恶果归罪于康熙的闭关

---

①　王先明. 论清代的“禁教”与“防夷”:“闭关主义”政策再认识. 近代史研究，1993（2）：104.

②　赵刚. 早期全球化背景下盛清多民族帝国的大一统话语重构——以《皇朝文献通考·舆地考、四裔考、象纬考》的几个问题为中心//杨念群. 新史学：第5卷　清史研究的新境. 北京：中华书局，2011：45.

③　林金水. 明清之际士大夫与中西礼仪之争. 历史研究，1993（2）：20-38.

锁国的观点提出批评，指出罗马教廷采纳不熟悉中国文化的多明我会的意见，排斥在华传教长达半个世纪的耶稣会士的意见，进而做出错误的决定，才是引起“礼仪之争”的最主要根源。其冲突的症结在于，罗马教廷的决定从根本上触犯了清朝以忠孝治天下的文化政策，或者说想迫使清廷改变业已成形和有效的政教关系与治理方略，导致康熙以后清朝长期禁教的恶果。这个思路有助于打破仅仅从中国闭关锁国的视角看待中西文化交流的单一思维，似乎更具历史现场感。①

王庆成的《清代西教在华之环境——康雍乾道咸朝若干稀见文献考释》一文，则通过释读保存于剑桥大学图书馆的《武英殿监修书官寄西洋人书》，发现此书草稿由康熙帝亲自撰写，意在尝试搞清罗马教廷是否真有禁绝中国教徒祭祖祭孔的意图。他证明康熙曾多次派遣在华传教士返回罗马教廷进行沟通，说明康熙并不相信教徒特使多罗的强硬主张代表罗马教廷的本意，而是频繁释放出寻求理解的善意。康熙早在1700年就向传教士宣示过他对礼仪问题的看法，意指祭祖祭孔为表示爱先人、爱先师，是一种俗礼，与宗教无涉。但罗马教廷却以更严厉的通谕作为回报，要求在华传教士宣誓遵守“禁条”。这份文书说明，康熙急于求证罗马教廷的真实态度，官书用满、汉、拉丁三种文字刊刻，印制150份托传教士带回欧洲。② 这也间接证明了李秋零所说“礼仪之争”的爆发主要责任应在罗马教廷的论断。

关于明末利玛窦等西方传教士到底为中国社会带来了什么样的思想资源，曾经引起过一场较大的争论，代表作品即是何兆武先生的《明末清初西学之再评价》。在这篇文章中，何先生一反过去对明末传教士引进西方科学的积极评价，认为利玛窦等西欧天主教传教士传入的知识体系仍是中世纪的神学体系，其世界观实质上仍属于古代与中世纪的传统范畴。这既背离当时世界历史的近代化趋向，也与资本主义已经萌芽、个人觉醒与解放已成当务之急之中国时势的要求不相符合，对中国由中世纪转入近代无益。天主教方面的反宗教改革运动（Counter-Reforma-

① 李秋零．清初“中国礼仪之争”的文化学再反思——兼与安希孟先生商榷．中国人民大学学报，2003（4）：113－118．

② 王庆成．清代西教在华之环境——康雍乾道咸朝若干稀见文献考释．历史研究，1997（6）：41－54．

tion）正是由耶稣会发起的，耶稣会极力维护正统的神学世界观及思想方法论，以作为反对近代科学和近代思想的武器。而明清之际正是这些反宗教改革运动的传教士担当了西学东渐的唯一传播者，从利玛窦到汤若望均是如此。假如当时中国方面所接触的不是由天主教传教士传入的传统神学世界观和思想方法论，而是近代经典科学的体系（哥白尼—开普勒—伽利略—牛顿）和近代的新思维方式（培根和笛卡尔），那么中国历史之步入近代，其历程和面貌必定大有不同。但下迄 19 世纪初叶，有的学者如阮元编纂的《畴人传》中，仍然对近代科学的经典体系一无所知，只是提到哥白尼的天静地动说不足为训而已。至于培根或笛卡尔以来的思想方法论，则始终无人提及。① 何兆武强调，中国未能提早步入近代时期，与传教士传播的思想过于陈旧有关。如果当时传入的不是古希腊的科学和中世纪的思想体系，而是近代科学和近代思想体系，那么中国的思想文化必然会呈现出另一番新局面。这显然只是从比较纯净的中西文化交流视野考虑问题，没有注意到当时中国社会与政治环境的接受能力。思想文化的传入不是在真空管中输送产品，而是一种复杂的系统碰撞，必须顾及中西政治和社会历史演变所经历的复杂态势，何兆武的看法未免过于乐观。他还认为，真正对中国社会起到推动作用的是深受 19 世纪末新教传教士影响的中国学者如李善兰、华蘅芳以及严复、梁启超、王国维等人做出的努力，而不是李提摩太、林乐知一辈的传教士，这个观点与前引易惠莉的看法截然相反。

学界也曾出现过与何兆武之观点较为类似的观点，如叶晓青在《西学输入和中国传统文化》一文中说，总结两百年西学输入，数学和天文学基本上没有超出古典科学范畴。仅有的哲学著作《名理探》《寰有诠》都是介绍古希腊亚里士多德的哲学思想，有限著作中的零星物理、化学知识就更未能高于古代科学水平，而在当时的欧洲，近代科技体系已经建立起来了。这个观点与何兆武的判断极其相似。叶晓青还有一个论断是，中国对西学有一个从被动输入向主动选择和引进的转变过程。以 16 世纪下半叶到 19 世纪末的约三百年而论，西学的输入由明末清初的被动到清末的主动，引进的渠道也由教会增加到中国官方和民间，传入方式由单纯译书扩大为包括译书在内的多种形式，输入的西学也超出了

---

① 何兆武. 明末清初西学之再评价. 学术月刊，1999（1）：26.

科学技术的内容。叶晓青还在此文中点明，最后一批来华的法国传教士蒋友仁在《坤舆图记》中才透露了哥白尼的地动说，但未介绍牛顿的万有引力，地动说仅给中国人留下了个海外奇谈的模糊印象。① 这个看法与何兆武认定传教士没有带来先进科学理念的观点相一致。

黄兴涛的文章则直接与何兆武进行了对话。他在题为《明末至清前期西学的再认识》一文中，首先肯定何先生对明末清初传教士作用的评价有一种整体把握的高度和自身的道理，但也认为存在可以商榷之处，总体说来对“西学”的评价不免偏低。原因在于，中世纪晚期天主教与自然科学的关系较为复杂，它在文艺复兴以后事实上已接纳了许多科学成果，而对传至中国的西学“结构”本身，也不能理解得过于僵硬而缺乏弹性。尤其是其中较为吸引中国士大夫的天文、地理、数学和机械物理学等新知识部分，它们显然存在着自身固有的知识逻辑，其新知识功能也并不能全为传教士几句简单的神学“包装”和诱导所制约。

另外，从何先生的具体论述来看，他对明末清初中国社会内在的“近代化”动力和基础不免估计过高，对其转型速度似也潜藏着某种过度期待。诚然，天主教传教士并不是理想的科学知识传播者，但在当时的中国，除被宗教激情所激励的西方传教士之外，实并不存在其他外来的、可担负此种使命的文化力量。即使在传教士传播的那些“前近代科学”成果里，也不乏当时中国所缺少的某些近代性因素，或至少有助于发育近代性的因素。这些因素或成分，对于中国的“近代化”不是无益，而是相当有意义。明清之际西学所蕴含的有助于近代性生长的因素或成分，突出地表现在以下两个方面：一是初步带来以较为先进的天文学、地理学与数学新知识为基础的，综合生成的那种实证的、相对完整意义上的“全球意识”或“世界观念”。这种“全球意识”或“世界观念”，在近代性整体意识或观念结构中恰恰处于某种基础性的地位。二是注重形式逻辑，尤其是演绎推理方法的介绍和传播，讲究概念的界定和逻辑推演，并将其贯穿到对各种知识的叙述和理论论证中，具有韦伯所谓的“工具理性”价值。它虽然还缺乏注重实验和归纳推理的那种近代精神，但也是构成近代科学方法不可或缺的主要组成部分。②

---

① 叶晓青. 西学输入和中国传统文化. 历史研究，1983（1）：7－25.

② 黄兴涛. 明末至清前期西学的再认识. 清史研究，2013（1）：6.

进入21世纪以后，对传教士的研究也逐步从只专注于皇权与教权的关系转移至社会层面的传播渗透及其引发的后果，社会史视角的引入使得中西文化交流史的视野逐渐向底层延伸。这方面的成果日益增多，这里仅举一例。张先清在《疾病的隐喻：清前期天主教传播中的医疗文化》一文中借助美国文学评论家苏珊·桑塔格（Susan Sontag）在《疾病的隐喻》（*Illness as Metaphor & AIDS and Its Metaphors*）中阐发的理论，认为在相当长的时间内，这些附加于疾病的隐喻及围绕疾病形成的一系列社会想象影响人们从病理的角度正确看待疾病的产生。在后人看来，患病常隐含着鬼怪作祟及天谴等神秘化情由，为宗教力量的介入提供了宽阔的空间。在中国历史上，佛教、道教及民间信仰都曾经活跃于民众的医疗活动中。值得注意的是，清代前期天主教逐渐深入民间底层，其在民众医事中所扮演的角色随之更加重要。这篇文章择取康熙年间发生在江西抚州天主教传教区的一个故事为切入点，探讨清代前期天主教的医疗传教活动，尤其是专项考察了传教士如何充分利用疾病的隐喻，在民间社会中与佛教、道教及民间信仰展开激烈竞争，从而达到拓展天主教传播空间的目的。①

观察明末清初思想转型的诸多历史面相，有两点特殊的背景因素必须着重考虑，一是满人作为异族的统治对明遗民心理的制约作用，二是西学的涌入如何改变了中国传统学术的思维格局。就第一点而言，明遗民的思想抗争很容易被笼罩在晚清革命话语及由此延展出的附加视线中，扮演着近代民族主义兴起的渊源角色。就第二点而论，清初思想界很容易被视为明末西方“启蒙”舆论潮流的一个自然延续，无论对顾、黄、王三大家及其弟子的评价，还是对考据学崛起原因的探究，都似乎是明末西方科学输入的附带结果。这样的论述模式固然可以把这个时间段的中国思想迅速与全球变化连带上关系，从而为其刻印上一份早已具备“近代性”色彩的身份证明，但却很容易遮蔽对中国内在思想真义的钩沉辨析。故未来此论域的拓展似乎更应眼光向内，寻究一种内在于中国历史的“真实”，而不是总在是否具有“近代性”的西方视界里寻求认同。

---

① 张先清. 疾病的隐喻：清前期天主教传播中的医疗文化. 中山大学学报（社会科学版），2008（4）：100-111.

第二章 “经世”观念史三题

在我的印象里，“经世”一词的频繁出现无不受制于外力超强度的胁迫：第一次“经世”话题的勃兴是因为明末清初满人南下，汉人溃败；第二次重申“经世”议题是因西学全面渗透，中学困窘到没有了退路，才呼唤出了一系列改革。即使到了当代，好像大家仍觉得“经世”观念流行一定是坏时代倒逼出来的一种叛逆行为，20 世纪 80 年代台湾率先召开一个“经世”思想的专题研讨会，主持人吕实强和刘广京不约而同地提到开会的动机乃是受到费正清（John King Fairbank）《中国对西方的反应》（*China's Response to the West*）一书的刺激。此书论证，中国近代历史的发展，不管是维新运动（包括自强运动、变法运动、立宪运动）还是革命运动等所有的变动，都是受到西方特别是欧美冲击（impact）的影响，假使没有这些冲击的话，中国大概不会发生多大的变化。芮玛丽（Mary C. Wright）的《中国保守主义最后的立场：同治中兴》一书（*The Last Stand of Chinese Conservatism：The T'ung-chih Restoration，1862－1874*），也认为儒家传统与制度不具备近代化的能力和动力。所以，召开会议的目的就是通过对明清以来“经世”思想的阐发来回应和批评这些观点。[①] 说来说去，“经世”议题的重启仍然是在外部压力下做出的另一波回应。

但检视以往研究，我一直有三点困惑始终萦绕于心。第一点困惑是，清初士人受到满人南侵的刺激，以为明末士人只识性理良知，不懂事功经济，遂导致不可挽回的溃败烂局。比较典型的范本是萧一山引李

---

① “中央研究院”近代史研究所. 近世中国经世思想研讨会论文集. 台北：“中央研究院”近代史研究所，1984：序 1.

恕谷的一段话说：“目明之末也，朝庙无一可倚之人，天下无复办事之官。坐大司马堂，批点《左传》；敌兵临城，赋诗进讲。其习尚至于将相方面，觉建功奏绩俱属琐屑，日夜喘息著书，曰：‘此传世业也’。以致天下鱼烂河决，生民涂毒!”① 更有“无事袖手谈心性，临危一死报君王”之讥。好像明末士人一律耻谈时务，只会束手言虚，坐以待毙。可是，翻开陈子龙等人编纂的《皇明经世文编》，满眼望去皆是有关国计民生、时政事功的议论，哪里有奢谈心性的影子？即如阳明讲良知之学，其任职江西，恰以出色的治理实政扬名天下，绝非袖手空论之辈，似乎与李恕谷的观感大相径庭，这又做何解释？况且历史上改朝换代并不罕见，明清易代以前的各朝却少见有人批评前朝是因为缺失“经世”思想才导致本朝覆灭。这使我愈加怀疑，所谓明季清初士人缺失“经世”知识的论断缺乏根据，很可能是后人出于某种目的有意建构的结果。

第二点困惑是，我总怀疑“经世”一词变得时髦是受到西方科学至上思维的过度支配，总是觉得如果不拿起科学尺度对中国传统上上下下比量一番，就难免显得迂腐落伍，跟不上时势。于是，“经世”含义中只要疑似西方“科学”的内容就被贴上进步的标签，奉若珍宝，否则就被想当然地扫入陈腐之列。比如，萧一山在《经世释义》这篇文章一开始说“经世”二字从《春秋》里解读就是“经理世事”的意思，“实在和经济的意思差不多，古今都是一致的”②。随后他也察觉到“经济”二字“自近数十年来被东邦学者用作生计之学的专科名称后，我国人也普遍的仿用，已失去她原来的含意，翻变成最时髦的名词。经世二字，却久已不为一般学人所称道，即偶一提及，也似嫌陈腐”③。萧先生的话外之音是，“经世”只有和西方“经济”一词贴近靠拢，自觉缩窄原来的意思，才会焕发出新意，才能变成有用的学问。这就有可能把“经世”本义中非经济的一面遗漏在外、无人搭理。这不免让人起疑，难道古代“经世”的含义果真如此狭窄吗？

---

① 李塨. 恕谷后集：卷四　与方灵皋书//李塨集：下册. 陈山榜，等点校. 北京：人民出版社，2014：1401.

② 萧一山. 经世释义. 经世，1937，1（1）：4.

③ 同②.

第三点困惑与第一点相通。“经世”往往被理解成一种“乱世思维”，而不是“治世思维”，我们只在清代道咸以后西方入侵的乱局中看到“经世”家的身影，或者倒推回明清易代之际，好像只有那些痛骂晚明士人言行虚骄空洞的改革家才有资格谈论“经世”，“经世”只是革新者的秀场、激进家的舞台，持保守意见的人无论干什么事都与“经世”绝缘。吕实强的看法比较有代表性，他说：“经世思想，顾名思义是经国济世，或经世致用之意，它本来就含有改善与维新的倾向。这与后来的中国近代化的问题，自然有密切的关系。”① 这同样让人感到疑惑，因为大多数和平时期的中层或底层官僚，恰恰一直在从事着魏源所编《皇朝经世文编》里所列举的那些与刑名、钱谷、赋役、河工相关的琐事，他们的行为大部分属于“经济”的范畴，如果他们不算“经世”家，那“经世”又该是什么？本章拟对民国初年直至最近有关“经世”看法的变化做一些初步的梳理和检讨，并尝试提出拓展“经世”研究的几点看法。

第一节 “经世”观念和范围的界定

“经世”观念自古重要似乎毋庸置疑，萧一山说“中国学术的本源，和儒家学说的真谛，只是‘经世’两个字”②，又引李二曲的话云：“吾儒之学，以经世为宗”③，这些对“经世”的重视都被归宗追溯到孔子“吾欲载之空言，不如见诸行事之深切著明也”这句话。但对于“经世”的范围到底有多大，却一直见仁见智，众说纷纭。

界定“经世”，有人建议应尽量遵循古义，贴近经典。在《经世思想之义界问题》一文中，王尔敏指出，儒家出于司徒之官，以入世从俗教化为本务，意即儒家最初就有居官位行政务之责。“经世辞旨，本不深奥，由‘经国济世’一词简化而来，同时‘经国济世’亦可简化为

① “中央研究院”近代史研究所. 近世中国经世思想研讨会论文集. 台北：“中央研究院”近代史研究所，1984：开幕词 2.

② 萧一山. 经世释义. 经世，1937，1（1）：4.

③ 同②.

‘经济’，二者应具同等意义。20 世纪以前，意义明确，人人共喻，实与今日所谓‘政治’一词相通，而与今日所谓‘经济’（Economics）不同。”[①] 按我的理解，王尔敏认为“经世”更是经典意义上的广义政治行为，而不可缩窄到用现代“经济”的语义加以解释。

王尔敏又认为，“经世”之义不但近于“政治”，其心理修养部分也不可偏废，“盖儒者经世之念其本于有志节使命，而政治思想则为一种主张见解与政学理论之认识。一位主观立场，奉为身心性命之学。一位客观立场，视为一种传习学科之实现”[②]。这就把“身心性命”之学囊括进了“经世”范围之内。

张灏建议对“经世”的内涵进行分层叙述，他批评把“经世”仅仅理解为“官僚政体之治术”（bureaucratic statecraft）以便和西方一词相对应，实际上宋明“经世”思想可分解成三层意思。首先，“经世”是一种入世精神，与“出世”相对立，区别于佛、道世界观。

张灏虽然反对窄化“经世观”，但又认为儒家经世主要是透过政治以表现其入世精神，从字面上理解，“经”就是“治”和“理”的意思，因此“经世”就是“治世”和“理世”，或者是“治理天下”的意思，一个理想的人生是从政以领导社会。“修身”的最佳表现和实现就是“治世”，所以是“政治本位”的人生观。[③] 这与西方人体现上帝荣耀的终极追求大异其趣。

其次，“经世”精神是“政治是人格的扩大”，在“天理史观”的影响下，儒家经世思想蕴含一个基本信念，即人为的努力可以实现典型的人格，也可以重建典型的社会。[④]

最后，张灏最给人启发的观点是，“经世”观还分“治道”和“治法”两层，这里所谓的“治法”就是用以实现治体的客观制度规章，这是“人格本位政治观”的一种实现形式。“治法”后来演变成嘉道以后流行的所谓“经世之学”，“经世之学”区别于义理之学、考据之学和辞

---

① 王尔敏. 经世思想之义界问题//中国近代思想史论续集. 北京：社会科学文献出版社，2005：33.

② 同①38.

③ 张灏. 宋明以来儒家经世思想试释//“中央研究院”近代史研究所. 近世中国经世思想研讨会论文集. 台北：“中央研究院”近代史研究所，1984：6.

④ 同③15.

章之学。它讲究如何由制度的安排、政府多种政策的运用，以及法令规范的约束以求政治社会秩序的建立。总而言之，它是希望凭借外在的政治和文化力量达到儒家所谓的“治平”理想，以有别于理学家过分重视修身观念所衍生的“人格本位政治观”。①

张灏发现，《皇朝经世文编》收录的文章大多谈的就是“治法”一面，如吏、户、礼、兵、刑、工六部的典章制度与政策规范。“治法”的内容包括官僚制度的业务性和制度性问题，如诠选、赋役、盐务、漕运、河工等，反映出的是儒家传统中的功效理性。所谓功效理性，是指一种处理专门业务的态度，这种态度讲究经验观察，接受经验教训，并多多少少依靠成本功效或成本利润的计算作为处理业务的原则。② 同时，“治法”也包括“礼制”，指国家各种祭典、个人的婚丧仪式，以及有关家族与学校的制度典章，是一种道德教化的外化机制和仪范。故曾国藩才提出和推行“礼学经世”理念。

晚清的龚自珍则认为，尊德性和道问学是“质”与“文”的关系，是孔门之道的两大端，不可用“文”废“质”，也不可用“质”废“文”。尊德性是体，道问学是用，体、用兼备，才是学问。这个观点用在“经世”上就是，伦理是经世之根本，没有伦理，经世就失去了意义，二者也是体与用的关系，不可偏废。因此，光强调“经世”中“经济”的功利事功一面显然不够，需要二者兼顾，也就是说，讲事功也不能丢掉“道德”“伦理”的一面，要同时讲，瘸腿的偏向不是“经世”的真谛。③ 清初的一些学者在这一点上有明确的意识，如万斯同就不同意仅仅把“经世”看作“经济”，他认为离开伦理的“经世”，可以称之为经济，结合伦理与经济的言行才算是“经世”。这种看法似乎与晚清魏源、康有为、俞樾刻意把“经世”收缩进窄义“经济”范围的做法有很大不同。

故有人评价说，把道德伦理、性命探求与经济事功相融合是明清之际经世之学的特点，明清之际的经世之学不仅继承了前代关注解决实际

① 张灏. 宋明以来儒家经世思想试释//“中央研究院”近代史研究所. 近世中国经世思想研讨会论文集. 台北：“中央研究院”近代史研究所，1984：16.

② 同①17.

③ 何佑森. 清代经世思潮. 孔子研究，1996（1）：53-60.

社会问题的知识体系，同时也继承了宋明以来对王朝统治秩序、纲常伦教的理论化探讨的成果，诸儒一方面以程朱理学思想来重建专制社会的意识形态合理性，另一方面又强调能有效地实现这些统治原则的政治体制的合理性以及行政事务的效率性。①

自近代以来，学人谈“经世”确有偏于“治法”一层的倾向，比如梁启超就给“经世”下了一个全新的定义，他说：“居今日而言经世，与唐宋以来之言经世者又稍异，必深通六经制作之精意，证以周秦诸子及西人公理公法之书以为之经；以求治天下之理，必博观历朝掌故沿革得失，证以泰西希腊、罗马诸古史以为之纬；以求古人治天下之法，必细察今日天下郡国利病，知其积弱之由，及其可以图强之道，证以西国近史宪法章程之书及各国报章以为之用；以求治今日之天下所当有事，夫然后可以言经世。”② 任公这里面所提治学的重心已经明确转移到西学中比较偏于时政的那一面。这让我们很容易联想到咸同时期崛起的那批究心于边疆地理和舆图制作的士人，故有人认定在道咸以后学界形成了一个以改革政务为导向的“经世派”群体，这批人对政治时务的兴趣直接延伸到晚清。

对晚清存在“经世派”的观点曾有不少人表示赞同，但也出现了一些异议者，如王宏斌就明确反对嘉道年间存在所谓“经世派”，并与“师夷长技以制夷”的思想关联在一起，也反对“向西方学习的洋务思潮和社会改良思潮与经世思潮之间有着内在的必然联系”这类说法，因为他发现在一些所谓的“守旧”人物身上同样存在着“经世”意识，他们反对“师夷制夷”，却未必没有“经世”的自觉意图，只不过手段和方法有所不同而已。他举例说夏燮写《中西纪事》、梁廷枏写《海国四说》《夷氛闻记》，却反对魏源“师夷”之论即是证明，咸同时期理学名家如唐鉴、曾国藩、倭仁和李堂阶的思想也各有差异，但他们都有强烈的“经世”倾向。③

王宏斌认为，“经世”一词在中国古代典籍中大致有三种含义：一

---

① 鱼洪亮. 知识与救世：明清之际经世之学研究. 北京：北京大学出版社，2008：78.

② 梁启超. 湖南时务学堂公启//舒新城. 近代中国教育史料. 北京：中国人民大学出版社，2012：28－29.

③ 王宏斌. 关于“经世致用”思潮的几点质疑. 史学月刊，2005（7）：113.

是时代经历；二是经历世事；三是“经理世事”或“经纬世事”，都是治理国家的意思，与“经济”“经世济民”等词义相近。“经世”一词在二十五部史书中共出现204次，除了5处指“时代经历”外，其余各处的含义均为“经纬世事”。“经世”一词都是形容某人是否具有治国安邦的才能和抱负，都是强调人的政治素养，只有清代学者把它提升为一种专门的学养，即“经世之学”。可是，要想明确划分出一个“经世派”是非常困难的，因为很难把整个清代几乎所有儒家信徒的文集论述中的任何一本著作排除在“经世”范围之外，因为儒家之教就以“经世为宗”。①

“经世”既是一种积极入世的生活态度又是一种人生准则，既是一种政治才能又是一种社会行为，既是政治追求的过程又是理想的境界。凡是关怀现实社会、具有政治抱负的人，无论是处于知识积累阶段还是学富五车，无论是专门从事文学创作还是撰写历史，无论是究心舆地、军事还是研究农桑、治河，无论是师儒还是官吏，无论是在朝还是在野，甚至无论政治学术倾向如何，他们的言行均可归入“世事”的范围。

“世事”的内容如此广泛，仅从是否具有“经世”意识来划分“经世派”也许是容易的，因为要寻找根据的话，关于“经世”的言行可以说俯拾即是，但在现实社会中想区分出一个“非经世派”实体则是相当困难的。无论属于哪一个学派还是属于哪一个时代，无论在野从事学术研究还是当官从政问俗，几乎没有一个学人超越“经世”的范畴。如果要勉强划分出一个“经世派”，则当时的读书人和文武官员中的绝大多数人都不能被排除在这个概念之外。既然几乎人人都可以归入“经世派”，那么这种划分便没有实际意义。②

另一类研究是把“经世”与“实学”对应连缀起来，甚至一度风行把“实学”等同于“经世学”。这类观点喜欢罗列所有与实际事务相关的学问，把它们统统称为“实学”，如葛荣晋主编的《中国实学思想史》中就罗列出“兵学”“朱子学”“诸子学”“史学”“中医学”“乾嘉学派”“西学”等目，所谓“实学”几乎无所不包，如此杂乱地铺陈，犹如一个展品分类极不专业的博物馆陈列，毫无章法可循。最诡异的是，葛荣晋居

① 王宏斌. 关于“经世致用”思潮的几点质疑. 史学月刊，2005（7）：108.

② 同①112.

然把“经世”与“理学”“心学”切割开来，打成截然对立的两截。还在宋明理学家群体之外发明了一个似是而非的标签，叫“宋明实学家”。其依据是：“根据内圣外王的原则，宋明实学家认为必须由实体转向达用，讲内圣之实体转向为外王之实用，才能成为真正的圣人。所谓达用在实学家那里，又有两层含义：一曰经世之学，即用以经国济民的经世实学；二曰实测之学，亦叫格物游艺之学或者质测之学，即用以探索自然奥秘的自然科学。”① 这就把“经世”中蕴含的“道”的那部分内容驱逐出去了，只留下“经济”“质测”方面的学问。这样说好像仅仅是因为明末清初的一些学人曾用“实学”自称其学，并以此相互期许的缘故。

有人提出，“经世实学”概念的提出实际上否认了“经世”意识是儒学各派共同拥有的传统，如果忽略了这个大前提，就会发生许多误解。“实学”其实没有固定的概念（如宋儒以宋学为实，以佛学为虚；程朱学者以程朱之学为实，以陆象山心学为虚；王阳明学说盛行之后，又以本身为实，以程朱为虚；清学以心学为虚，以汉学为实），令人难以把握。就个体来说，有的理学家（如明末王学末流）有空谈心性的流弊；但从整体而言，理学家的“经世”意识丝毫不比其他学派弱。理学家固然强调个体心性修养的重要性，但不劝人出世、遁世，而是教人积极入世、经世，他们不单单是为了“内圣”而“内圣”，而是把“内圣”作为“外王”的基石，以求实现“治国平天下”的最大事功。清代儒学各派，无论是汉学家、理学家还是晚清崛起的今文经学派，从未忽视“经世”观念，各派之间的区别在于学术路径不同、“经世”方法不同，而不在于“经世”意识的强与弱。② 也即是说，“经世”不宜以派别视之，只宜分路径之差异，实则是一个多项选择题，而不是仅存在一个单一答案，或如张灏所说，是偏于“治道”还是“治法”的问题，同时也要顾及二者如何关联，即传统意义上“内圣”与“外王”如何衔接的问题。

以“实学”涵盖“经世”内容的论著还刻板地遵循“哲学史”式的诠释方式，说明末出现了一股从“心本体论”向“气实体论”的转化③，故而讲究实功，提倡经世。王船山就是所谓“元气实体论”的代

① 葛荣晋. 中国实学思想史：中卷. 北京：首都师范大学出版社，1994：引论 4.
② 王宏斌. 关于“经世致用”思潮的几点质疑. 史学月刊，2005（7）：106－114.
③ 同①2.

表，明末罗钦顺、王廷相等人则完成了从“理本论”“心本论”向“气本论”的历史性转化。由“气本论”转而肯定“情欲”之合理和事功之重要，为“自然人性论”的出现张目。这就彻底割裂了中国传统思想的内在连续性，更没有看到“理学”“心学”的信奉者也同样可能推崇事功之学，“心学”更是情欲解放的动源。如此厚此薄彼地把所有关涉实政的事务混沌一片地统统装入“实学”的大筐，再冠以“气本论”，这种似是而非的标签使“实学”的面目更加模糊不清，难以识别。

郑宗义就批评葛荣晋“彼既知实学本是泛称，宋明理学家也讲实学，又知明清之际流行的实行、实习、实功等言实之辞，乃是因有激于王学末流空谈心性而来的一种要求崇实黜虚风气，便知不可以把实学讲成是一有特定内容的学问领域”①。因为明末清初流行的实行、实习、实功、实学等词之“实”应是实际义、实用义、笃实义而非实有所指。况且葛氏“实学”一词几无所不包，稍为受过逻辑训练的人都知道，外延无所不包即等于内容空洞无物。实际上，我们根本不能从葛氏所谓的实学内容中抽引出一些共法来界定实学作为一门特定学问的特性，故不能与有公法的“宋明理学”相提并论乃不言而喻。②

有论者考证，“实学”一词最早见于《旧唐书・杨绾传》，但涉及的是科举取士中的六经与策问，要求考生“务取深义奥旨，通诸家之义”，策问则“皆问古今理体及当时要务，取堪行用者”。并没有明确“要务”与“行用”的范围和内容，指的是要修正德业不进，从政者浮竞躁动、不知廉耻的现象，和上述“实学”中的“经济”“质测”内容毫无关联，反而唐宋时期的“实学”指的都是“经学”，范围接近孔孟之道，认为这才是“万世治安之本”。

又比如针对晚明制艺之文，宋元以来的理学相较而言又成了“实学”，程朱一系又比“心学”似更“笃实”，而并非只有“质测之学”“经济之学”才显得“实在”。问题在于，阳明虽以倡导心学著称，但其笃实践履，融合义理与事功之学的另一面却也同时被人推崇，如施邦曜

① 郑宗义. 明清儒学转型探析：从刘蕺山到戴东原. 香港：香港中文大学出版社，2000：184.

② 同①185.

说：“少好王守仁之学，以理学、文章、经济三分其书而读之，慕义无穷。”① 就把阳明学中的经济一端列为必修功课，说明以空谈归咎阳明也许是后人构造出来的一种想象，以缺乏“实学”诋斥明季学问同样并不公正。即使施邦曜后来写出了“愧无半策匡时艰，惟余一死报君恩”的诗句，并被颜元感叹、称许一番，但这种赞誉只不过是个人发出的感慨，不能作为明末缺乏“经世”意识和相关知识的证据。明代不乏究求“经济”的名臣，如张居正、高拱、杨一清、李三才、徐贞明、周忱等，底层究心于“经世”之学的人就更多了。② 比如归有光和唐顺之都是明代经世派的代表，归有光甚至创建了吴中的“经世之学”。大量事例可以证明，明末儒生有融合事功与性命之学的倾向，主张学与事、道与器不可分割，而不可单单挑出“事功”之学论析。当然，在特定时期也可能更强调“事”而非“学”的重要性，甚至指认“学”即是“事”，“事”即是“学”，张居正、王艮、高攀龙都有类似看法，强调作为行政事务的“事”背后的那套知识的重要性，陈子龙等人编纂《皇明经世文编》的用意大概也在于此。据此可知，如有人再断言明季士人只会参禅打坐、口吐虚理，恐怕难以服人。

观察经典文献的文本，宋代真德秀的《大学衍义》“主于理”，明代丘濬的《大学衍义补》却又“主于事”，细究为政之道，补的就是真德秀缺乏“经国济世”这部分内容。丘濬自己就说“观《衍义》之四要，尚遗治平之二条”③，“止于格致、诚正、修齐，而阙治国、平天下之事”④，才起意补充，目的是“为酌古道而施之于今政，衍先儒之余义，补圣治之极功”⑤，故而将《大学衍义》的 43 卷扩至 163 卷，内容包括“正朝廷”“正百官”“固邦本”“制国用”“明礼乐”“秩祭祀”“崇教化”“备规制”“慎刑宪”“严武备”“驭夷狄”“成功化”十二个方面。更别提陈子龙等人编纂的《皇明经世文编》里收集了多少种经国体裁的文章，《文编》中涉及明代臣僚有关刑法、职官、科举、边防、军饷、水利、灾荒、贡市、番舶等内容，与丘濬的设想有明显的继承关系。《大

---

① 张廷玉，等. 明史：卷二六五 施邦曜传. 北京：中华书局，1974：6852.

② 鱼洪亮. 知识与救世：明清之际经世之学研究. 北京：北京大学出版社，2008：75.

③ 丘濬. 进《大学衍义补》表//丘濬集：第 1 集. 海口：海南出版社，2006：9.

④ 永瑢，等. 四库全书总目提要：十八 子部 儒家类一. 上海：商务印书馆，1922：514.

⑤ 同③.

学衍义补》也影响到黄宗羲、顾炎武在《明夷待访录》《日知录》里的相关论述。①

有学者发现，清初学人的著作与《皇明经世文编》里所收文章有明显的相似点，如：《文编》中的相权演变为《明夷待访录》中的《置相篇》和《潜书》的《任相篇》，《文编》中的赋税演变成《明夷待访录》中的《田制》，《文编》中的省葬演变为黄宗羲的《葬制或问》、《日知录》的《火葬》等以及陈确的《葬书》，《文编》中的科举演变为黄宗羲《破邪论》中的《科举篇》，《文编》中的守令演变为《日知录》的《守令》，《文编》中的马政演变为《日知录》的《马政》，《文编》中的水利、保甲演变为《日知录》的《水利》《里甲》，等等。《文编》与《日知录》等清人著作有如此高的相似性和重合度，证明清初经世学与明末经世思想之间确有密切的继承关系。

这些继承关系昭示出，明末清初学人的“经世”论述并不一定建立在对明季空疏之学的反拨基础上，也不是对宋明理学的整体反动，而是儒家传统论域中的题中应有之义。

其实，“经世”观念中包含着“事功”“功利”“义理”等多重内容，需要分层次加以辨析。宋代的朱熹和陈亮之间曾发生义理与事功之争，实际上只不过是各持儒学理念的一端而已，而并非水火不容、非此即彼。甚至章学诚评价素被明末遗民诟病的王阳明，也说过“浙东之学，阳明得之为事功”（《文史通义·浙东学术》）这样的话。这是义理蕴藏事功的另一种表达。

“义理”与“事功”并非互不相容，因事、因人、因时代而异，可能是清初某些人的共识，魏禧就推崇阳明为“以道德之事功，为三百年一人”。“道德之事功”的意思大致是，事功的表现必须建立在道德基础上，不以道德为依归的事功只是法家的事功，不是儒家期待的事功。《传习录》中也涉及“簿书讼狱”之事，《奏疏》中常谈“宸濠”“瑶贼”“钱粮”等“实学”，只是必须和良知或良心结合为一，如果分割二者，

---

① 关于真德秀《大学衍义》与丘濬《大学衍义补》的关系，可以参见朱鸿林的《理论型的经世之学——真德秀〈大学衍义〉之用意及其著作背景》及《丘濬〈大学衍义补〉及其在十六七世纪的影响》，两篇文章均见：朱鸿林．中国近世儒学实质的思辨与习学．北京：北京大学出版社，2005。

就不是尧舜事业，而是法家之术了。可见，“道德”与“事功”是无法分开的，不可割裂论之。朱熹和陈亮之所以发生争论，是因为朱熹仰慕圣人，陈亮向往英雄，汉唐高祖、太宗这些君王统一天下，是英雄所为，重在一个“功”字，而圣人则要寻究“立功”的文化依据，如曹操那般重用不仁不孝之人，尊奉的就是法家的事功之术了。①

宋明儒与清儒都重视“理”，所不同的是一个讲经中之理，一个讲事物之理。宋明儒认为理在事上（或事外），推论出理是一切事物存在的依据，属于宇宙问题；清儒则认为理在事中，分析每一事物的本质和变化规律，属于人文问题。清儒根据宋明儒的体用理论，从体中有用、用中有体的关系中，使宇宙与人文结合为一个整体，这便是“经世之学”，所不同的是，清儒反对分裂学问，反对将宇宙与人文二分、理与事二分、经与史二分、天文与制度二分，主张“合二为一”。② 所以，无论宋明学术还是清季学术，对“经世”的理解都具有或隐或显的继承性，不是非此即彼的割裂状态，这也是我们今天更准确地理解“经世”观念的一个前提。

第二节 “经学经世”、“理学经世”还是“礼学经世”

如前文所述，不宜将“经世”“理学”“心学”对立起来，无须刻意谋划出一派另加解读，而应视之为儒学整体系统中的一脉或一支。有学者把“经世”看作“经学”或“理学”或“礼学”的延伸，故有“经学经世”、“理学经世”或“礼学经世”等诸种说法。

“经学经世”大致指清末康有为等人借今文经学推行变法的尝试，“理学经世”则指曾国藩等人借助宋学义理治家、治军、治乡的种种设计，“礼学经世”则更像以上构想的具体实践过程。无论三者的异同如何，它们都拥有一个共通的条件，那就是这些“经世”观及其践履均产

---

① 何佑森. 清代经世思潮. 孔子研究，1996 (1)：53.

② 同①.

生于某个大变革时期。如“理学经世”孕生于应对太平军起事的残酷环境，“经学经世”恰与晚清变法的大背景息息相关。

当然，亦有个别学者如美国中国学家艾尔曼（Benjamin A. Elman）把常州今文经学的“经世”与和珅专权联系起来重加辨析，认为经学介入政治显然发生在乾嘉皇权统治相对稳定的历史阶段，并非应对动荡的时局而生。① 汪晖则进一步认为，常州学派的“经学经世”是为乾隆朝的大一统政治布局服务的。② 关于“经世”的常态表现，本章第三节会有详细讨论。

以往谈论“经学经世”者目光都集中在晚清几个变法人物身上，由于清末康有为直接动用今文经学的内容作为戊戌改制的思想资源，所以与之形成对立面的古文经学派因为强调“求真”而非“致用”，难免给人留下保守落伍的负面印象。章太炎在《国粹学报》上发表名言：“仆谓学者将以实事求是，有用与否，固不暇计。……康有为善傅会，张以拨乱之说，又外窃颜李为名高，海内始彬彬向风，其实自欺。诚欲致用，不如掾史识形名者多矣。学者在辨名实、知情伪，虽致用不足尚，虽无用不足卑。”③ 这段话被指章太炎站在古文经学的一边针砭康党滥用经学牟利，坚持“求实”而非“经世”之立场。从表面上看这种议论颇异于道光以后的经世学风，貌似乾嘉学派的主张，但罗检秋以为，与其说章氏指斥今文家的“致用”学风，毋宁说章氏否定康有为等人的学品及政治取向。④ 在晚清语境下，今古文经学家之间的学术观点实已渐渐趋同调和。20世纪初年，古文经学家的经世致用学风亦很明显，与今文经学家并无大异。清末国粹派人士如孙诒让、章太炎、刘师培、马叙伦、邓实、黄节等的言论多显“经世”倾向。

这些古文经学家推崇明末清初遗民如顾炎武等人，不是把他们当经师，而是更心仪其“经世致用”的学问，特别是挖掘其反满兴汉的夷夏之辨内蕴，章太炎论《春秋》重在其“攘夷狄，捍族姓”，明显服务于反满民族革命的目标。同样是“致用”，与康有为等今文经学家基于皇

---

① 艾尔曼. 经学、政治和宗族：中华帝国晚期常州今文学派研究. 赵刚，译. 南京：江苏人民出版社，1998.

② 汪晖. 现代中国思想的兴起：上卷第二部 帝国与国家. 北京：三联书店，2004.

③ 章绛. 与王鹤鸣书. 国粹学报，1910，6（3）：4.

④ 罗检秋. 清末古文家的经世学风及经世之学. 近代史研究，2001（6）：22.

位立场大谈通三世的改制取向呈对垒之势。章太炎推重荀子、韩愈之说，而非像康有为那样尊奉孔教。马叙伦也注重《春秋》“辨族类”“张荣辱”的内涵，与康有为尊奉满汉合一的格局、主张“进夷狄”“天下大同”的观点又有不同。刘师培更进一步阐扬汉学中潜蕴的民主思想，他受卢梭《民约论》的启发而作《中国民约精义》，大谈“民为邦本”之说。

古文经学家不仅“通经致用”，还把治学范围延及诸子之学，形成了所谓“通子致用”的学风，构成了研习经、史、子、集的国学框架。“国学”被打造为民族文化传承之本、民族主义的学问载体、践履经世致用的途径，这样就突破了道、墨、佛、法为异端的观点。寻求诸子义理的说法，反映了古文经学家在经学传统与现实需要的两难处境中寻求圆通的解决之道，体现出发掘“经世”之理的意图。古文经学家的“史学经世”也带有种族主义的倾向性，如在倡导“国粹”时号召人们爱惜汉种的历史，包括“语言文字”“典章制度”“人物事迹”。①

“经世”很难被剥离出经学脉络，“理学”与“经世”的关系何尝不是如此，二者不是一种相互取代、此消彼长的关系，而是始终缠绕在一起，难以截然分离。“经世”甚至可能成为构造新型意识形态的有力工具。鱼洪亮就意识到了这点，他说：“在政治思想与主张方面，由于经世之学与清初理学目标的一致性，从而推动了程朱理学在清初意识形态选择中的巨大成功，基本上清初理学所确立的以三代之治为理想的政治模式，以周孔之道为目标的政治文化也正是经世学者所追求的目标。所以，理学在政治理论方面取代经世之学也就是很自然的事情了。”② 他还说乾嘉学者也并未捐弃经世知识，而是以不同的形式将这套知识继承了下来。这个观点敏锐地看到了理学与经世目标是一致的，需要修正的地方在于，理学并不是取代了经世之学，而是恰恰成为经世之学资源的重要组成部分；或者说，经世之学并没有从理学或考据学中剥离出来，它们之间不是递进的替代关系，或者属于不同阶段的学问形态，而是相互蕴涵于其中。

其道理在于，“理学”本来就是倾向世俗的学问，具有与佛、道消

---

① 章太炎. 东京留学生欢迎会演说辞//章太炎政论选集：上册. 汤志钧，编. 北京：中华书局，1977：276.

② 鱼洪亮. 知识与救世：明清之际经世之学研究. 北京：北京大学出版社，2008：243.

极遁世观相异趣的入世观。陆九渊即曾说："儒者虽至于无声、无臭、无方、无体，皆主于经世；释氏虽尽未来际普度之，皆主于出世。"[①]就是说，理学能够为处理日常事务提供道德基石，主张义理与经济之学并重。所以，大多强调用"礼"来规范行为，既防过多倾注性理之学导致空疏虚幻，也防过度拘泥于俗务言行而流于庸常琐碎。在这方面，曾国藩就是一个值得分析的例子。曾国藩所说的"理学经世"，是道德与事功之胶合。嘉道之际和道咸以来，士大夫倡导经世致用者多以事功为旨归。曾国藩不仅注目于事功（经济），而且通过"礼"将事功（经济）与义理、辞章、考据融为一体，义理与经济之学并重一直是他的核心思想，但具体必须以"礼"的方式对之加以统摄才能落于实地。他自觉不自觉地对礼学的内涵与外延进行区分，在曾国藩的礼学体系中，"经济"一般指称"政事"，"经世"却不能对称"礼学"。"经济"和"经世"均代表了儒家传统中以实事求事功的观念，曾国藩揭橥的"礼学经世"却不仅要涵盖此义，更要通过经邦济民的事功把社会导入道德纲常的有序状态。

"礼学经世"思想实源自孙奇逢的"躬行实践"为学路向，他要打破程朱与陆王之间的对立悬隔，就必须找到一个入手的把柄，这个把柄就是"对礼的践履"[②]。孙奇逢曾制定《家规》十八条，并立有《苏门会约》，确认"礼"在日用伦常中的实用界限。颜元倡复古礼，更重习行，依礼行事和规范身心，注重所谓"常仪"的实践，并立族约、漳南书院规训和居丧行礼等条款，使礼仪常轨化。[③] 李塨也秉承颜元崇"六艺"之宗旨，并阐扬"礼"与"六艺"之关系，并立《日记》躬自检省。经"六艺"以进"实学"之境不仅是"北学"的宗旨，以陆世仪为代表的"南学"亦是如此，陆世仪还把礼融入乡约、保甲、社学、社仓，使四者合为一体[④]，更具实效性。

林存阳亦认为，清初三礼学的复兴并不单纯是一个学术问题，它还包含对安定社会、融合文化的功能。清初的近百年间，社会之所以由乱

---

① 陆九渊. 陆九渊集. 钟哲，点校. 北京：中华书局，1980：17.

② 林存阳. 清初三礼学. 北京：社会科学文献出版社，2002：36.

③ 同②116－117.

④ 同②148.

而治，满汉文化之所以由冲突到合流，原因固然是多方面的，但三礼学的复兴在其中亦大有作用。[①] 就学术史而言，清初集前代三礼学之大成，探讨礼与修、齐、治、平的关系，阐发“礼时为大”精神，注重对礼义的探讨，关注礼与法的关联性。从思想上辩论礼与理之关系，在方法上注重以律历、步算等来探讨器数、名物；将礼作为一种理想模式，对礼加以践履，探讨礼学注重汉唐注疏之学，趋向于“超越汉宋”或“兼采汉宋”，基本不持门户之见。

就社会史方面而言，三礼学的兴起对清初社会由乱而治局面的形成起到了一定的积极促进作用。而且，不仅这一由乱而治过程的进行是礼制兴起的催化剂，而且社会在三礼学复兴潮流之下走向大治。然而，林存阳并未言及礼制促成“大治”的细节，这方面黄进兴对孔庙祭祀的研究可以作为补充。[②]

有人指出，曾国藩倡导的理学经世思想在强调实功实效和学术要面向社会实际这一点上与道咸龚自珍、魏源的经世观点大体一致。但龚、魏的治世总目标紧紧围绕有关国计民生的实政，即相当于曾国藩“理学经世”中的“经济”一翼，曾氏“理学经世”构想的最终目标则是建立无所不赅的“礼治”秩序，盐、漕、赋税、河工等实政实务仅是“理学经世”的内容之一，即龚、魏的经世范畴只涉及曾氏“理学经世”观的狭义层面，而且，无论如何顺时而变，曾氏“理学经世”所统摄的一切均服从并服务于至一的“理”，这一价值性追求却为外王经世派所忽略。[③]

至于曾国藩到底如何体现“理学经世”的主张，如果单从书信篇牍中连缀其“经世”论述似乎了无新意，因其理论多承袭孔、孟、程、朱之先儒所述，于修己、治人、诚意、正心之功夫及其实践并无进一步的推阐。曾氏切于实务的表现是将“礼”之义涵扩大至一切治术庶务，遂使其“以礼经世”说有励精图强之时代意义。[④]

在曾国藩眼里，“礼”是一种无处不在的外在规范，对所有社会成员、所有场合都具有普遍的约束力。虽然他仍持理学立场和传统，强调

---

① 林存阳. 清初三礼学. 北京：社会科学文献出版社，2002：357.

② 黄进兴. 优入圣域：权力、信仰与正当性. 修订版. 北京：中华书局，2010.

③ 沈艳. 理学经世路线与曾国藩的理学经世. 湖北大学学报（哲学社会科学版），1998（1）：74.

④ 杨淑华. 试探曾国藩以礼经世之思想. 台中师院学报，1998（1）：283.

礼作为外在规范，背后应有道德伦理的支撑，但是他同时又指出道德伦理往往只有通过外在规范才能发挥作用，规范可以使道德伦理内化。①

“礼”可以分为制度和礼仪两大类，前者以官僚制度为中心，以《周礼》为原型，后者包括儒家所认可的人与人之间的交接规范、风俗习惯和宗教活动，以《仪礼》和《礼记》的许多篇章为渊源，制度和礼仪在经世过程中起着不同的作用，在曾国藩生活的时代缺一不可。对制度的研究首先是为了救急，是一种时局“变态”下的应对举措，面对危机平定内乱与抵抗外侮；对礼仪的发掘、整理则服从于更长远的考虑，寻求历史中的常规，以培养人才，转移风俗。②

杨淑华在《试探曾国藩以礼经世之思想》一文中提出，曾国藩所谓“以礼经世”的主张，实本于崇礼尚用的治学传统，上承顾炎武、张尔岐、万斯同、凌廷堪等学者对礼学之关注而来，即以乾嘉学派而论，在一般人眼中不过是些饾饤琐碎、穷究古经的枯寂学问而已，但张寿安已明确批驳此论，指证清中叶已兴起“以礼代理”之学风，通过考据对清代的典章制度重加清理，实蕴含“考证以经世”之意图。③不过，“以礼代理”思潮仍限于对国家典章制度的梳理、考证，曾国藩的“礼学”中心则转移至社会风俗、教化等实务。故其学问不以理论创发之功为意，而以躬行实践仁礼之说、省察修养之法为目的。曾国藩对“礼”在“经世”中的重视程度远高于其他学问，他曾说：“盖古之学者，无所谓经世之术也，学礼焉而已。”（《孙芝房侍讲刍论序》）他最推崇江慎修的《礼书纲目》和秦蕙田的《五礼通考》萃聚天文、地理、军政、官制的框架，并惜其食货一门稍有缺失，拟补充盐漕、赋税、国用一编。他以为“礼”不仅能经世济民，而且能修己治人，所含范围可延及天文地理、军政官制乃至民生琐务，无所不赅。“礼”出于实用，本为人生而设，故自幼及长，男女老幼，皆被纳入轨范之中，故易于发挥经世功效，由生命历程观，礼之内容包蕴甚广，自幼及长，无不当循于礼。④

---

① 范广欣．以经术为治术：晚清湖南理学家的经世思想．南京：南京大学出版社，2016：243.

② 同①248.

③ 张寿安．以礼代理：凌廷堪与清中叶儒学思想之转变．台北：“中央研究院”近代史研究所，1994.

④ 杨淑华．试探曾国藩以礼经世之思想．台中师院学报，1998（1）：291.

曾氏遵循“礼学”，既笃切于考核之功，而无汉儒之支离，得以穷究礼制之源流本末，又免于宋儒之空疏，可谓兼得其长。但一般论者只停留于其会通汉宋，立论未免粗疏，毕竟其格物正心、居敬尊礼之论旨皆由程朱而来，理学之立论架构本非其长，他亦无意另立新说。他“礼学”的过人之处在于聚焦于实务，足资典章制度之参酌、民生法制之损益①，在推行风教、统军御人方面尤有建树。杨淑华此文对曾国藩“以礼经世”的背景及学理依据方面，特别是以“礼”弥合汉宋学理方面，均有细微的考察，但对其“礼学”实践部分的探讨缺乏实例支撑，略显粗疏空泛。这方面的弱点在范广钦的论著中有所弥补。

其实钱穆早已发现“礼学”有综合儒学各派学术和弥合汉宋分歧的作用。美国中国学家李文森（Joseph R. Levenson，又译列文森）认为，曾国藩的“礼学”是一种“整体的哲学”（a philosophy of wholeness），用来把“内”“外”两方面结合起来，从整体上把握儒家传统，消弭内部分歧，一致对外（外指西学东渐），他又说“礼学”是一种“折中主义”（eclecticism）的学问，这个观点与钱穆的看法相近。后来有人亦认为“礼学”具有包容折中的特点，综合当时儒学的各个分支，以克服内圣和外王、汉学和宋学之间的对立。② 范广欣提示说，不要把“现代人的世俗心态”投射到曾国藩这样一个浸润于中国传统的人身上，而忽略了“礼学经世”这个口号所包含的具有政教合一色彩的内容。比如，祭祀拜神等宗教活动在“礼”的实践层面从来就占有很大比重，也是曾国藩“礼学经世”的重要组成部分。③ 故“礼”的内容除了道德事功之外，还应该加上“宗教”，因为理想的人间秩序只有在理想的天人关系中才能实现。④

在日常生活中，曾国藩曾把大量精力投入送瘟神和求雨求晴的仪式中而乐此不疲，而且在以下三个方面极下功夫：首先是军礼，他认定平定内乱、成就事功就必须改革绿营积弊，建立行之有效的军事制度和军队礼仪，从营制、营规的制定等入手。其次是朝廷祭祀，尤其是祭天、

---

① 杨淑华．试探曾国藩以礼经世之思想．台中师院学报，1998（1）：292．

② 范广欣．以经术为治术：晚清湖南理学家的经世思想．南京：南京大学出版社，2016：229．

③ 同②227．

④ 同②234．

祭祖的仪式，他关心的是找到有效的途径与上天、诸神和先王沟通，并且得到佑护，以避免天灾人祸。在曾国藩看来，良好的天人关系、幽明关系是在人间建立理想秩序的前提，仪式过程本身也可以培养民众的虔敬心理。最后是民间的日常礼仪，尤其是家礼，对醇化风俗、建立和谐秩序有深远意义，当然也包括祭祀民间神祇和求雨求晴等行为。①

曾国藩还在湘军中推行各种祭祀仪式，包括对阵亡将士的祭祀，如各种昭忠祠的建立，以及战争期间对鬼神的虔敬，如对江神、炮神的敬奉。曾国藩在发布《讨粤匪檄》中彰显与太平天国的对立也是从地域、名教和鬼神三个方面出发，缺一不可，乡土意识可以说贯穿于治理湘军的始终。鬼神信仰更是不容忽视，曾国藩不仅站在儒家名教立场上来反对太平天国推行一神教即破坏偶像运动，而且认为鬼神信仰不容忽视。② 可见，"经世"观中一定包含更复杂的上层和民间宗教的内容，并非与传统儒教的礼制相对立。

第三节 "经世观"只存在于明清易代或晚清变革时期吗

以往谈论"经世"的学者都有一个特点，那就是几乎异口同声地认定，具有经世思想的学者一定只能出现在历史大变动时期，前有明末清初的鼎革剧变，后有道咸到戊戌的政治改革，均有经世学者脱颖而出，一领时代风骚。这种说法不能算错，但在清廷统治相对稳定的时代，许多官员、士人恰恰在从事着与刑名、赋役、河工、救灾、赈济、教化密切相关的琐碎烦冗的日常事务，这些"俗务"也恰恰属于当年《皇明经世文编》涉及的内容，由此不禁让人产生疑问：清朝官僚、士人大量处理的常态事务难道就理所当然地不属于"经世"范围吗？如何解释魏源编纂的《皇朝经世文编》以"经世"为名收录的大量官僚言论的性质？

---

① 范广欣. 以经术为治术：晚清湖南理学家的经世思想. 南京：南京大学出版社，2016：307.

② 同①338－339.

艾尔曼曾经敏感地意识到这个问题，他指出，“经世”等儒家语汇并不总是带有改革含义，防洪、减少预算开支、修订历法、修改典制等经世内容同样存在于日常和持续性制度框架之内。由于总是自动地将经世活动与变革意识等同起来，我们常常忽视中华帝国晚期经世话语的基本模式，假定改革主张代表经世之学的复兴，其实它只是儒学自古以来存在的理由。

艾尔曼举常州学派的研究为例，批评那些不加辨别地接受中国 19 世纪慷慨激昂的政治变革主张的论者。这些论者通常认为经世意识在 18 世纪已销声匿迹，但艾尔曼对常州学派的研究表明，经世之学仍是汉学风行时代的潜流，和珅崛起之前，乾隆朝的行政效率与前代相比处于相当高的水平，这证明皇帝仍有效地控制着国家的运转，一个复杂的社会所要求的政治和社会组织同样需要官僚与技术专家加以维护。而且，常州庄、刘两族世代为官，存在精通举业的“职业化精英”，这些事实也迫使我们放弃经世之学直到 19 世纪才复兴的说法。

士人们对国家危机的认识越清楚，他们对改革的呼唤就越急切，改革式的经世致用主张就取代了修补制度式的经世学说，18 世纪的经世学说缺乏改革意识，这一点在激烈反省乾隆朝后期历史的批评声中为人所忽略了。今文经学本身就是这种转变的产物。庄存与借《公羊传》所阐发的儒家意志主义学说，其初衷本质上是保守的，直到 19 世纪，面对诸多危机，今文经学才被转而运用于政治参与意识和变革思潮。①

艾尔曼涉及的其实是“经世观”是否在任何朝代都存在的理由，是处于“显”或者“隐”、“变态”或者“常态”的问题。冯天瑜对此发表了自己的意见，他说，“经世意识”的强弱显隐程度会直接受到历史条件的左右。一般而言，社会生活平稳，封建文化专制强有力，经世观念往往作为一种“潜质”埋藏在士人古色古香的学术外壳内，隐而不彰，到了社会危机四伏的关口，国家、民族面对纷至沓来的内部或外部的挑战，文化专制有所松动，士人的忧患意识便会大大觉醒，其学术也在现实生活的冲撞、磨砺下沿着经世方向发展。② 这个看法虽然承认清廷统

① 艾尔曼. 经学、政治和宗族：中华帝国晚期常州今文学派研究. 赵刚，译. 南京：江苏人民出版社，1998：219－220.

② 冯天瑜. 道光咸丰年间的经世实学. 历史研究，1987（4）：138.

治平稳时期也存在“经世”实学，但却断定它处于休眠状态，只能在危机爆发时刻才显现出来，不承认它在常态时期同样有可能发挥独特作用。

梁启超也发现，在明末清初一度活跃的一些经世学者在18世纪突然消失了，因为这些学者的学问无所用于当朝，所以才被迫转入考据。高王凌不同意这个看法，认为不应该以“在朝”还是“在野”来界定经世派的身份，“在朝”的官员可能是另一种“经世”群体，在朝的身份也许更能实现一些“经世”抱负。高王凌试图论证在清代除理学和考据学之外，还存在一派“经世家”，他觉得最早的“经世之学”是所谓礼、乐、射、御、书、数，自六艺废，“经世”便无专学专科，所存与之有关者，曰刑名，曰钱谷，曰河渠，曰钱法，曰漕运，曰盐铁，曰赋役等，名目繁杂，散乱支离，随时变易，并没有一个总的名称能与“经学”比肩抗衡。① 其结论是，清代学术除“理学”“经学”外，都不能被称为“学”或“家”，这是难以构成“经世学派”的重要原因。所以，到18世纪，“理学”与“经学”、“宋学”与“汉学”俨然构成对立之局，学术也有了“从理学到朴学”的转变，在这个谱系中并没有“经世之学”的专门位置，“礼学经世”这个说法似乎有了弥合汉宋的功用，但治“礼学”者似也很难独立成派。

至于17世纪的经世思潮，更像是一种学风，难以划定边界。之所以如此的一个重要原因是：这些硕儒诸老大都是“在野派”，明知自己的主张当世不能用，于是有待于来者。18世纪代“在野派”而崛起者，是一个“在朝派”群体，其所思所言之内容自然大有改变。过去的问题是把“在朝派”的言论排除在“经世”范围之外，认为只有“在野党”的革新理念才属于“经世”范畴，其实“经世学”不一定是专为应对“社会危机”而出现的，很有可能是社会稳定时期的一种产物。

那么，是否凡有“经世”言论者就一定有资格构成一个派别？高王凌曾列举数十位有“经世”言论者，主要是18世纪的官员，如孙嘉淦、李绂、陈宏谋、朱轼、鄂尔泰、舒赫德、方观承、刘统勋等，既有汉人又有满人，但没有对他们的言行做出辨别，也没有明确指出这些人的哪部分言行符合“经世派”的标准，而不是仅仅在履行官员的日常职责。换句话说，官僚处理的所有日常事务是否都可被视为“经世”的内容？

---

① 高王凌．18世纪经世学派．史林，2007（1）：151.

“经世”在表层上的确可以归纳为刑名、钱粮、赋役、河工之事，但其文化根基尚在于“道”的传承，以及在“治道”与“治法”之间建立起有机的关联性。故所谓“理学家”之外另有一派“经世家”的说法难以成立，因为所有官僚都信奉理学教条，并在官场中加以实际运用，很难将二者切割开来，只不过18世纪官僚的所作所为，其履行“国家公务”的色彩更加强烈而已。高王凌指出，清代思想史上曾呈现出一种“文人偏好”现象，即清代思想史研究者只注意在野或官场失意的“文人”群体，而“歧视”在朝官僚甚至皇帝，认为他们无“思想”，言行只具“技术”含量。

刘凤云在《十八世纪的“技术官僚”》一文中呼应了高王凌的观点，她认为，18世纪的中国确实存在一批“技术官僚”，他们的“技术”不是来自学校，而是来自官僚生涯的历练，在他们身上，我们看到了“政务”与“技术”的统一。① 但刘凤云仍然没有回答，这些官僚使用的“治理技术”与儒学修、齐、治、平的宗旨之间到底是如何发生关联的。其实，“技术官僚”多信奉理学，而“理学”本身就包含“经世”的意向和内容，甚至“经世”就是理学思想的自然延伸，把“经世”从“理学”中剥离出来单列一派，反而拆解了儒学的整体性。高王凌和刘凤云都认为18世纪官僚因面对人口骤增和粮食财政困境等新情况发挥了新的政治治理能力，但都无法证明这种“新技术”角色的突然强势崛起到底与儒学传统道德之间有什么正相关的联系，或者说，如何估测技术官僚经世行为中呈现出的“法”的一面与传统儒家“道”的一面之间是怎样进行整合重组，从而建立起新的互动态势的。理解“经世”的作用不能仅从功利主义与实用主义的外层表象入手，而必须结合其“道德主义”的内在层面进行讨论，二者不可偏废。

针对以上问题，美国中国学家罗威廉企图通过对陈宏谋的个案研究予以回答。在《救世：陈宏谋与十八世纪中国的精英意识》这本巨著中，罗威廉陈述的写作动机与高王凌和艾尔曼等人的十分相似。多数学者认为，18世纪考据学已取代经世之学，成为学术主流。明清易代前后发生了以经世为基础的政治改革，两个世纪后，由于经世思潮的再度兴起，士人关注的焦点再次转向衰落中的帝国，唯独在18世纪，我们

① 刘凤云. 十八世纪的“技术官僚”. 清史研究，2010（2）：19.

看不到经世运动的踪迹。19 世纪的经世思潮常被视为明清之际经世运动在某种程度上的复兴，但很少有学者认真思考其中的复杂性，探讨构成经世思潮的种种复杂观念是如何在康熙和道光两个时期之间发展演变的。①

陈宏谋也常常把“经世”与“实学”的诸多事项对应起来，“实”指任何具体要求：比如，粮仓确有粮食，而不是只见于公文之上；政府人员实有其人，而不只是花名册上的空头人名；法律诉状是真实和公正的，而不是伪造的；上级对司法审查的过程是真正执行的，若出现与上面情况相反的现象就是“有名无实”。真正被贯彻的政策将产生“实效”。官员辖区的情况是真实的、现时的，而不是仅仅从过时的档案里推断出情况是“实在的”。陈宏谋对所谓“实践”的理解远非功利主义或者实用主义所能概括，它肯定而不是回避道德自我修养的需要。“实学”不是“实际的学问”，而是一种同时关注个人道德规范和社会、经济管理技能两个方面的“真实的学问”。② 在这一点上，罗威廉眼中的陈宏谋与刘凤云等人所说的“技术官僚”又有了区别，后者更集中于关注 18 世纪官僚的管理技能，而基本没有涉及其在道德修养上的自我规训和关切。

在罗威廉看来，对“实学”的理解充满了歧义，明末清初有些人认为对实学的提倡是捍卫朱熹旧式的道德价值观和礼仪规范，其他一些人如颜元则猛烈抨击朱熹的学术思想，所以实学至少包括两个不同的类型。朱熹和东林党人这些宋学信仰复兴者认为，实学的核心部分是道德主动性和伦理的培养。但在徐光启这样的人看来，实学意味着世间目标（特别是经济繁荣和政治军事力量的强大）的实现，相当注重追求实效。从明末到清中期，“实学”这个词语是这两种最初不同类型的混合体。就像实学逐步变成“实学致用”一样，实用主义和功利主义成分被日益突出。③

罗威廉做出的一个判断是，陈宏谋在“经世”实践中一直力求兼顾

① 罗威廉. 救世：陈宏谋与十八世纪中国的精英意识. 陈乃宣，李兴华，胡玲，等译. 北京：中国人民大学出版社，2013：196.

② 同①190.

③ 同①189.

“道德”作为“体”与“济民”作为“用”这两个方面，故而在发现顾炎武对内圣之学有所忽略后，就批评其言论只有“用”而无“体”。所以，陈宏谋不能算是一个纯粹意义上的“技术官僚”。

谈到“经世”就不能不涉及“国家治理”和“地方治理”问题。以往的研究只注意一些士大夫有关“经世”的言论，很少顾及他们在具体治理实践中所采取的行动到底如何表现。从此角度而言，高王凌从国家粮食政策的转变，刘凤云从“技术官僚”的具体政治实践角度做出的研究可以弥补以上不足，但前者只聚焦于乾隆时期的“国策”，后者则太突出官僚的“技术”角色，相对缺乏对“经世”人物具体实践的个案分析，罗威廉的著作相对弥补了这一层面，提供了一个详细的“经世”案例。

《救世》的第四部分明确以“经世”为标题，内容涉及“人”（社会角色）、“治”（官僚治理）、“公”（社会）、“化”（教育）四个方面的举措，尝试勾勒出陈宏谋在“国家”与“地方”两个层面的治理构想及其具体表现。罗威廉曾经率先把欧洲“市民社会”与“公共领域”概念引入中国史研究，同时以汉口为中心，发现了近代地方自治的萌芽特征和组织结构。这些观点曾不断遭到批评，但在这部著作里，罗威廉不是从地方士绅群体而是从一个上层官僚的视角去观察 18 世纪的清朝统治特性，他强调的不是“地方自治”是否存在或如何发生发展，而是官僚阶层在平衡“国家”与“地方”关系时所表现出的智慧和能力。比如罗威廉说，陈宏谋秉承的经世传统特别强调体制化政府对社会的控制，陈氏并没有在经世言辞中发表什么宏论，这与后来曾国藩的行事风格有点相似，但毫无疑问的是，他力图在实践中扩大国家的权限并提升其管理效率。

罗威廉做出的另一个判断是，尽管陈氏和同僚们扩大国家权力的努力恰与倡导地方自治在道德和实践上的种种优越性的思想相抵触，这种思想倡导由地方精英群体而不是国家官员来行使管理职能，但是像陈宏谋这样致力于完善、加强官僚统治机器的人同时却又最珍视地方群体自治这一治理模式。① 那么，如何协调这二者的关系就是一个必须深思熟

① 罗威廉. 救世：陈宏谋与十八世纪中国的精英意识. 陈乃宣，李兴华，胡玲，等译. 北京：中国人民大学出版社，2013：475.

虑的问题。在陈宏谋身上充分体现了这种平衡感，其表现是：一方面，陈宏谋对国家干预经济和社会的限度有清醒认识。陈氏确信，以强硬手段如摊派、贸易禁令、价格管制或禁产禁销来阻碍私人市场是不合时宜的。政府协商式的参与和支持才能带来“以民养民”与经济的良性发展，而粗暴的国家干预只会破坏生产、催生黑市，为私人投机大开方便之门，置国家于被动地位，使问题越来越严重。[①] 关键要做到有所为和有所不为。另一方面，陈宏谋在日常治理实践中通过加强省府对县府的控制和试图利用地方精英来统治地方社会的思路从未动摇。

罗威廉相信，陈宏谋在官宦生涯中始终坚持让“乡”这个自给自足的最低级别官僚基层单位担负起维护秩序的责任，而不是依赖村庄的自我管理功能。陈宏谋在各省任职时已深知乡里社会（“乡党”）的力量，他把乡看成舆论形成（“乡评”）和地方利益认同（“乡议”）的中心。[②] 陈宏谋试图利用乡里乡情来改善风俗，弘扬道德，劝导地方上的有钱人救济邻里。陈宏谋不太赞成在乡间推行保甲和乡约，对宗族势力的坐大也表示不满，但却极其重视半年一次的“乡饮酒礼”，把它作为对地方社会以及基层行政机构进行更高水平的国家干预和纠错的一个切入点。他要求县官把地方族长作为乡饮荣誉的奖励对象，规定只有接受他自己的议事日程，承担并圆满地履行了由他定义的族长职责，如约束乡民、解决地方纠纷等事务的人才适合获得乡饮荣誉。乡饮礼仪是强化地方社会中族长领导地位的一种补充方式。他们也许已经有影响力，但是其言行必须符合陈宏谋的政治理想。陈宏谋在江西进行了一项试验，授予家族族长约束、惩罚其族人的权力，这些权力与那些族长对宗祠祭祖仪式的主导相结合。

陈宏谋这样做，是试图通过把国家权力同中国式的父系家族制度直接联系起来的方式，使国家权力在地方社会生根结果。同时，他又把一些族长任命为“族正”，尝试把他们正式纳入国家官僚系统，使家族领导融入一个多功能的自我管理的乡级社会，其意图是遏制强宗大族扩张权势。陈宏谋想尽可能地减少中央集权制国家对社会正常运行产生的影

---

① 罗威廉. 救世：陈宏谋与十八世纪中国的精英意识. 陈乃宣，李兴华，胡玲，等译. 北京：中国人民大学出版社，2013：480.

② 同①543.

响，他对政府无偿从地方征集人力、物力的做法持续不断地提出批评，对价格控制和其他形式的经济管制表示反感，反复抱怨政府过度控制经济部门，怀疑保甲制度和父系的国家建立的“乡约”规条的效能。陈宏谋宁愿采用比较柔和的社会祭酒仪式来支撑乡级秩序和大众自我管理机制，但他对国家干预仍抱有强烈的信心，相信国家能够也应该是改善社会经济以及指导民众道德的工具。① 于是，他确定县以下的以市场为中心的半公共的乡级单位（国家和社会的汇合处）作为有效“经世”的关键地点，经过反复试验，用各种方式给乡级机构注入活力以达到经世目的。

18世纪，不仅一些官僚秉持日常经世的理念，并力求付诸实践，而且士人也不乏在常态中寻究治世之道的努力，只不过这些努力不如道咸以后危机逼迫下所呈现的激进言辞那般星光耀眼，而更多是为现时政府如何维护秩序出谋划策，论点大多趋于保守。章学诚就是个典型例子。杨念群认为，在实斋的视界里，“道”在历史中是不断变化的，无法限于抽象和心理层次上空洞地加以叙说，而必须落实在某种物质形式中，具体而言就是在当下“制度”运行的层次上寻找其源头和表现。因此，仅仅通过心理感悟或爬梳古典文献，是不可取的。制度当然包括皇朝的礼教秩序，这种秩序并非个人随意支配的备选典范，而是不容悖逆的禁网规条。②

在实斋的思想里，任何属于“文章”“道德”的范畴都不过被视为“政事”的表现形式而已，这就使他的思想陷入了内在冲突。他一方面推崇三代之治，认为其“制度”和“道”之完美的体现皆不可被超越，另一方面又认可当下制度的合理性，按钱穆的说法是“以时王制度为贵”，把它作为确认“道”之现实意义的基本框架。从实斋对孔子和周公的态度上就可以看出这种倾向，孔子有德而无位，故只获“素王”之名，被长期预设成“改制之主”“帝王之师”，表面上拥有发明“道统”的力量，实则其“道”的构想必须依赖帝王才有机会实现，故对“道”

① 罗威廉. 救世：陈宏谋与十八世纪中国的精英意识. 陈乃宣，李兴华，胡玲，等译. 北京：中国人民大学出版社，2013：570.

② 杨念群. 何处是“江南”?：清朝正统观的确立与士林精神世界的变异. 北京：三联书店，2010：419.

的申说容易流于空谈。周公则有德有位，可以顺利推行制度改革，这就是所谓期待“时王”的意思。周公当然比孔子这个“素王”要显得更为实际，更能实现自己的政治目标。推崇“时王”的代价是有可能使“道”丧失相对独立的批判品格，一味趋时附势的结果就是无条件地认同当权者，成为其制度运行的设计者或附和者，这就是常态化的“经世”观有可能付出的高昂代价。

周启荣和刘广京在《学术经世：章学诚之文史论与经世思想》一文中提出，章学诚的“学术经世”思想应该与“六经皆史”观点同等重要。“经世”需有才、学、识、文四个条件，章学诚断言，学问就是经世的一种途径，与其他不同的经世途径在价值及目的上并无区别，意即不仅在“经世之术”这部分，而且在时代作用方面，学业、事功、文章、性命四者均应被视为经世的方法。① 事功“行道”与学术“明道”均为“经世”之途径，因时势之异而有方式上的不同，但实无所轩轾，可交相为用。文章认为，在实斋看来，周公、孔子，不论“行道”或“明道”，皆为圣人，皆有功于道，取径固异。实际上实斋是反对三代以后官、师分途，造成私言泛滥，故有抬周公而贬孔子之意。实斋认为无官守就无法“经世”行道，这是我与周、刘二公的分歧之所在。周、刘二公认为“学问”之单纯“行道”即可与“事功”之学并立，这显然误读了实斋的本意，因为古人最讲“内圣外王”，二者相连相倚，不宜单独讨论。立言与立功、立德等而论之，似非实斋的本意。就以实斋的方志学构想而言，即绝非只停留在“立言”层面，而是构建皇权大一统地方秩序的一种实际行动。周、刘二公看到的是实斋所论周、孔之“同”，我看到的则是实斋所言周、孔之“异”。实斋说六经是三代典章政制变化的表征，实则把“经”降格成了实用主义的指南，如方志乃维系纲常世教的手段，实斋的目标是官师合一，以此弥缝“尊德性”与“道问学”两个极端。

缪全吉在《章学诚议立志（乘）科的经世思想探索》一文中发现，实斋主张在吏、户、礼、兵、刑、工六房科之外特立“志科”，这是一个为官僚体制构想的新设计，说明实斋重“时王”制度、当代典章和

---

① “中央研究院”近代史研究所. 近世中国经世思想研讨会论文集. 台北：“中央研究院”近代史研究所，1984：121.

“官习掌故”，强调“以吏为师”，就是突出尊重专业知识的精神，设立“志科”成为实斋为朝廷构想自下而上实施教化的重要步骤之一，也可看作大一统思想的一个体现形式。[①]

实斋议立“志科”的构想，不仅能扩大胥吏的功能结构以达辅佐实政之效，而且能提振胥吏的水准以资役使，这是对中国传统行政组织的创新，对朝廷体制的更新也不失为一个莫大的原动力。“志科”之设阐发“礼之实”与掌故精义，所谓礼制、成例与今日法学上之习惯法相通，传统中国受习惯法的规范，而王法律条反悬为理想鹄的。所谓先王之法、祖宗之法、圣贤之道以及开国宏规，均为形成历代习惯法的共识基础。[②] 张伟仁在评点缪全吉的文章时也说，中国虽有典章，但行政、司法皆重成案，所以中国法制表面似属成文法系，但实质则近习惯法系，其观察可谓入微。在我看来，缪全吉说实斋“经世”之论点仍颇近于张灏所说的“治法”一面。

通过以上的初步梳理，我们可以大致明了“经世”观念的演变历史及其各派分歧点之所在。在此我想略谈两点感触。第一点感触是，对“经世”观的把握一定要兼顾其“道”与“法”两面，不可偏废。如果只关注其“道”之一面，就很容易纠缠于虚理，而忽视其政治实用性一面；但如果反其道而行，仅仅关注“法”的运行规则，只看到传统思想的趋变特性，而看不到其持续绵延的常态状况，则会抽掉“经世”的文化基石，陷于过度功利之境。过多注意“经世”思想中之“法”的一面确实是现代学界的通病。之所以出现这种情况，是因为中国学界深受西方线性进化思维的影响，不约而同地把历史看作一条直线发展的脉络，凡是符合科学变革要求的东西就是好的、正确的，否则就是坏的、错误的。

因此，“经世”思想中符合变革诉求的那些比较实用的表象成分自然成为关注焦点，其中属于不易变动的深层肌理则容易被忽略或遗弃。或者换个角度，从中国传统的体用关系切入观察，就是“经世”中“体”的内核被认为是不重要的，而“用”的表层部分则被放大抬升，

① “中央研究院”近代史研究所. 近世中国经世思想研讨会论文集. 台北：“中央研究院”近代史研究所，1984：159.

② 同①171.

被赋予崇高的价值。

一个明显例子是，张之洞提倡的“中体西用”论曾经被批为落伍保守，不符合西方潮流。张之洞的体用观就是一方面坚守“道统”，即儒家的纲常秩序和德治经验，另一方面又允许在“实用”一层吸纳西方理念，以明体达用，顺应改革的时代要求，是一个很灵活的“经世”变通框架。按照某些学者的意思，前者属于“实质理性”（substantive rationality），后者属于“功能理性”（functional rationality）[①]，恰恰可以对应“道”与“法”这两面。盲目信奉进化论者偏要指责张之洞僵守“体”而只开放“用”，声言必须使“体”“用”同时全盘西化才是正道。这就误解了张之洞体用兼顾的本意。其实，任何“经世”实践都需“体”“用”交互推进，一定要深谙中国传统的行事法则，不可偏于崇西之一面。

第二点感触是，我国学界长期浸淫受制于西方社会科学的规训，常常不自觉地挪用那些只对理解西方历史经验颇为有效的概念，其实移植这些概念来解释中国历史未必贴切适用，所以我们不妨试着掉头回到中国典籍中寻找更为贴切的语汇辞藻去描绘历史的“变”与“不变”，对“经世”观念的开掘即是一例。不过我们会发现，即使有从古语中发掘精义的自觉，对“经世”的研究仍难免带有西化的痕迹，如只关注历史的“变态”而不关注历史的“常态”，只青睐改革群体却忽视保守群体，这是拘泥于进化史观和西方启蒙逻辑的结果。只关注“经世”中“用”的一面，则是按科学尺度衡量历史进步的近代西方中心史观在起作用。故对“经世”的研究仍可以选择进一步回归古典语境，尽量贴近“经世”者本身在面对特定历史状况时所呈现的状态进行评价。

下面只举一个例子作为本章的结束。陆宝千在《清代思想史》一书第一章讲“明季诸子之经世思想”，其结论如下：“明季诸子之政府设计，吾人既知其有‘广境’‘狭境’之别，今复知诸子言经世有‘贯性’‘离性’之异，试问此二境二型间之关系若何？吾人以为贯性型的学术立基于人性，人性相同，故具有普遍性。学者如能着重此普遍性，则极易透至‘广境’，船山、梨洲、亭林等即其例也。苟离性而言经世，则

---

① 苏云峰．张之洞的经世思想//“中央研究院”近代史研究所．近世中国经世思想研讨会论文集．台北：“中央研究院”近代史研究所，1984：537－538.

容易粘坠于事务本身而不能拔超，故颜李师生之政府设计极为精密，然总是拘于‘狭境’也。经世问题乃随人类社会而俱来，亦将随人类社会而共存。惟以时世之变异，各时代之经世问题，不必相同。就清初而论，诸遗老心中所重者为如何求理想政府之建立，而以‘贯性’‘离性’之异，遂有‘广境’‘狭境’之别。广境之高于狭境，毋庸置疑。则另一时代之另一经世问题出现时，恐亦不能离人性而言之。”① 陆宝千所言之“贯性”与“离性”、“广境”与“狭境”之别在表述时虽稍显晦涩，但却比较接近当时人对“经世”与周边环境之关系的理解，与“体”“用”“道”“法”的表述相近，可以合而观之。

① 陆宝千. 清代思想史. 上海：华东师范大学出版社，2009：67.

第三章　清代考据学的科学解释与现代想象

自现代学术体系逐渐建立起霸权以来，清代考据学的价值和意义，一直是在与宋明儒学的对比状态中被审视和建构起来的，现代学者对清代考据学的定位大致集中在三个方面：一是将清代考据学看作一种“准科学”，大致能够和某些西学方法连缀在一起进行类比。清代考据学者甚至可以由此担当起近代中国人文社会科学研究的先驱角色。二是认为清代考据学拥有自己特殊的“义理”，虽其内涵与宋明儒学之“义理”大有区别，但其价值却实足与之分庭抗礼，从而拒绝承认其缺乏“思想性”。三是极力反驳认为清代考据学只限于狭窄琐碎饾饤之学，与经世济民学问无关的看法，论证其对古代典章制度的研究其实蕴藏着别样的“经世”意味。回顾近百年学界对清代考据学的研究旨趣，大体不出这三个论域范围，本章拟对这三个论域中涉及的相关争议做一些梳理，并对其观点得失做一点初步讨论。

第一节　清代考据学的现代性建构及其局限

如何定位清代考据学的价值，与现代学者重新发现及理解它的方式有着极为密切的关系。胡适在《戴东原的哲学》一文中针对清代经学的特质提出了四点意见：（1）历史的眼光；（2）工具的发明；（3）归纳的研究；（4）证据的注重。其中后三点都与“科学方法”有关。第二点涉及治经的工具，包括文字学（声音、形体、训诂等各项）和校勘学。第三点“归纳的研究”是清儒治经的根本方法，意思是凡比较同类的事实，推求出它们共同的含义来，都可以说是归纳。[①] 至于第四点，胡适认为“证据”是推理立说所依据的东西，他说这就好比法庭上的人证与物证，可以当作判断诉讼的根据。他举例说顾炎武作《唐韵正》，于“服”字下共举出一百六十二个证据，真是自古未有。[②]

梁启超在《清代学术概论》中概括出朴学的十大特征，包括：“凡立一义，必凭证据”“无证据而以臆度者，在所必摈”“孤证不为定说”“隐匿证据或曲解证据，皆以为不德”“最喜罗列事项之同类者，为比较的研究，而求得其公则”“凡采用旧说，必明引之；剿说认为大不德”“所见不合，则相辩诘”“辩诘以本问题为范围，词旨笃实温厚”“喜专治一业，为‘窄而深’的研究”等，所有这些治学的“技术”指标皆聚焦于“归纳”，探索的目标均是历代的名物、象数、典章、制度。[③] 按胡适的说法，考据学的“归纳”正是一种寻究“客观性”的实验科学手段。梁启超特别提到这套治学技术是对理学的一种反动，其特征是消除由宋代学者曲解圣人立教本意所带来的经典误读和理解混乱。

陈居渊概括任公“以复古为解放”的旨趣是一种历史倒推的逻辑顺序，首先是打倒王学而恢复宋学，其次是反程朱理学而恢复汉唐经学的活力，再次是推倒东汉古文经学的权威而恢复西汉今文经学传统，最后是摒弃一切传注式的传统经学而恢复百家争鸣时代的先秦诸子学。任公的叙述套路是：清初学术是对王学的反动，清代乾嘉考据学是汉学对宋学的反动，晚清的今古文之争则是今文经学对古文经学的反动，清末诸子学的复兴又是诸子学对今文经学的反动。[④] 胡适基本继承了这个“理学反动说”，在《〈国学季刊〉发刊宣言》中提出清季学术的“三古说”，即“整理古书”“发现古书”“发现古物”，并进一步把“三古说”与科学方法挂钩，认为中国旧有学术中只有清代朴学确有科学精神，赋予了乾嘉汉学拥有现代科学内涵的新定位，说它“真有大胆的假设与小心的

---

① 胡适．戴东原的哲学．国立北京大学国学季刊，1925（1）：7.

② 同①9.

③ 梁启超．清代学术概论．上海：商务印书馆，1930：48－49.

④ 陈居渊．汉学更新运动研究：清代学术新论．南京：凤凰出版社，2013：9.

求证的类似实验主义哲学的本质意义，即归纳与演绎同时并用的科学方法”①。后人把胡适对乾嘉学术的评价进一步延伸成一种更具“科学性”的描述，例如丘为君就在胡适对考据学的几点概括后面统统附上对应的英文术语作为标注，如文字学（philology）、校勘学（textual criticism）、考订学（higher criticism）等，并解释说文字学包括字音的变迁、文字的假借通转，训诂学是用科学的方法、物观的证据来解释古书文字的意义，校勘学是用科学的方法来校正古书的错误。②

这套说辞在以后学人的行文中不断以改头换面的形式表达出来。如杜维运概括考据学超越前代者有二，一曰征实的精神，二曰客观的研究方法，这二者与西方近代新史学遥遥相合。具体而言，与19世纪欧洲语言考据学派治史家如兰克的方法相近：历史考据学派利用经学、小学、天文、舆地、金石、版本等辅助科学以考订史料，语言考据学派亦利用语言文字以批评史料；历史考据学派凡立一义必凭证据，归纳众多史实而成其说，语言考据派亦通过搜集、辨别史料产生其史学观点，离其事实而不敢有所驰骋纵横。二者同是神往于征实之信史，同是从事于史料之批评，同是着重于史实之综合归纳，换言之，皆富有实事求是之精神及客观之研究方法。③

除了受胡适观点的影响，对清季考据学的“科学性”进行拔高之外，对清代学者戴震思想中体现出的义理内涵，当代学者也有过度解读的倾向。比如金观涛就把戴震思想理解成中国式自由主义的成熟和自我意识之呈露的表现，并断言“正因为以戴震为代表的乾嘉考据之学只是崇尚个体的心灵在常识理性限定下从事学术之结果，那么类似的知识论述一旦诞生，并不会随着社会现代转型而终结”④。这种断言戴震已具有自由主义和个人主义倾向的说法总给人似是而非之感，但也得到一些学者的附和。只不过这些学者的论述取向更加侧重对考据学方法意义的构造和再诠释。比如在丘为君眼里，戴震思想本身是什么已经变得不那么重要，重要的是它如何演变成清末民初变革的触媒剂。丘为君关切的

① 陈居渊. 汉学更新运动研究：清代学术新论. 南京：凤凰出版社，2013：12.

② 丘为君. 戴震学的形成：知识论述在近代中国的诞生. 北京：新星出版社，2006：156.

③ 杜维运. 清代史学与史家. 台北：东大图书有限公司，1984：273.

④ 同②金观涛序“中国式自由主义的自我意识”4-5.

是，“转型期中国”的代表性思想家章太炎、梁启超与胡适在对传统的激烈批判里，如何有意识地诠释并转化那个被诅咒、被污名化的传统，并进一步使它与所谓的“科学知识”接轨。在这个“旧瓶新瓶”（也许是“旧瓶新酒”）的改造工程中，我们看到同时拥有相对丰富知识资源（包括传统与现代）的章、梁、胡三位启蒙学者，凭借着他们在中国知识界的不凡影响力，将18世纪的知识领袖戴震转化成一个近代的文化生产场域，并产生了我们这一时代的重要知识论述（intellectual discourse）。①

丘为君的意思是，以现代眼光来看，考据学遭到诟病主要集中于两点：(1) 考据学过分强调“文本”（text）的外部问题（文本的形成背景与发展过程、文本的表达性功能、文本常被孤立或割裂地研究等等），而忽视其内部具有深层意义或完整义理、具有诠释性质的“文脉”（context）；(2) 考据学重视经验知识（empirical knowledge）即所谓的“实学”，而轻视甚至否定理学等形上知识（metaphysical knowledge）的地位或价值。②

在这个意义上，章太炎、梁启超和胡适都分别为戴震思想的意义做了现代阐释。章太炎认为考据学的贡献具体主要表现在“明故训”“甄度制”“使三礼辨秩”“群经文曲得大通”四项上。所谓“明故训”，是指训诂学作为一种崭新的研究方法在清代出现以及发扬光大，导致经学研究发生了革命性突破，赖此一以文字、声韵作为核心的新知识形式的诞生，清儒得以走出宋明以来理学家所采用的具有唯心主义（或神秘主义）倾向的哲学阐释途径，而寻求一种具有经验主义式思维的讲究通则意义的研究取径。基于“训诂明则义理明”这一前提，训诂的具体目的在于使经书内容成为可以理解的而不至于被古人混沌难明、真伪杂糅的注疏所蒙蔽或误导，其终极目标在于使圣人意旨能被明白无误地揭露出来，即所谓的“明道”。③

另外，它作为治经的工具，本身也有了“手段变成目的”（means becomes an end）的“异化现象”（alienation），明道救世的终极目标往

① 丘为君．戴震学的形成：知识论述在近代中国的诞生．北京：新星出版社，2006：6.
② 同①9.
③ 同①24.

往被搁置一旁甚至被完全遗忘，本来处于工具性地位的小学则由经学的附庸一变而成为学术大国，吸引了众多知识精英的投入。① 所谓“甄度制”，是指清儒在经由以文字、声韵等作为新工具形成治学突破后，在经学研究上获得的具体成绩，即他们深入探讨了中国文明的缔造时期，即所谓的“轴心期”（Axial Age）之政治社会秩序所凭借的制度基础，并在前所未有的程度上辨明了古代圣人所规划之典章制度的大体内容。戴震的《明堂考》《三朝三门考》《考工记图》诸篇颇类似于近代概念上的古代制度史（institutional history）研究，“典章制度”这一知识领域能在清代形成气候，主要肇因于对“三礼”的讨论。②

所谓“群经文曲得大通”，是指儒门经典的窜乱芜秽处得到了最全面的纠谬改正，诸经多半有了新疏。戴震的方法论特征是，由训诂（语言文字）而达典章制度，由典章制度而达求义理这一取径。

丘为君已看出，任公认为戴震所主张的“去蔽”“求是”两大主义和近世科学精神相一致，所以可以说东原是“科学的先驱者”，这与五四时期强调“科学精神”有相通之处。任公勾勒出戴震学问的三个方面：淹博、识断和精审。这种把经典注疏一一归位，还给经典和各个时代思想家原始面貌的做法，被胡适称为“剥皮主义”。在某种意义上接近后现代思想家福柯带有解构主义（deconstruction）风格的“考古学”方法（archaeology of knowledge）精神。③

梁启超之戴震学研究偏于致用性以及与时代思潮结合的“学术经世”特色，在某种意义上可能是一种偏差，或至少带有一种文化偏见。但在欧游之旅后，他经历了“科学万能主义”的反思转向，这一转向使他一方面注意到科学的限度，另一方面又重新肯定传统哲学的价值。正是在对哲学的这种重新认同里，任公最终突破视戴震为文字学、声韵学、考证学大师的相对狭隘的科学形象，转而强调戴震思想具有开创性的哲学面相。④

梁启超还被视为近代学者中少有的几个从社会理论（social theory）

---

① 丘为君. 戴震学的形成：知识论述在近代中国的诞生. 北京：新星出版社，2006：25.

② 同①29.

③ 同①87.

④ 同①123.

的角度看待戴震思想之价值的学者。戴震的经学考证只是建立他自己大系统的手段，他的终极目的其实是要建立一个具有革命意义的全新社会理论或社会哲学体系，以经学考证的形式来解构政治化的正统儒家义理核心。戴震从批判宰制封建社会的“天理观”出发，其终极目标是建立一种“义务论”倾向的自然主义。这种“义务论”倾向的自然主义一方面要在理论的正确性上合理化或正当化人的情欲，另一方面更是要解放政治化（宗教化）的“天理观”对人之情欲的束缚。①

胡适的戴震研究则是在“整理国故”的背景下进行的。胡适将戴震所特有的批判性归纳法（critical inductive approach）与系统研究法（systematic approach）即所谓“贯通”概念，以及西方以理性批判为前提的科学方法论连接起来，说明戴震在批判礼学的过程中试图建立一种新社会理论与社会哲学甚至新世界观。②

胡适不仅强调科学的概念与精神，认定清代考据学者具有注重证据的经验主义取向，同时也强调方法的必要性，视宋学为主观的、冥想的，视汉学为客观的、实证的。胡适显然是站在经验知识为人类唯一可靠知识的立场，在一种经验/先验二分对立的意义下来批判或否定理学的先验知识（a priori knowledge）。③

另有学者则并不认为胡适持绝对的“反理学”观点，如周昌龙就主张应该尝试从“智识主义”角度理解胡适的实验主义精神与戴震的关系。胡适系透过此一智识主义化的实验主义去诠释戴震的思想，从而将戴学解释成中国的智识主义哲学，以上承程朱“穷理格物”的重智系统，建立中国“科学时代”的新哲学。④

其实，我们完全可以从胡适的言论中找到一些证据，证明他并不决然主张汉宋对立，而是不时想寻绎二者的继承关系。胡适在《科学的古史家崔述》一文中特别指出了这一点，他说在精神方面汉学运动和崔述是很一致的，同是“考信”的精神，但在方法方面却有所不同。汉学运

---

① 丘为君．戴震学的形成：知识论述在近代中国的诞生．北京：新星出版社，2006：123.

② 同①201.

③ 同①228.

④ 周昌龙．戴东原哲学与胡适的智识主义//新思潮与传统：五四思想史论集．台北：时报文化出版企业有限公司，1995：45－99.

动走的路是间接的，崔述走的路是直接的；汉学运动假道于汉儒以至六经，而崔述要推翻秦汉百家之言以直接回到六经；汉学运动因为不满意于宋儒，所以回头推崇汉儒，崔述因为不信任汉儒，所以崇拜宋儒疑古辨伪的精神，而愿意为他们做后继的援助。①

丘为君多少意识到了这一点，不过他仍坚持胡适属于“理学反动说”阵营，只不过其引人之处不在于他的理学/反理学或破坏/建设二分法，而在于他把清代学者注重证据的态度（即一种经验主义）与科学等同起来。在“科学主义”（scientism）的观照下，将清代考据学与现代主义下的西方科学连接起来。这里的“科学主义”广义是指“科学是检验知识合法性的唯一尺度”而言，那些无法以学科精神、态度与方法来连接的知识，都不能算客观的知识或者可靠的知识，这已远远超过了将科学视为检验知识有效性的可靠工具，而是在某种程度上而言，已经将它的威望提升到了近乎“宗教信仰”的程度。②

按论辩的精密度要求，从胡适、杜维运到丘为君的概括似乎仍失之于笼统，虽然从外貌上观察，清代考据学疑似具有西方“科学”的一些特征，但其内容包括文字、训诂、音韵、版本、目录、校勘、辨伪、辑佚、金石、史事考订诸学均属于传统学问的分支，而以顾炎武所说的“考文”“知音”为主要特征，只不过显得更有“实学”的特质，不像宋明儒者在经学中掺入了佛理玄学，使经书“老庄化”“禅语化”“语录化”，却对经书中的文字、句读与名物典章的出处源流茫然无知，显得缥缈玄虚。陈居渊把 18 世纪经学的表征概括为融通“家法”与“师法”，师法是指汉初立为博士或著名经学大师（如董仲舒）的经说。如果大师的弟子对师说有所继承和发展，能够形成一家之言，被学术界和朝廷所认可，便形成家法。因此，西汉多论师法，东汉多论家法。师法演化为家法，家法又必然会追溯师法，二者相互转化，从而有效地维护了经学传承的权威性。自宋代以来，学者以个人意见解读经书，发明经书义理，经学研究趋于理学化。他们早已将汉代师法、家法置于脑后，明清之际汉代师法、家法再度受到重视，被认为是传承经学的生命线，

① 胡适．科学的古史家崔述．国立北京大学国学季刊，1923（2）：288.

② 丘为君．戴震学的形成：知识论述在近代中国的诞生．北京：新星出版社，2006：226.

如果不了解师法、家法就无法读懂经书，也无法探求其义理价值。师法、家法一旦被破坏和消亡，即意味着经学的传承被中断。① 可见，清季学术以复古为目标，坚守的还是一套中国传统的学脉，与西学方法很难扯上关系。

孙钦善也从继承古代考证传统的角度归纳出清代训诂学的几点方法。第一是因音求义，首先要通声音、明假借，不受字形的束缚而望文生训；其次是同音或音近的字往往表示共同的语根，需加以辨析。第二是必须通贯群书，随文释训以确定字义。通过分析实际语言材料以考证字义，避免因袭旧训（包括字书和旧注）之误。第三是字义辨析更加细致，分出本义、引申义、假借义，但后二者常常混淆。②

漆永祥认为，由以形求义到因音求义，是训诂学上的革命性变化，上述诸方法皆是在此方法变革中所得之结果。③ 他进一步阐明了训诂学的具体方法，即归纳古书通例，通例归纳从形式上分为专书通例与群书通例两种，从内容上分为标举大义例、行文修辞例和发疑正误例三种。其作用在于：通过标举大义例的归纳，掌握古书的纲领脉络和大旨义例，从而体察书中的“微言大义”及著者之目的；通过行文修辞例的归纳，掌握古书行文修辞规律，便于正确理解古书，不致产生歧义；通过发疑正误例的归纳，掌握古书流布中的致误错讹规律，利于更好地整理古书。④

乾嘉学者通例归纳的特点是，通例归纳与专书研究相结合，专书通例与群书通例相结合。通例归纳得诸治学实践，又能给治学实践以具体的指导，在实践中验证和进一步总结。同时，古代汉语之语法、修辞、行文及汉字的相对稳定性，以及古书流传中讹脱衍倒现象所具有的规律性，往往使得专书通例的归纳具有普遍指导意义，所以专书通例又起着群书通例的作用。⑤ 具体而言，还有两种方法比较重要。一是以经解经、以经证经的方法，即运用最直接、最可信的材料来证明自己想要证明的问题，在训诂中就是以字考经、以经考字，在求古韵上就是以《诗

---

① 陈居渊. 汉学更新运动研究：清代学术新论. 南京：凤凰出版社，2013：115.

② 孙钦善. 中国古文献学史：下册. 北京：中华书局，1994：840-841.

③ 漆永祥. 乾嘉考据学研究. 北京：中国社会科学出版社，1998：87.

④ 同③88.

⑤ 同③98.

经》用韵为证称“本证”，以先秦两汉其他书的韵文为证称“旁证”，在校勘中则是用本书材料勘校为互校，用他书材料勘校为“他校”，等等。① 二是从读注疏入手到突破注疏局限的方法。因为汉唐注疏有三种弊端：注疏暗于训诂而不明假借；注疏体例不一，曲徇株守；疏文冗繁复沓。② 故须摆脱传注束缚而独寻别径。

漆永祥的看法基本还是把训诂学看作传统学问中的一个环节，与胡适及杜维运等人的判断有所区别。至于训诂考据的具体研究方法到底有多少“科学性”，一直存在争议。比如20世纪90年代申小龙就已提出，清代古音学的系统方法之完备仍仅仅限于经验科学意义，其本质在于完善的归纳。它虽然有一定基础的系统对勘，但并未上升到历史比较的方法论高度；它虽然有一定规模的共时音理推演，但尚未进入音值的内部拟测；它虽然认识到方音与古音的对应规律，但基本以文献考证为主，未能全面比勘现代方言材料，更未利用域外译音来进行历史比较。这些局限是由它的文献学范式决定的，但不容否认的是，清代古音学的系统方法的确已经为其现代转型提供了必备的基础。③

那么，到底应该如何评价这种把清代学术科学化的观点？胡适把清代考据学等同于科学主义方法，自有他的考量和意义。胡适身处五四科学思潮的洗礼中，加上留学美国信奉杜威实验主义的背景，自然容易把乾嘉治学方法与科学思维强拉硬拽在一起，以明自己弘扬西学精髓之旨趣。后人进一步用科学理念对清代学术进行深度包装，如直接在胡适的方法论表述上标注出对应的英语词汇，仿佛只有如此才能使清代考据拥有足够的现代合法性，这种颇为急切的比附心态使得他们的论述难免显得生硬。

又比如把乾嘉学术与兰克史学强行类比，无异于把考据学和兰克史学完全剥离出了各自的历史生成语境，臆想着一旦乾嘉学术被搬运进欧洲殿堂与西学一并陈列，似乎就自然焕发出一样的科学光芒。从知识比较的维度观察，如此的表面类比对理解清代考据学的性质并没有实质意义，把戴震思想直接和“个人主义”挂钩进行分析就更难令人信服了，

---

① 漆永祥．乾嘉考据学研究．北京：中国社会科学出版社，1998：103.

② 同①109－110.

③ 申小龙．清代古音学系统论．学术月刊，1995（10）：73－80.

“个人主义”思潮产生于五四时期，虽一度风靡，但却很快销声匿迹。其消失的原因颇为复杂，大致与突出“个人”救世的基调难以和中国国情的迫切需要合拍有关，因为如何把个人融入集体以拯救国家危亡一直是中国近现代历史的第一大主题，所谓个人解放纯属私事，在国家危难的局面下对私人领域的过度关切永远显得不合时宜，突出个人自由的价值与救国的大目标并不吻合，其无法顺利存活下去当在情理之中。如果脱离这个语境大谈“自由主义”“个人主义”在乾嘉时期就已萌动繁衍，就极易犯时代错置的谬误。

不宜拔高清代考据学的所谓“科学性”，还在于乾嘉学术的主导趋向本来就是“复古”，即力求回到古代最合理的治学方法中，而不是面向西方融汇新知。如数学和天文学这样的学科，在戴震和钱大昕等人眼里也不过是复古的工具而已。他们从未打算把这些学科发展成独立的研究领域。对经学真伪的关心使得 18 世纪的学者把注意力限制在对经书文本的关注上，对天文现象和数学的关心也与朝廷对天象礼仪的重视密切相关，一旦天文观象与宫廷礼仪不再成为朝廷关注的焦点，学者们的注意力就会重归经学文本。艾尔曼就发现，清代考据学者的天文和数学知识不过起着对经学与历史典籍的辅助作用。对自然现象的探索绝大部分还是依靠文本考证而非实验。考据学者对自然界和数学充满了好奇，但是支配了他们学术的语言学偏见并没有独立支持那些可能对自然界按部就班地加以量化的研究和实验。① 余英时也不认为清儒已具有一种追求纯客观知识的精神，更不用说清代儒学必然会导致现代科学的兴起。儒学如何突破人文的领域而进入自然的世界的确是一个极为艰难的课题，而且其中直接牵涉到价值系统的基本改变，清代儒学的发展只是显示了这种基本改变的可能性。②

---

① 艾尔曼. 科学在中国（1550—1900）. 原祖杰，等译. 北京：中国人民大学出版社，2016：346.

② 余英时. 论戴震与章学诚：清代中期学术思想史研究. 2 版. 北京：三联书店，2005：5.

第二节　清代考据学是否具有思想性：新义理学发微

清代考据学因为是逆宋明理学潮流而生，所以给人的印象是在皇权压迫下产生的一种被动学术潮流，因此它似乎天然具备几个特点：一是做学问专讲复古证据，基本不问世事，缺乏经世动能；二是因憎恶宋明儒者空谈玄理，故以专攻文本考证著称于世，疏离对义理的讨论，故而缺乏思想性。这里有两个问题需要澄清：一是义理的内涵到底应该如何界定，二是专做考据学问的学者是否就一定会失去谈论义理的资格。

既然对义理的辨析是问题关键之所在，那么对义理的界定就成为讨论的前提。有人以为，义理不同于具体的言语名物的训诂考证，是对历史事件、世界、宇宙及人生等问题的理论性思考，就道德实践层面而言，考据涉及社会制度、礼乐人伦等方面的具体规范，而义理则要讲明规范的根据，追问规范的意义何在。[①] 这是把知识（考据）与道德（义理）对立起来的一种论述。

有的学者反对如上看法，认为考据学缺乏义理而只具备工具性知识的看法过于狭隘，知识活动应该包含全体的心性活动，包括认知、理解、分析、接受、同情、联系和价值判断等，过去有些学者过度将知识与道德对立起来，其实限缩了知识的范围，等于也缩小了道德的范围，正反映出只见二者之异而不见二者之同的偏颇。清儒对于知识活动的痴情投入，本身就是人生一大境界，而道德则将顺着这种境界而来。必须承认，格正功过、实践主敬的理学家和谨慎谦退、完密周至的小学家，都可以在生命中开展出知识与道德相融贯的气象。[②] 儒家所讲的“经”字，就同时具有知识与道德两个方面的内涵。简而言之，顾亭林认为儒学讲的就是自治、治人之学，“经”书里到处都在讲人生实践，在行为中发挥生命的潜能，进而凸显出心性的力量。

---

① 吴通福. 清代新义理观之研究. 南昌：江西人民出版社，2007：3.

② 郑吉雄. 戴东原经典诠释的思想史探索. 台北：台湾大学出版中心，2008：296.

尽管对义理的界定存在诸多争议，但的确有越来越多的人并不认可考据学家没有资格谈义理的看法，如余英时就秉持宋明学术与清代学术具有继承关系的“内在理路说”。按我的理解，所谓“内在理路”其实就喻示着宋明理学与清学对义理有着相当不同的表达，只不过考据学更注重义理的外在形式和达致途径。按余英时的看法，宋明理学对“德性”的讨论和争议，最后必须回归到经典的基础上决胜，而“道问学”的复兴于焉展开。关键的转变发生在明代末年，当时理学家为了解决儒学义理上的是非，不得已运用种种考证的方法研究经典，借以证明自己的义理与古圣人的义理吻合。这种情形产生自理学内部的要求，最终迫出了考据学的兴盛。儒家传统中的“客观求知的精神”，亦即所谓“智识传统”或“智识主义”，与胡适、梁启超“清儒具科学精神”之论相近，但突出了“道问学”中也具义理之一面。余英时认为，在儒家智识主义逐渐流为文献主义（textualism）的过程中，只有戴震和章学诚的思想蕴藏着明显的义理脉络。清儒尽管自觉排斥宋人的义理，然而却在不知不觉中受到儒学内部一种新的义理要求的支配。从“学思兼致”的角度说，清儒更像是“寓思于学”。①

平心而论，清代考据学家大都比较强调治经的技术层面，义理至少在大多数清代学人的考证过程中处于隐而不彰的状态，只有戴震、章学诚等少数学者高擎义理的旗帜，专门予以讨论。常常被视为清代考据学讲论义理的代表人物如孙钦善即认为，戴震把学问分成“义理”“文章”“考核”（即考证，又特称“制数”）三个方面，但三者的关系不是平等的，是分主次的。他把“义理”称作“源”，称作“大本”，或比作主人，认为其他二者不过是从属的工具或手段，因此，戴震既反对“得其制数，失其义理”的汉学，又反对“得其义理，失其制数”的宋学，主张把义理与考证结合起来，但又以义理为根本。②

关于清中期考据学派是否具有思想性的问题，还有学者认为不应只局限于讨论考据与义理这二者的关系，还应考虑辞章的地位如何安置。对义理、考据、辞章这三者关系的讨论在清代有个起伏变化。四库馆时

---

① 余英时. 论戴震与章学诚：清代中期学术思想史研究. 2版. 北京：三联书店，2005：3.

② 孙钦善. 戴震与古籍整理：兼谈对清代考据学派历史经验的批判继承. 北京大学学报（哲学社会科学版），1980（1）：56.

期，汉学派达于鼎盛，义理与考据之辩居于核心地位，辞章问题几乎无人顾及。乾嘉之际，辞章话题才逐渐浮出水面，姚鼐的神妙说和袁枚的性灵说开始流行于文坛，与章学诚的道论体系一起构成对抗汉学壁垒的力量，形成了考据与辞章之辩。具体辨析，汉学家坚持由考据之途切入方能求到义理，蔑视宋学的玄虚和辞章的华美无用。袁枚则坚称只有辞章的性灵才能对抗考据的琐碎枯燥，对义理却存而不论。章学诚则从史学入手寻究义理之道，斥辞章，贬考据，主张在义理统率下三者合一。姚鼐则强调在继承宋学躬行为己传统的前提下，兼收义理、辞章、考据三者之长，以优美的古文形式表达义理，这种尊宋崇文倾向主要是对汉学家忽略修身、贬抑宋学和以考据自高的回应，也是对袁枚僭越礼法、弃绝宋学、鄙薄考据观点的修正，意在凸显宋学与古文的独特价值。

在姚鼐看来，躬行涵养之事是学者立世的大本，更是为文的大本。在他看来，程朱理学包含二事，一是义理之学，二是对义理之学的践履。姚鼐既强调躬行为己，又强调义理乃辞章、考证之本，显示出其尊宋的一贯立场。与此同时，姚鼐强调古文之学的崇高地位，是对汉学诸家贬抑包括古文在内的辞章的反拨，也是对一些汉学家、义理家不讲行文美感的纠弹，因为汉学家每以考证自高，但其书写却多有不文之弊。①

针对清代考据学兴盛时期义理隐而不彰的状况，台湾学者率先提出了“清代新义理学”的主张。这种主张主要是针对学界认为清代汉学有考据而无义理、有学术而无思想的看法，提出与宋明理学的义理相对而言的概念。在学界以往的研究中，所谓“义理”或可称为思想、理论、哲学，几乎专属宋明理学，而与清代考据学无缘。② 针对此弊，张寿安提出宋学是“道统”、清学是“学统”的双向二分法框架。③

台湾学者张丽珠则指出，“乾嘉新义理学”观念的提出，主要是为了改变学界对“清学无义理”的主观设定，围绕着“经验论”展开的

---

① 王达敏．姚鼐与乾嘉学派．北京：学苑出版社，2007：178．

② 黄爱平．百年来清代汉学思想性问题研究述评．清史研究，2007（4）：92－106．

③ 张寿安．打破道统，重建学统：清代学术思想史的一个新观察．“中央研究院”近代史研究所集刊，2006，52：53－111．

“乾嘉新义理学”被放大成“清代义理学”，也是为了有力扭转伴随被视为清学代表的“乾嘉考据学”而产生的“有考据无思想”“有考据无经世”等传统偏见，宋明儒重视形上价值，发扬道德理性的义理模式，称为“理学”，而清儒则重视发挥经验价值、客观实证的“主情重智”新义理主张，其揭橥的正是生命主题在道德理性以外追求情性与智性的一面，故可名为“情性学”。① 根本而言，张丽珠是要质疑儒学以“道德形上学”的理学为唯一的义理范式，提出“从‘形上价值’到‘经验价值’的‘经验论兴起说’”②。

在我看来，这种拔高“经验论”之价值的说法实是余英时诠释从宋明儒学“尊德性”向清学“道问学”转变的另一种表述而已。问题在于，余英时所说的智识主义强调的仍是知识的获得，但知识的具体形态是否能直接等同于思想仍有疑问，知识虽兼具经验和理性，但思想仍须是对二者的高度提炼和超越，儒家本身有“道”“器”之辨，讨论的就是如何摆正二者的位置，“道”高于“器”就在于“道”是思想，是内核，“器”是手段，是外缘，把经验层面的“器”说成具有思想性的“道”似乎仍觉勉强。如果承认思想是对知识的高度抽象，那么某种知识是否具有足够的形而上特征就始终应该是界定其具有多少义理蕴涵的重要尺度，否则，任何经过考据形成的看法都仍不过是某种知识的简单堆积而已，其表述可能会仅仅局限在技术操作层面。所以，徘徊在是智识主义还是反智主义的框架内讨论学术与思想的关系，似乎难得要领。

清代新义理学倡导者喜欢频繁举出戴震的“反理学”与“主性情”的言论作为考据学深具义理蕴涵的证据，张丽珠归纳说：“清代新义理学最主要的特色，就在于经验价值与精神，此其所以能够自立于宋明理学的形上价值与抽象思辨之外。清人因为重视客观经验，所以肯定情性，发扬理性，主张以智性来规范与节制情性，是一种具有重智倾向的道德观。”③ 但我一直以为，在整个清代考据学中，戴震思想始终作为一个独特的个案被加以审视，处于相当孤立的地位，在当时也许并未获得后来学界营造出来的那般声誉。我的理由是：戴震提出的一些异端思

① 张丽珠. 清代新义理学：传统与现代的交会. 台北：里仁书局，2004：5.
② 同①12.
③ 同①286.

想基本上被禁锢在考据圈子和其所认可的训诂技术视野内，并没有像宋明理学那样风靡学界，获得一致和广泛的认同，甚至通过讲学和教化的方式成为基层民众能够接受的一种生活习俗。再说得明确一点，戴震思想没有真正贯穿到民众生活中形成道德实践形态，这是由考据学本身的“专门化”风格决定的。戴震提出的所谓“经验论”式的阐说风格可能只是在后人的阐述脉络里被抬升到一个卓越“地位”，并没有机会在社会层面发挥任何功用。尽管周积明赞同张丽珠的看法，认为“义理”一词最初指合于一定伦理道德的行事准则①，我们却难以看到清学的义理如何在行事上表现出实践层面的价值。仅此一点，所谓清代新义理学就很难与具有深厚教化基础的宋明理学分庭抗礼。与当年理学兴盛期相比，清代考据学在行事一层确实没有令人信服的举动，表现得比较活跃的反而是反考据的今文经学一派和一群推动理学复兴的人物。

甚至可以这样说，恰恰是戴震的“反理学”思想流布不广反衬出晚清理学践履兴盛的宏大格局，曾国藩等人正是因为在扑灭太平天国运动的惨烈战争中重新打造了理学的生命力，使之成为清朝晚期“同治中兴”的重要意识形态思想来源。张丽珠也承认，清代学者中能接受戴震思想的人也就只有程瑶田等寥寥数人，故她批评任公的断言“清代学派之运动，乃‘研究法的运动’非‘主义的运动’”似乎不能成立。

至于用“性情学”这个新语汇概括清代义理的特点，似乎也不尽如人意。实际上晚明阳明心学更主性情之说，曾出现了李贽这种“理学”叛逆，而清代袁枚倡导的“性灵说”则恰恰是与乾嘉考据学对立的一支，难以归入清学正统之列。

还有一种说法是，崔述把“理”和“事”做区分正是清代考据学家的特色。崔述所说的“理”，是指人们对历史变化的理解、实学自身演变的法理以及万物之间的原理等方面的内容；他所说的“事”，是指古代历史上的名物、谱系、年代、制度、事件等方面的内容。“理”可以思而得，是说人们可不断诠释“理”的内容及意义，得出新的理论认识和超越前人的学术见解。“事”必待学而知，是说人们对“事”的认识必须信而有征，通过历史考证得出确定的证据。“理”只能通过抽象思

① 周积明. 新的思考，新的视野：评张丽珠女士在乾嘉学术研究中的新贡献//张丽珠. 清代义理学新貌. 台北：里仁书局，1999：7.

维获得，“事”则是考证的结果。①

这种通过分别“理”“事”的二分框架来验证清代考据学的合理，以此寻求客观历史正当性的做法，我难以苟同，我的理由是：所谓靠“信而有征”寻求历史真相的办法不但不可靠，而且无法说明为什么中国古代的不少统治者恰好是利用“不客观”的记录去创造历史并取得成功的。比如汉代的谶纬之学和宋明以来“道统”的建立即是人为构造的结果，与所谓历史的客观性无关，却长期支配着中国王朝统治的逻辑。也就是说，清代考据学无论多么“信而有征”，搞清了各种名物、制度的真实来源和运作形态，也未必能够证明为什么统治者率先频繁使用一些历史观但最终却放弃了，比如“五德终始说”或者通过伪造古史而形成的“谶纬”政治神话。考证易走入专精之途，却有可能对历史变迁的内在肌理缺乏敏感度，这是“以经证经”信而好古的最大弊端，也是其不具有深层义理的最好证明。清代考据学家总想用求实考信的办法，把前人对上古史的附会成分从历史的真实脉络中抽离出去，但并没有证成其造伪的动机和身份，结果恰恰遮蔽了帝王心术有意改造历史真相的用意。比如崔述考证上古三代历史，认识到后世的传闻不等于历史的真实，因为时代愈后，传闻愈古，离真实历史愈远，故不能“以后世之事例上古”。但这种对古代“构造伪史”的考察并没有追问何以历史记载中充斥着造假和诡辩，其目的和动因何在。清代考据学家没有看到，在古代社会中“造伪”恰恰是推动政治权力运作的最有力润滑剂，与历史到底是真实的还是客观的没有必然联系。

与张丽珠集中于考据学是否具有思想性的论辩不同，张寿安的反思路径主要取径于“礼”的内涵及秩序构造的探究，即18世纪的礼学家如何反思经验界的秩序，尤其是“三纲纲纪”下的伦理秩序，包括君臣/父子、妾母/妾子、夫妻/舅姑与妇、兄弟/兄弟妻等层面。传统儒家的秩序观建立在宗法、封建的双重文化理念下，此一根基于亲亲、尊尊的双系理想在实践中极易产生相互制约的困局，因此如何持衡就成为经、权的大议题。必须通过制度、实例和历代经解来观察理念转移、价值改变，甚至可能是价值扭曲、理念刊落。重点关注礼与理如何对话、

① 罗炳良. 崔述的史考与史识. 史学史研究，2006（3）：37-46.

情与理如何重构。张寿安有两点思考异于前人：其一，不认为考据只关心纸面上的音韵、训诂之学，还关注典章制度；其二，不认为考据学家只是文本文献专家，他们在礼仪实践方面也有所作为。礼学成为18世纪以降儒学思想的主轴，最重要的原因就是它解释了儒学思想的另一种形态——经验世界的秩序。①

清儒无论治理学还是治礼学，甚至治公羊学，在相当程度上关怀的都是“制度”问题，礼的制度、法的制度，换言之就是经验世界的秩序，包括秩序之原则与秩序之形式。故礼学经验形态与理学的形而上形态构成了对峙的歧异性。张寿安重视清儒的礼学实践突破了过去考据学研究所塑造的清儒只是文献学专家的刻板形象，给人耳目一新之感。但对其核心论点我仍有两点疑问：一是宋明“理学”似不应只具有形而上的道德思想形态，同样具有形而下的实践特征。自朱熹撰《家礼》以来，这种底层的礼仪与道德实践就从未间断，你也许会说这种实践与清儒的礼学实践有差异，但似不能否定其存在的历史延续性。宋明以降，正是基层宗族组织的建立与完善才使得儒学具备了深入民间实施教化的有效渠道。清代礼学可以说是宋明礼学的延伸和发挥，尽管二者略有不同。故礼学与理学并非始终构成非此即彼的对立状态，而是一直处于交融互动的过程中。二是开掘礼学的经验与实践形态固然重要，但经验形态能否和义理的内涵与形式直接等同起来仍需讨论。在历代的儒学论述里，义理基本仍是一种抽象的“道”，这种“道”从宋明以来构成了一些相当标准的教化原则。即使戴震在彰扬考据学的优势时，也强调音韵、训诂等学问不过是实现“道”的手段而已，礼学亦不过如此，只是实现“道”的途径之一，如此论述，似有把礼学的实践形态与义理的抽象形态相互混淆的嫌疑。

除了以上所说的制度礼法议题，还有另一个议题，即清代礼学是否兼顾到了足够的个人或家族之情，以别于理学的禁锢规范，从而成为萌发思想解放运动的媒介。张寿安说，从清代礼学者的礼学考证与新诠释中看到的是清儒对个人之情、家族之情的重视，甚至包括相对于家族而言的个人之私、相对于皇权而言的家族之私等皆备受重视并被给予正面

---

① 张寿安.十八世纪礼学考证的思想活力：礼教论争与礼秩重省.北京：北京大学出版社，2005.

价值。吾人几可说，兴起于19世纪末20世纪初的“反礼教运动”，其萌动实源自18世纪，而策动此一批判的思想原动力毫无疑问是“情”与“私”。至于二者的差异，或许可以概括成以下表述：18世纪的反礼教是反宋明清作为正统的礼教（Anti-Confucian Orthodoxy），而20世纪新文化运动时的反礼教几乎是全面反传统（Anti-Confucianism）。前者的主力是知识界的反省，后者则俨然是一全民运动。①

这里需要辨析的是：清代的所谓反正统礼教是真“反”还是只不过对礼教程式做出某种“修正”？如果是真“反”，那么只是局限于学者私人之间的对话还是泛化到基层社会成为一种具体实践形态？事实证明，清代的所谓反礼教言论显然并没有形成足够的规模，其传播范围只限于私人的小圈子议论，怎么可能与具有广泛全民教化基础的宋明理学相抗衡？除了在考证技术层面带有明显优势外，清儒讨论的许多话题至多不过是宋明儒学的延伸形态而已。至于五四新文化运动的反礼教更是与18世纪的礼秩重建无关，基本是西方影响的产物。

清代礼学考证乃至其他考证方式也许蕴藏着某些思想性，但似乎并不具备与宋明理学构成根本歧义的内容。即如被新义理学倡导者反复陈说的“情欲观”也早已发端于明末的阳明学及其余绪中。所谓礼秩重建也不算是清儒的独特发明，而是宋明儒学反复阐扬、不断推广的话题，只不过清儒进行了更加系统的整理而已。所谓“个人的内在道德修为”与“社会秩序的重建”之间本来就不是分割对立的，在儒学的基本理念里，二者之间并不存在截然二分的鸿沟。对于道德如何通过礼制推及社会，从思想到行为如何深入影响百姓生活，宋明儒早已有系统阐释和具体实验，而不只是限于学者之间的议论。张寿安曾提到，徽州儒生入清之后留心理学兼治三礼，其风不断。凌廷堪亦深受徽州理学影响。② 只不过凌廷堪以为，礼有典制，可依循实践，而理之是非则徒凭人口说，全无定论，且又无济于事，徒增纷扰。③ 凌廷堪关心的不是个人内心的道德状态或道德境界，而是道德实践方式，并坚持实践才是道德之完

① 张寿安. 十八世纪礼学考证的思想活力：礼教论争与礼秩重省. 北京：北京大学出版社，2005：5.

② 张寿安. 以礼代理：凌廷堪与清中叶儒学思想之转变. 石家庄：河北教育出版社，2001：24.

③ 同②38.

成，故可称之为重课责（accountability）的道德观。至于未经践履仅内存于心之德性，只可被视为道德状态（moral status），无可验证。[①] 但凌廷堪的这个想法与宋明理学家的想法并无根本差异，有可能发生歧义的地方在于宋明理学家更注重世俗社会礼仪，而清儒则更重视君权规约下的上层仪轨。从这点来考量，所谓清学的思想性不过是为宋明理学的基本政教观念做出了一个更加专门化的、带有浓厚学究气的注解而已。张寿安也曾说，“礼”作为道德规范，背后一定有一抽象原则（理），而“理”本身作为一抽象原则，必然有实践层面的规范（礼），这恰好是宋明理学所彰扬的原则。如果把清学的“礼”与宋明理学的“理”对峙而论，也许能发现其中的微妙差异，但却无法从根本上断然否定清学与宋明理学的继承性和贯通之处。

张寿安对明、清两朝礼学的差异有一个很好的概括，认为二者的区别在于有一个从家礼向经礼的转变过程，称之为“明清礼学转型”，一为实践，一为考证。明代是“缘俗制礼”，清初则是澄清“礼”的经典渊流，摒弃佛、道礼仪的掺杂乱入。清儒注重对王朝典制如“明堂”“辟雍”“郊祀”的考察，说明他们更加偏爱皇家上层意识形态的建构，而有别于明代礼制研究更注重底层实践的动向。

清代礼学最异于明代礼学者，就是从“私家仪注”的家礼学转向“以经典为法式”的仪礼学，而仪礼学的建立大多由皇家策动组织，如乾隆元年（1736）开“三礼馆”和乾隆三十八年（1773）开“四库馆”，都是皇帝的个人兴趣所驱使。张寿安从中发现了“亲尊并列”的情理结构，修正了宋明天理观下独重尊尊的礼秩观念，把尊父从尊君中解放出来，尊母从尊父中解放出来。尽管这个论点颇具创见，但在清代具体的历史语境下，这些激进的礼制变革言论所呈现的创意在具体制度改革中到底贯彻到了什么程度，却并没有给出一个令人满意的答案，不禁让人怀疑这样的论述也许只存在于个别文人的私下议论中，在知识界和上层皇权体制内不可能形成多大的影响。

---

① 张寿安. 以礼代理：凌廷堪与清中叶儒学思想之转变. 石家庄：河北教育出版社，2001：62.

第三节　“六经皆史说”对经学权威的消解及其意义

除了凌廷堪的“礼学”论之外，清代学术倾心于考据训诂之学，总给人以深陷细碎“技术流”的感觉，其方法与内容缺乏思想的深度和对宇宙人生观的有力探寻。唯独有两位思想家属于例外，一位是戴震，另一位是章学诚，前者以批判“理学杀人”和主张情欲解放著称，后者则以高擎“六经皆史”和“道寓于器”的旗帜成为议论焦点。他们二人的看法之所以引人注目，是因为偏离了乾嘉考据学的主流论述风格，具有某些经世的意图和特色。

他们的思想意识与宋明儒学的论说框架亦有不同。宋明理学家有关人性善恶根源的理论奠基于以心性论为主体的道德形而上学，这种情况在清初已渐趋解体，清儒对人性善恶根源的认知主要取决于社群意识。清初儒者认为“恶”并非来自“气禀”，而是来自群体社会。与此相对，当然“善”也不是来自普遍而超越的所谓“义理之性”，而是来自圣人在群体社会中主导发展出来的礼制。如果追溯到明代，晚明狂禅一类追求心灵自由的思想，间接引导出社会风俗的衰颓、王朝灭亡的加速，也被讥讽成导致人性善恶价值观流于崩坏的罪魁。清初黄梨洲、顾亭林主张设立方镇和强化氏族，克服地方积弱的顽疾，以及章学诚力促方志学的大兴，都是经世的表现。

有鉴于此，也许可以说清儒没有整体性的宇宙观，但不可以说清儒没有整体性的世界观，他们的观念是以社群意识（consciousness of community）的形态建构的。[①] 所谓“社群”（community），并不是指某一地域、阶级或行业定义下的社交圈、学术圈或社会阶层，而是指普遍意义上的人类社会。有学者称，清代的“知识论”延续了明末注重社群意识的传统，尝试将知识扩充为人生实践和社会实践的面相。

清儒注意到，造成中国政治的动荡和普通民众的苦难的关键并不在

① 郑吉雄. 戴东原经典诠释的思想史探索. 台北：台湾大学出版中心，2008：348.

于抽象的道德理念有没有落实成心性实践的指导方向，而在于人类群居所创造的正面价值（如礼制文化显现的“善”）能否制衡负面的力量（如引蔽习染产生的“恶”）。①

清儒将人性论中的善恶根源问题，从宋明理学家建构于形而上学和本体论的层次拉回到社群架构上重新布局。一旦回到社群视角，人性诸问题就无法像理学家那样抽绎出几个观念字如“理”“气”“情”“才”之类来加以描述，而只能用分殊的方法，透过伦理、礼仪、制度等，从四方八面一一切入解释，这是清代学术基本属性一直难以被清楚描述的主因。

清代经学研究着眼于经史文献与典章制度，经史文献是儒家“道”的纸本载体，典章制度则是“道”的实质寄托，推究其根本，典章制度即是古代群体人类共同遵循的生活仪轨，而典章制度与文化文明正是社群在历史发展中渐次创造出来的。② 清初以降，很少有儒者理解儒家经典中整体性宇宙观的重要性，这无疑是个限制。但清儒的确从“礼”的角度窥见社群分殊的事实，以礼制为核心、以语言研究为方法切入经典，遂使经典义理的繁复世界顿时显豁呈露。除此之外，戴震思想也呈现出了复杂性，他以训诂考证辟宋，以天道性理辟二氏，以义理之学对抗俗儒之经学。每一面他都有所批判，每一面他又都有所承诺。③

除了戴震等清儒以礼为核心这个突出的例子，还有另一个突出的例子，即章学诚提出了“六经皆史说”。有关“六经皆史说”的研究文章和著作非常丰富，择其要者，大多聚焦在章学诚如何理解典章制度与经史文献的关系等方面。蒋国保曾归纳出“六经皆史说”的两个特点，一是古无私人著作，六经只是先王之政典，非孔子所作，因孔子有德无位，既无条件也无资格制作政典，周公有德有位，故有能力制作政典。孔子述而不作，只是借周公旧典行教，故章学诚实取古文经学的立场，把经书中的记载当作历史看待。二是“六经皆史”意义上的“史”，主要不是指史学著作，而是意指“政典”，更具体地讲是指“政教典章”和法令制度，而不是指文献范畴内的典籍。④ 也即是说，“六经皆史说”

---

① 郑吉雄. 戴东原经典诠释的思想史探索. 台北：台湾大学出版中心，2008：349.

② 同①350.

③ 汪晖. 现代中国思想的兴起：上卷第一部　理与物. 北京：三联书店，2004：439.

④ 蒋国保. 章学诚“六经皆史”说新论. 华东师范大学学报（哲学社会科学版），2007（6）：56－57.

并非排斥经书，而是把经书中有关先王典制法令的内容用更加精细的方法加以整理和诠释。这一点张瑞龙看得很清楚。余英时当年曾提出章学诚的“六经皆史说”是批评韩愈的“道在六经”，尤其是顾炎武主张的“经学即理学”的观点，旨在打破“道”专在六经的观念，六经不足以尽道，史也是道的载体，故带有“尊史抑经”的意味。张瑞龙认为章学诚并不疑经，只不过“道”并不为六经所专有，史也有载道之功，故可称“尊史而不抑经”或“尊史为经”，目的是抬高史学的地位，将之置于与六经平等的位置。①

那么，到底什么是载道之史？在章学诚的论述框架中，有“官史”与“私史”之分。三代以上，因官师合一，史官可以垄断国家典章，故史家保留着制作先王之政典的权力，具体来说，六经就是由拥有实际权位的周公撰述的，以究大道的三代之史；三代以后，官师治教发生分离，故后来的史书均属私家著述，史家只能述而不作，经书也只能被当作史料看待，但这种所谓“史料”绝非一种材料的堆积，而是对“道”的记载的延续。

近代以来，章学诚的“六经皆史说”遭到各类趋新人物的曲释和解构，向着“贬经为史”的方向发展，因面对西方侵入的变局，作为中国制度运作之核心基础的六经已不能承担载道之功。晚清至民初的古文经学派阵营更是推波助澜，直接视经书为记载三代史事的史书，这种观点在清末民初颇为盛行，并推动了这一时期经史关系的变化，即“经学的史学化”。章太炎就根本否认经学有载道的功能，将六经视为纯粹历史记载，发展出“六经皆史学”的观点，后来又进一步演变成胡适的“六经皆史料”的看法。1936 年，周予同更是认为“六经皆史”的口号落伍了，明确应该用“六经皆史料”的说法加以替代。

经典日渐丧失其权威地位，经学日趋没落而至于终结是中国近代文化史的主旋律，其渊源即可以追溯到章学诚的“六经皆史说”。晚清以降至民国，学术界流行着一种对章学诚“六经皆史说”的独断论调，认为此说蕴含着“寓经于史”甚至“尊史抑经”的意义，具有打破经典权威的思想解放作用，把章学诚塑造成现代新史学的先知先觉式人物。章

---

① 张瑞龙．“六经皆史”论与晚清民国经史关系变迁研究．中国文化研究，2005（冬之卷）：56．

学诚的“六经皆史说”，蕴含了从“王官之学”与“百家”、“私学”分野的角度讲中国古代学术的取径与卓识。顾颉刚认为中国古籍分“经”和“子”两大部分，“经”是官书，“子”是一家之言，或者说，“经”是政治史的材料，“子”是思想史的材料，也是在发挥章学诚“官学”“私学”二分的见解。钱穆更是采用“王官学”与“百家言”对峙的观点来讲授中国学术思想史。①

问题在于，从根本而言，传统经学研究以“通经致用”为目标，但近代以来，随着进化论的涌入，尤其是五四时期民主、科学思想的传播，学术研究中的“求真”观念为新一代学者普遍接受。经学脉络和“六经皆史料”观念的形成与此不无关系。这就造成了一种令人纠结的局面：本以“通经致用”为主旨的传统经学，却用刻意反对“通经致用”的求真求是方法来研究，其结果不仅是经学的史料化，而且直接导致了传统经学的解体。“六经皆史料”视野下的经学研究正是如此。②

当年章学诚“六经皆史说”中包含的“官师合一”“治教合一”的主张在晚清今文经学家如康有为身上仍有呈现，尽管康有为晚清改制抬出的是孔子而非周公，似乎与章学诚的观点有异，但并不妨碍他继承“六经皆史说”重视沿袭先王典章制度的思想。但在近代中国学界大量引入西学资源的背景下，古文经学家如章太炎视“六经为史料”，反而解构了六经载道的传统功能，特别是瓦解了其构造政治权威的意识形态整合作用，同时也彻底解构了“六经皆史”内含的“经世”意义。

章学诚“六经皆史说”对后世经今古文两派均有深刻影响，尽管影响的方式可能不同。进而论之，像龚自珍、魏源、康有为等今文经学立场的确立与接收“六经皆史”观念并不是同步的，但是“六经皆史”的“经世”含义对他们都有很强的吸引力，对他们走向具有强烈“通经致用”精神的今文经学道路不会不发生作用。然而，在明确今文经学立场的康有为、皮锡瑞等人那里，周公集大成、孔子非集大成的观点妨碍了他们阐扬孔子独作六经以托古改制的观念，因为他们的主旨是让孔子包融西学新知、统摄东西一切文化，所以不容别有创制者，而章学诚之

① 刘巍．经典的没落与章学诚“六经皆史说”的提升．近代史研究，2008（2）：7.

② 张瑞龙．“六经皆史”论与晚清民国经史关系变迁研究．中国文化研究，2005（冬之卷）：72.

"周孔"论述，原本意在对宋学、汉学流弊均施予批评的"经世"观念，到章太炎、刘师培那里，却成为古文经学家打破今文经学家上述观念的最有力的历史根据。① 在此等变化中，经典的意义不再神圣，经典的地位每况愈下。

在清代考据学的谱系中，戴震和章学诚之所以显得有特殊地位，是因为：戴震批理学、主情欲，貌似可以把他的思想解读成具有西方"启蒙主义"的若干特质；章学诚的意义则在于其"六经皆史说"更容易被近代新史学的倡导者所曲解、利用，变成摧毁传统价值的有力武器。特别吊诡的是，章学诚倡"六经皆史"的本意表面上强调"器"高于"道"，骨子里却并不是舍"道"求"器"，而是因"器"求"道"，在近代学人的理解里却走向极端，他们干脆曲解其原意，使之变成了舍"道"取"器"，当真把神圣的经书意蕴当作史料看待。这不但彻底消解了经书的权威，而且彻底丢弃了其中与政道治道相关的内容，把一场寻"道"之旅变成了一种具有现代社会科学色彩的专门化学术讨论。

章学诚之所以引起特别注意，是因为他实在不像一个标准的清代考据学者，而更像一个不合群的学术异类，但他身上到底体现出哪类的异端品质又似乎众说纷纭，莫衷一是。比如有一位日本学者山口久和就把章学诚看作从"儒者"（confucian）向"学者"（scholar）转变的代表，对学者的定义是，"将他作为一个有别于生活感情、信仰伦理或者政治意识形态的智识活动从事者"②，大概比较接近西欧的 humanist 这个词汇所持的含义。他们从事着接近价值中立意味的知识活动，形成一种职业。他还借用韦伯在《以学术为业》演讲中提出的看法，说这种"职业化"的从业者，与派发神圣价值和神启的通灵者或先知的神赐之物有了根本区别。我虽然始终怀疑这种硬性的比较到底有多少意义，但山口观点的启发在于认为章学诚思想中包含着所谓"知识活动的主观性契机"，这是其人文思想的深层内核。章学诚区别于一般考据学者的主张是，客观的学术认识实际上也是通过由内面赋予其动机和方向的资质（天性）和感动（至情）才能成为可能，认识主体各自不同，天生具备的资质和

---

① 刘巍. 经典的没落与章学诚"六经皆史说"的提升. 近代史研究，2008（2）：18.

② 山口久和. 章学诚的知识论：以考证学批判为中心. 王标，译. 上海：上海古籍出版社，2006：4.

感动才是知识探求的原动力，他以此来反对文献绝对主义者。①

高瑞泉在为山口久和著作所写的序言里把这层意思表达得更加明确，他概括章学诚对考据学的批判意义在于，与实证主义的考据学家强调归纳和演绎的逻辑不同，章学诚重视对对象的整体把握和直觉；与考据学家强调从局部推向全体的认识路径不同，章学诚以为首要的也是最重要的恰恰是对“宗旨”的把握，这比对细部的认识有无可争议的优先性。这种方法论上的分歧与对传统的言意之辨的不同解答有密切的关联。以追求圣人之意为中心的考据学有一个毋庸置疑的前提，就是经学文本可以表达神圣的知识，而将“性灵”置于知识活动中心的章学诚却更倾向于“言不尽意”的传统。② 这是一个更具哲学意味的概括。

总之，与一般考据学家不同，章学诚在“知识论”中透露的内容更多不在“器”的技术层面，他思考得更多的是对经书中政道治道内容如何安置的问题。这就难免惹出些争议，比如有人认为章学诚思想中明显流露出“权威主义”（authoritarianism）的迹象。这是余英时在《戴震与章学诚》一书中提出的论断，山口称之为其言论中有“国权主义”的习气。证据是章学诚推崇时王，漠视先王，显然受到了荀子、韩非子等法家思想家的影响。尊周公贬孔子也是国权论者的表现之一，意思是说，正因为是先王之政典，六经才作为在先王尚为“时王”之时人们的典范而具有价值和效力。但即便是六经，它们也是时间性制约中的“史”，那么它们的价值和效力就不可能永恒不变。换句话说，拥有价值和效力的只能是各个时代时王所制作的政典。③ 因此，章学诚被认为采取了积极的态度试图为清朝统治及其政策寻找正当性依据，而“六经皆史”也被确定为这种依据的有效根据。

章学诚思想中注重时王的言论至少有两点值得讨论。一是其对清朝建立大一统意识形态有间接作用，比如他的方志学理论就可以看作清朝疆域治理方案的一个分支构想。二是其对“官言”和“私言”的区分，暗含着抑制私言流播的意向，虽不可太过刻意地认为这是在为专制张

---

① 山口久和. 章学诚的知识论：以考证学批判为中心. 王标，译. 上海：上海古籍出版社，2006：173.

② 同①序 7.

③ 同①89.

目，但难免给人感觉是对私人自由空间的侵蚀。这一点恰被近代学人抓住了，成为其具有权威主义倾向的口实。刘师培在批判古史中“有官学无私学”的现象时，明确把章学诚对周公的推崇列为周代是“专制社会”的证据，他对章学诚“官守学业皆出于一，而天下以同文为治，故私门无著述”这句话的解读是，有周一代为学术专制之时代明矣。① 可见，近代学人也对章学诚以官私之分来区别学术相当敏感。

总结而言，“六经皆史说”虽然突出了“史”的作用，但并没有“尊史抑经”的意图在内，也没有借此解构经书之权威的意念。然而，在近代学术语境下，“六经皆史说”变成了近现代学人矮化经学传统、建立新型文化权威的媒介。就现代学术的总体格局而言，对清代考据学所谓“科学方法”的推崇，以及对戴震思想、章学诚思想的再度解读，其中都蕴含相似的深意和目的，后人在研读时不可不察。

---

① 刘巍. 经典的没落与章学诚“六经皆史说”的提升. 近代史研究，2008（2）：21.

第四章 清朝文治政策研究评析

清朝的文治政策有异于前代者大致取决于两个历史因素。一是清朝乃满人所建，满人入关之前的文明程度远逊于明朝，入关之后面对华夏文化的冲击，在心理上总感到压抑难舒，汉族士人亦不时打着“夷夏之辨”的旗号，讥刺其为蛮夷之邦、不合正统。故清朝帝王艳羡汉人文明之发达，在推行文教政策时常受制于强烈的自卑感，往往对士人的某些正常言行过度追究，屡加苛酷镇压，最终造成文化事业凋零暗淡的局面。二是康熙皇帝登基以后逐步摆脱了八旗贵族分流主政的格局，权力高度集于一身，这就导致皇帝经常以一己之“私意”决定文治政策的终极走向，制衡其任意妄为的外在力量越来越少。当然，心理自卑引发的敏感焦虑也可诱导出清朝帝王勤奋好学的品格，急起直追的迫切感或可与刻厉专制的性格相互补充映衬，清朝皇帝的特殊地位亦使其复杂的个人性格极易放大演化为具体的制度安排。所以，我们探讨清朝的文治政策必须充分考虑以上两个历史因素。

第一节 对清朝文治政策的总体评价

清朝文治政策的实施首先面临的问题就是如何回应汉族士人对满人缺少文化教养的轻慢与蔑视，这是一个异族融入更高层文明需要克服自卑感的第一步。满人尽管表面上入承中国大统，逐步在政治制度的设计上模仿明朝旧制，因鼓励休养生息，经济复兴也大有起色，但在相当漫长的一段时间里，其是否有能力接续明朝正统仍大有疑问，需要持续不断地加以认证，清朝皇帝不但要说服士人，也要真正说服自己。民国初年学界流行一个说法，即清朝的文治政策起源于猜忌明代遗民志在匡复旧朝的心态，故屡兴文字狱以摧折其士气，渐渐导致学风转变，其思考的基点还是落在了满人在吸收汉人文化的过程中产生的疑惧感。最有名的例子是梁启超提出的“压抑说”，简单地说，“压抑说”是指汉人学者被清朝皇帝的文治政策所威逼，渐渐放弃入世变革的“经世”志向，纷纷改做枯寂严谨的考据学问。

梁启超《清代学术概论》里的如下表述可作为代表：“吾常言当时‘经世学派’之昌，由于诸大师之志存匡复；诸大师始终不为清廷所用，固已大受猜忌，其后文字狱频兴，学者渐惴惴不自保，凡学术之触时讳者，不敢相讲习，然英拔之士，其聪明才力，终不能无所用也；诠释故训，究索名物，真所谓‘于世无患与人无争’，学者可以自藏焉。”① 在《论中国学术思想变迁之大势》中，梁启超表示考据学派的方法从演绎到归纳已经有了科学精神的意味，之所以被引导到求索文献的道路上，就是因为“时主之操纵”，那些“论井田封建稍近经世先王之志者，往往获意外谴，乃至述怀感事，偶著之声歌，遂罹文网者，趾相属。又严结社讲学之禁，晚明流风余韵，销匿不敢复出现。学者举手投足，动遇荆棘，怀抱才力智慧，无所复可用，乃骈辏于说经”②。

梁启超把康、雍、乾三朝的学界划分为程朱“官学”与民间考据“私学”，两派相互对立，民间考据“私学”以江浙为中心。那么，到底考据学是在帝王屡兴文字狱之下被迫催生出来的一种民间独有形态，还是在帝王意志引导下产生的一个官学变种？在这个问题上，学者历来争议不断。梁启超认为，编纂《四库全书》的“四库馆”就是汉学家的大本营，《四库提要》是汉学思想的结晶体。“康熙中叶以来汉宋之争，到开四库馆而汉学派全占胜利；也可以说是：朝廷所提倡的学风，被民间自然发展的学风压倒。”③

梁启超“官学”压抑和修正“私学”导向的“压抑说”对后世学界

① 梁启超. 清代学术概论. 上海：商务印书馆，1930：30.
② 梁启超. 论中国学术思想变迁之大势. 上海：上海古籍出版社，2001：119.
③ 梁启超. 中国近三百年学术史. 上海：上海古籍出版社，2014：21.

影响甚大，但其考据学纯属民间派别，后来又自基层崛起最终压倒了作为官学的程朱之学的看法却遭到了后人的批评。

今人张涛即指出，乾隆帝保举经学，不过是懵懂感悟而已，并非特意与理学相对待。此时所谓的“经学”，即是理学，不过不是奢谈义理之理学，而是研经读史之宋学、经学、理学，这些在乾隆帝眼里实为一物，曰古圣贤之学而已，非如今人谈论学术范式形态时所区而别之者。帝王高高在上，焉能及时洞观草野学术星火之微？故不宜将乾隆初年庙堂重视经学之举纳入汉宋之争的视角进行观察。[①]

姜海军则认为，乾隆时期官方意识形态理学日益固化而江南考据之学却日益盛行，为了消弭南北经学、儒学之差异与分立，朝廷急切需要整顿思想，重新树立中央权威。为此乾隆敕命编纂《四库全书》，以此来整合南北、朝野思想之差异，通过重建统一以经学为核心的学术体系——清学，进而实现对全国尤其是江南地区的有效控制。随着《四库全书》编纂完成并颁行全国，清学成为当时普遍的学术范式，也赢得了江南士大夫对清廷的文化认同。这个看法与梁启超的看法有所不同，梁启超觉得江南汉学纯属与中央官学相对立的民间学派，姜海军则以为《四库全书》的编纂不是民间学派的胜利，而恰恰是官方学术权威成功进行统合控制的结果，最终弥合了官私、南北思想乃至朝廷民间儒士之间的巨大分歧。实际上，在此之后，江南汉学融入官学体系成为学术主流。

清廷借助《四库全书》的编纂重新梳理知识资源，借势整顿江南的思想文化，重建新的价值体系、学术范式，为中央、地方的儒士阶层确立全新的学术思想发展模式，以此来规范、强化江南士大夫对清政权的文化认同。《四库全书》编纂是清初以来官学理学、地方经学竞相发展的必然结果，更是清代中期思想文化与政治一统的必然产物，最大限度地实现了南北、朝野思想的基本整合。因此，它不仅是一项文化工程，也是控制江南地区的政治行为。清学融合了汉学、宋学两种范式，是二者的融合体，它的产生在某种程度上实现了清朝思想文化的大一统。[②]

---

① 张涛. 乾隆三礼馆史论. 上海：上海人民出版社，2015：284.

② 姜海军. 清中期南北学术的分立、一统与《四库全书》的编纂. 史学史研究，2016（2）：19-21.

与一些只关注清廷某项具体文化举措的研究有所不同，叶高树的《清朝前期的文化政策》从整体上探讨清朝文化政策，是到目前为止探讨得最为详尽的作品。在为叶高树此书所写的序言中，王家俭概括叶高树的研究采用的是政治文化（political culture）的方法，举凡社会伦理、学术思想、政法体制、宗教信仰，乃至统治者的世界观及治国理念，均涵盖在内。叶高树的研究从“征服政权”与“中原政权”二重特征的角度切入，用大历史的眼光，分别就统治意识、汉籍满译、官修史书、思想控制、编修群书及国语骑射六大主题，对清朝前期的文化政策做出了长时段（the long duration）和总体性（holism）的宏观透视。

叶高树对“什么是文化政策”这个问题有一个定义，他说虽然古今中外对“什么是文化”众说纷纭、莫衷一是，但无论从何种角度做出判断，所谓“文化”，其基线（base line）大体不脱以生活方式的共识为基础，以行为准则的确立为目标，并据以凝聚而成的具体价值观。统治者试图以专制的力量，塑造符合国家需求的集体价值观，或制定引导集体价值观走向的诸多措施，便构成了所谓的“文化政策”。清朝的官方文献中并未出现明确的“文化政策”字样，常以“文教”或“教化”来表示。满洲统治者选择了汉文化作为帝国的主流价值，同时亦欲维持本民族文化于不坠。至于文化政策背后的统治意识，当与满洲政权在形成、壮大期间不断与周边民族发生文化互动，而统合成以满洲为中心的多元文化特征有关。因此，探讨清朝的文化政策，又必须兼顾民族关系与民族政策，才能对问题本质的厘清有所助益。①

此书所指的清朝文化政策包括：以民族关系与文化互动为中心的统治意识，以了解汉文化为目的的译书事业，以教化臣民为取向的官修史书，以确立学术正统、监督宗教信仰、限制政治言论为手段的思想言论控制，以编定群书为途径的文化统治，以维护民族文化特质为使命的“国语骑射”，等等。叶高树借用“结构功能分析”（structural functional

---

① 叶高树. 清朝前期的文化政策. 台北：稻乡出版社，2002：2. 高翔业已指出，概括清朝的文化政策，比较稳妥的说法应当是“文治”。“文治”是中国政治的常用术语，指的是政府对社会精神生活的建设与引导，具体说来就是文化教育的发展与典章制度的整理。政府对儒家学说的继承与发扬程度，普通臣民对儒家纲常伦理的接受与遵循程度，是传统士大夫衡量一个时代文治状况的重要标准。而文治之内容，就是以思想控制为核心的文化建设。（高翔. 近代的初曙. 北京：社会科学文献出版社，2000：53－54）

analysis）的观点，将文化政策视为促成帝国体系稳定和谐的环节，各个政策在功能上则有相互关联的特质，且有助于帝国的持续运作。他的目的是以族际关系理论为基础，在民族文化的生存空间与族群文化的重构趋势两大脉络中来观察清朝前期文化政策的形成及发展，再延伸到满洲君主统治帝国的策略。

在研究方法方面，长期以来，史学界探讨满洲君主统治中国的切入点，基本上可以概括为“征服王朝”（dynasties of conquest）理论与“汉化”观点两大主流。“征服王朝”理论凸显出征服者的自我意识，“汉化”观点则标举突出异族统治下汉文化的价值，这两种观点各有所重，也各有一定道理，可尝试将之视为问题的一体两面。对于以异族身份统治中国的满人而言，保持民族特色与学习、接纳汉文化并无矛盾之处，因为政策的主导权始终操纵在统治者之手，清朝统治政策实兼具本民族意识的“征服政权”特征以及汉文化内涵。

如果仔细观察清朝前期历史发展的趋势就会发现，时间越往后，“中原政权”的特征似乎越明显，就统治政策的制定而言，自始至终“征服政权”的特征都未曾稍减。满洲统治者特别注重汲取历史经验，他们一方面从辽、金、元三朝的征服历史中寻求统治中原的借镜，另一方面则在汉人王朝的历史传统中探索长治久安之道。这种二者交互为用的统治意识，非以单向思考为主轴的“汉化”观点，或是注重二元并立的“征服王朝”理论所能完全涵盖。唯有将“征服政权”与“中原政权”两大特征结合起来，视二者同时并存且同时呈现，并因实际需要随时调整策略运用，再用以检视若干政策的拟定与执行，对于清朝前期的文化政策始能另有一番新的诠释。①

叶高树特别举出清朝的宗教政策予以评析。他的看法是，统治者为寻求政权的稳定，在拟定宗教政策的过程中不能过于凸显个人的好恶，以免引发不必要的纷争，而满洲君主即充分掌握此一平衡技巧。满洲政权建立统治是基于与蒙古族的联盟，同时对新疆和西藏地区的多元宗教信仰采取包容与扶持的态度，以维系王朝内部各族群之间对清朝统治的向心力。其制定宗教政策的基本底色，又建立在代表“中原政权”特征的崇儒重道的正统观念之上，凡与之相抵触的言行均会被斥为左道异

① 叶高树. 清朝前期的文化政策. 台北：稻乡出版社，2002：14.

端，最终形成黜邪崇正的施政方针。康、雍、乾三帝对各类宗教采取了不同的治理态度：对释、道二教以尊崇与限制为主；对民间秘密宗教以打击与禁止为先；对藏传佛教以怀柔与利用为要；对伊斯兰教以宽容与防范为念；至于天主教，则既不排斥也不鼓励，唯督抚却屡请严查，因而出现了中央与地方在治理态度上的落差。除了以黜邪崇正为基本原则外，康熙帝采取了“因俗宜民”与“各行其道”的方略。乾隆帝强调的是“修其政不易其俗，齐其政不易其宜”，带有因地制宜的特色，反映出文化政策灵活与务实的一面。

至于清朝早期以文犯禁案件的频发与清帝的处理策略，表面上是政府控制言论的手段，其背后更深一层的意义则在于限定臣民文化活动的范围。值得注意的是，清朝管制言论的反应虽特别敏锐，手段虽极为残酷，然却是“征服政权”对“中原政权”传统统治技术的继承，并将其扭曲放大，遂形成恐怖统治的氛围。正因为满洲君主有强烈的维护政权的危机意识，故“文字狱”的发生频率最高、株连对象最多、惩罚程度最重。“文字狱”更是传统王朝君主统治技术的展示、臣僚相互排挤的计谋，甚或沦为小民挟怨报复的途径。

叶高树考察清朝前期征书、禁书与编书三项政策的演变过程，发现在满洲君主主导书籍政策中所扮演的角色呈现出多面性的特征：征书时是文化的保护者，禁书时是文化的专制者，编书时则是文化的赞助者。为了追求“文治”，他们以保护者与赞助者自居，以示其“恩”；为了谋取巩固政权，他们另以专制者的姿态出现，以显其“威”，并以极为灵活的角色转换达到文化统治的目的。①

在乾隆帝的文化政策中，编纂各种大型类书是一项重要内容，其中编纂《四库全书》的手段是“寓禁于征”，即打着征书旗号筛选对王朝有害的书籍予以清除。此举固有保存古籍之功，却因筛选标准多揣以上意，对凡涉满人入关之前史事及宋明以来“夷夏之辨”者均采取极度严苛的处置态度，其毁灭文献之罪恐大于其积累文化之功。故有人断言“古书之湮没者，固赖此举而复彰，而明人著述之极有关系者，又因此举而销毁焉，高宗于保存文献上虽不无功绩，而于摧残文化之罪，固亦

① 叶高树. 清朝前期的文化政策. 台北：稻乡出版社，2002：325.

难逭也”①。

乾隆帝禁书不仅毁版烧书，还想禁断私藏和公共流通渠道，据称效果相当明显，但也有人对此提出质疑，卜正民即从印刷文化的角度对明清的国家图书检查与图书贸易的成效再做评估。他提醒人们注意，清初发达的图书印刷业和广阔的图书贸易市场使皇帝很难完全控制与消灭违碍书籍的收藏、流通、扩散。清朝皇帝缺少英国君主在查禁图书时与全国性的出版商联合体合作这一制度优势，只能求助于官僚组织，而官僚组织在从事图书查禁任务时效率低下，说明它或许不是进行文字查禁的合适组织。因此，对已经在商业网络里大量印刷或重印并广为传播的大多数违碍书籍而言，“文字狱”这种特殊的政治运动并没有给予其毁灭性的打击，图书印刷业依然以它特有的方式作用于历史，皇帝虽然恐惧却无法改变这种现状。这说明明、清两代皇帝或官员个人的所谓图书检查行为并没有构成现代意义上的国家图书检查制度。②

在一个急遽商品化的经济体系里，真正的困难是国家控制图书贸易的手段相当缺乏，烧毁收缴上来的私人藏书并不能解决根本问题。在传播领域里禁绝这类书籍的唯一途径是在出版和发行环节进行干预。明朝的国家机器没有职能执行这样的任务，只有到了乾隆帝动用被通称为“文字狱”的查禁手段时，图书贸易的能量才完全进入国家视野，尽管后来证明其亦非国家所能掌控。③

卜正民认为不应限于从文字狱的意识形态禁抑角度进行观察，而应该在书籍生产技术和政府监督能力的关系中审视 18 世纪中国的图书检查。乾隆帝意识到除非刻板被发现和摧毁，否则禁书措施会毫无建树。他三番五次下令四处收缴成书刻板予以销毁，经常告诫臣下不但要注意原刻板，而且要估计散布于其他省份的重刻板。这些刻板可能存放在作者或其后代的家里，有时会保留在学生和信徒手中，也有可能流落在书商手上。

乾隆帝缺少 16、17 世纪的英国君主在查禁冒犯性作品时所享有的一项优势，即来自一个有组织的出版商联合体的合作。1556 年，

---

① 郭伯恭. 四库全书纂修考. 北平：国立北平研究院史学研究会，1937：5.

② 卜正民. 明清时期的国家图书检查与图书贸易. 史林，2003（3）：90.

③ 同②94.

玛丽一世同意成立几乎所有参与伦敦书籍交易的人必须隶属的书商公司，并为了王室的利益设立执照制度，用来委任以查禁不法与异端图书为职责的相关人员。没有事先从该公司获得许可证的书籍出版，必定受到谴责。中国不存在类似的组织结构，某些印书商经营连锁型书铺，但他们只局限于某个地区，而且他们给予其分支经营者相当大的独立经营权。中国商人确有同业公会之类的组织，但这些组织顶多包括了仅在一个城市从事一种行业的成员，有时成员局限于籍贯同属于一地区的人。

乾隆帝唯一能够左右出版界的是官僚组织系统，官员负担着搜寻不轨图书并将之运送到京城的重责，他们若没有达到令人满意的程度就会遭到惩罚。因此之故，文字狱的受害者中，那些因懈怠而被治罪的官员往往多于被指控为叛逆的学者，文字狱的灾祸落在那些负责辨认不法书籍之人头上，说明官僚机器是进行文字检查的无效率组织。所以，应该更多从图书贸易方面审视当时的文字检查，而不是一味地将之归咎于满洲统治者的思想警戒和乾隆帝关于其政治合法性的过度臆想症。

没有现代监督方式，清朝的国家机器只能漫无边际地动用它的官吏来辨别和上缴所谓的违碍书籍。对这些书籍而言，特别是那些尚未付印的手稿，一旦落入文字检查的虎口，对书籍本身和作者而言都是致命的不幸，但对那些已经在 18 世纪的中国商业网络里大量印刷并广为传播的所谓违碍书籍而言，这种特殊的政治运动并没有给其带来毁灭性的打击。图书印刷业依然以它特有的方式作用于历史。乾隆帝恐惧它，却无力改变它。①

卜正民的观点代表着新文化史研究对印刷业和出版史的重视趋向，但其因过分强调图书商业市场的发达对官方禁书行为的制约作用，从而忽视了乾隆帝的个人意志对官场规范的有效控制能力，也低估了查禁违碍书籍对士大夫阶层心理压抑的严重程度，故有剑走偏锋的嫌疑。

---

① 卜正民. 明清时期的国家图书检查与图书贸易. 史林，2003 (3)：104.

第二节 政统与道统之争：皇权与士大夫的心理博弈

清朝的文化政策或者说文治政策的出发点大致蕴含两层意义：一是要尽快汲取汉人的文化经验，融入文明发展的主流；二是要尽量保留满人的传统文化遗产，避免被完全同化而丧失原初的进取精神。二者实际上是一体两面的关系，却隐含着冲突和张力。汉人文明以儒家文化为基调，历来讲究道、政分离，儒家精英拥有道统，素持教化众生的威望，皇帝拥有政统，是行政治理的领袖。宋代以后，儒家更有“格君心”的责任，即通过提升帝王的道德意识而获得“师”的尊崇地位，并由皇帝这个至尊原点出发推及众民，形成连贯扩散的统治秩序。虽然宋儒的设计大多仍属理想状态，政统的重要性和控制力远高于道统，但至少在形式上政、道分治的格局仍是宋、明两朝的立国基础。入清以来，情况却发生了很大变化，从康熙帝到乾隆帝，帝王均致力于集政统、道统于一身，文治秩序也随之发生改变，上涉君臣关系，下涉基层文教格局。故政统与道统之关系的演变始终是学界关注的焦点。

黄进兴对清初帝王促成道统与治统合一的过程有细密的梳理，他的问题意识基本延伸了余英时在《古代知识阶层的兴起与发展》中的思路，强调古代士人对道统的拥有，同时在宋代凭恃道统对抗政统的态势，即所谓以“道”抗“势”，获取自己的尊崇地位。对士人思想力量的强调自然与唐、宋以后儒家构造出的道统谱系有关，儒家早期传统一直突出孔子的“素王”身份，与具有帝王之位的政统一系形成二元并立之结构。因“三代”是“治教合一”，春秋战国“礼崩乐坏”，原来使用于上层的礼乐失落到基层，孔、孟以民间教师的身份持守古礼而不坠且将之传播于庶民阶层，孔子因无位而与政统分离，这种既对立又互渗的二元结构一直是士人阶层制衡皇权的身份基础。“德”“位”难以两全，只好采取分工合作的策略，皇权掌握驭民之术，士人负起教化之责。统治阶层虽然仍旧是“治教合一”，但实际上帝王与士人各司其职、合而治之。

“治”（政刑）、“教”（礼乐）分殊的状况一直延续至清朝以前。康、雍、乾三帝刻意打造“圣君”形象，衔接治统与道统的政治理念，无形中使二者汇聚于皇权制约之下，清帝不仅是治统的拥有者，亦变成了道统的守护神。清帝更加主动地介入文化与思想的传统，致使皇权变成政治与文化运作的核心，而统治者遂成为两项传统的最终权威。① 在康熙帝以前，专制政权的发展主要是从制度方面做出调整，以达到独擅政治权力的目的，但专制权力若欲获得完全的伸张，则必须僭取以道统为象征的文化力量，在帝王“治道合一”规划的压力下，先秦以降，以道自任的士或活跃在宋明儒学中道统继承者的观念顿然失去批判政治权威的作用。

从另一个角度观察，清初几位帝王对儒家的态度是有差异的。总体而言，他们对儒家理念的采用和与士人阶层相互为用的表现均属于政治策略，并不一定表示他们对儒家学说真诚信服。大致而言，康熙帝于儒家具有深刻的体验，相反，雍正帝似乎仅止于权谋的应用，而乾隆帝则介于二者之间。他们的主观意愿纵然有别，但其客观表现却颇为一致。在中国的政治史中，结合道统与治统是专制政权发展的最终步骤。②

为彰显“治道合一”的成功，清初帝王对道统的具体象征孔庙极为重视，与之相关，孔庙作为制度化的道统必须获得统治者的认可与支持，清初三位帝王皆善于利用孔庙礼仪来表达“治教合一”的政治手腕，清代帝王还以增加从祀数目以达控制士人思想之目的。清代末叶［从道光二年（1822）刘宗周从祀，迄宣统二年（1911）刘因从祀为止］在短短不到九十年间，竟连下从祀诏达二十二次，从祀者则有三十一位之多，为历史上所仅见。整个清代从祀制通采“有则加勉”的政策，致无一人遭受贬祀。

另外，清廷垄断孔庙礼仪却极为彻底，孔氏后裔孔继汾因整理孔氏家仪，所述礼仪与《大清会典》不符，遂惨遭整肃，处境悲凉。③ “治道合一”策略对清朝士人的心态有很大影响，即如李绂这般以敢言、不畏权要著称者，始终未敢以道统代言者的观点批评或规劝皇帝，这和他

---

① 黄进兴. 优入圣域：权力、信仰与正当性. 修订版. 北京：中华书局，2010：93.

② 同①95.

③ 同①249.

在学术思想上与程朱学派力争道统的态度极不相称。事实上，这正反映出以康熙为代表的政权意识形态已将道统与治统结合在一起。统治者变成政治与文化上的权威。①

有论者仍把清朝帝王立正统之举视为维系满洲利益的重要步骤，因为满人以异族身份入主大统，本身与宋、明一系汉人政权的制度与文化根基有别，《公羊》以“王者大一统”“君子大居正”二语揭橥尊王攘夷之说，逐渐进入中国政治思想核心，扰攘不绝。历来华夷之辨，虽文化意义多胜于种族之别，但二者毕竟各有取义，彼此不能相代。文化虽可由种族融合而存，但亦可因种族战争而衰。任何一个王朝，若不能被承认为正统，即无法获得充足的统治信心，驾驭时代舆论走向。有清一代，大一统远迈汉、唐、元、明，但正统之争反较历代为烈。历代争正统多在士大夫学者之间，清代则不然。清初学者论正统者虽多，但终因高压淫威而后继乏人。与此相反，康、雍、乾三朝帝王，皆不惜天子之尊，口诛笔伐，连篇累牍，蔚为奇观，似非如此不足以攘正统为己有。其中玄烨于康熙五十六年（1717）作长篇面谕，首倡“自古得天下之正莫如我朝”，直欲居历代正统之最，承前启后，实为有清一代最为重要之政治纲领。②

康熙帝争正统的历史叙述并非基于取代明朝而是基于应明朝之邀，平复闯王之乱，打的是为朱家君父报仇的旗号。康熙帝早年接触儒学，似一度信奉治统出自道统，承认道统之存又在儒家经典。但他毕竟于为学伊始从事的就是“帝王之学”，而自中年至晚年，他的所谓“真理学”不仅彻底沦为帝王之术的缘饰，而且成为反儒学之利器。康熙帝最关切的问题是如何维持祖宗家业于不坠，他政治活动的全部内涵，归结到极致，即保持满洲贵族在政治上的绝对支配地位。有清一代的极端专制、秘密政治，史家多以为始于雍正帝，实则清初的民族征服即显示出这一特征。然而，将专制集权政治与学术专制相糅杂，并得以“宽仁”相标榜，则无疑成于康熙帝。如果这一结论成立，那么我们就可以说，康熙帝晚年大力为清朝争正统，宣扬自古得天下唯清朝最正，同样源于政治

---

① 黄进兴. 优入圣域：权力、信仰与正当性. 修订版. 北京：中华书局，2010：81.

② 姚念慈. 康熙盛世与帝王心术：评“自古得天下之正莫如我朝”. 北京：三联书店，2015：162－163.

上的专制独断，而并非基于他“真理学”上的发明。①

姚念慈视清朝立正统是专为满洲贵族利益服务，是康熙帝玩弄权术最根本之目的所在的看法不能说没有一定道理，但评价康熙帝过度采用道德评判之方法，且局限于“夷夏之辨”中“种族”含义之一翼，又把清朝治术的复杂性一面简单化了。满、汉冲突确实是清朝有别于前朝的一个重要特点，但无法就此涵盖清朝统治的所有方面，更不可将维系满人之特性作为其树立正统的唯一理由。其实，康熙帝以后乾隆帝所采之治术就远为复杂多样，如他对杨维桢《正统辨》的持平态度已不倾向于从辽金的祖源认同入手维护满洲利益，而是更加关照满、汉融合的“大一统”整体格局，这一点似不可忽略。

以往学界多持一种看法，那就是清朝帝王学习儒家文化只是汲取、借用其内容，以权术攘夺其道统，并未形成自己独特的文化观。邓国光不同意这个简单论断，他提醒说，清朝帝王经学一向被学界所忽视，以为只存在考据文本的士林经学。实际上清朝定鼎之后，对文化采取因势利导之策，施政效果远在明代诸帝之上，保种保族的“夷夏”意识除了一些零星呼声外，已难成气候。但清代帝王以异族身份入主中原，十分敏感于文化上的巨大差距，这种敏感会造成潜在的精神焦虑（anxiety）：一方面急于全盘认识或吞噬整体异种文化，释放潜在的心理威胁；另一方面则疑心重重，不断制造“异己”，然后痛加打击。清初至乾隆时期愈演愈烈的文字狱皆由此焦虑心态而生。康熙帝吞噬汉族文化的精慎刻勤，为清朝之前所有汉族帝王所不及，原因即在于此。②

邓国光的贡献在于弄清楚了治统所属的经学取向与汉族儒士的经论之间的差别，而康、雍、乾三帝对经学、道学的态度也差异很大。康熙帝正因为有急于吞噬汉族文化的野心，故多用“兼采”的态度，不存士人汉宋对立的门户之见，故对“尊朱”的解说别有一番意境。朱子的“皇极”义中要求君主德仪天下，为之君，亦为之师，康熙帝对此亦早有自觉，把治统和道统完全结合。后人称道顾炎武携书远行，若论读书

---

① 姚念慈. 康熙盛世与帝王心术：评“自古得天下之正莫如我朝”. 北京：三联书店，2015：248-249.

② 邓国光. 康熙与乾隆的“皇极”汉、宋义的抉择及其实践：清代帝王经学初探//彭林. 清代经学与文化. 北京：北京大学出版社，2005：115.

之勤，手头无书则向臣下借书，康熙帝的读书癖好一点不输顾炎武，这也是他成就君师合一之地位的必要条件。康熙帝对敢于以道统自任者如熊赐履展开激烈批评，因熊赐履做《道统》一书走的仍是士人独自持守道统的老路，以致如李光地这类人物均不敢再称自己以“道”经世。康熙帝尊朱子而兼重汉族士人经义，致力于《洪范》一文中“皇极”含义的诠解和践履，同时身履“圣人”之境，则把汉族道统的核心精神完全承继过来，一生体现的是最正统的汉族文化精神。康熙帝借此已把汉族文化全盘“吞噬”，心理的威胁基本上完全消解了。这是清初顺、康朝帝王经学的指向和内在意义。处于狂噬异种文化的强权形势下，一向依附政权行道济世的士族经学不可能也没有力量违逆时势，如果仍然辨汉、宋，立门户，顺、康二帝当然无法接受。

雍正帝与康熙帝的巨大差别在于：康熙帝所悬的是“内圣外王”，尚顾及士人道统之一面；雍正帝所举的是“宰世经物”，多从实用功利层面立说，如果有文化关怀的话，也离不开要即时见效而同时利于政事的要求。

乾隆帝的作为又有自己的特点，乾隆帝在登基后的第六个月便下旨修《礼经》，认为康熙已修了《易》《书》《诗》《春秋》，唯独缺《礼》，这透露出乾隆帝要超越其祖父的野心。又一层含义是，康熙行朱子“皇极”义，先在自己身上做功夫，以身作则，政教之原全系帝王的道德，而不是外在的帝势。这多少沿袭了理学“格君心”的思路，“道”“治”的根基尚在于“道”自身的完善，只有如此方能推己及人。而乾隆帝强调“五经”为原，侧重点完全外移。“五经”被当作政教的象征、皇权的符号，乾隆帝之所以急于修纂《礼经》，其真实目的不是像康熙帝那样从经筵中寻求治道，而是要建立完整的皇权符号，这也是以皇权为自身的考察重点，而不是对学术的真正关怀。康熙帝一生多提理学或道学，《清圣祖实录》罕见用“经学”表述学问。乾隆帝登基伊始便多次使用“经学”一词，可以断定是刻意的。讲“经学”自然移离朱子，也移离康熙帝庞硕影子的笼罩。朱子“皇极”义是康熙帝的权力符号，而乾隆帝则以“五经”的“经学”为权力的图腾，这对于士族经学的发展进路影响之大是可想而知的。汉、宋儒者欲借发挥经义以影响皇权的

“经世”思维，至乾隆帝即被无情遏断。[①]

朱子以内、外区别义和礼，义由内生，礼自外作，义、礼的相对地位则显示出义重于礼，礼随事生，属末，义由中出，心为主宰，自然是本。朱子这样讲儒道，对乾隆极为不利。“礼”是乾隆构筑一个完满而尊威的皇权符号的象征标志，所以修《三礼义疏》以体现自身的优越性。对乾隆而言，这象征性的“礼”具有无比重要的意义。朱子的讲法不破，礼的位置便会隐而不彰。[②]

对于乾隆舍朱子而趋礼制，必须强调的是，他只是在构造和护持皇权的绝对权威符号上放弃朱子，但对士子仍提倡读朱学。如果深入辨析其反驳朱子的言论，就会发现他只强调朱子的理解未到位，尚差一间，未尝贬低其人，这“一间”由乾隆亲自接上。他驳朱子是表现自己的识见高出朱子、超越朱子，而不是否定朱子。[③]

帝王经学是清代经学的组成部分，士族经学深受帝王经学的影响。顺、康兼采汉、宋而尊朱子，其时的士族经学亦以辨文本真伪为主，重点不在辨汉、宋而立门户。雍、乾重实效，侧重“经”的政教功能，以自树君威，“经世”之业唯帝王独行，士族经学唯剩考据文本一途，所以转入文字训诂的“小学”。把帝王经学纳入清代经学的视野，清代经学才是完满的，左右时代的康熙、乾隆既是人君也是经师，他们在位时间长，对学术投入了前所未有的关注，在他们身上经世得以实现。这两朝的学术尤其是经学，都烙下了他们的精神印记，若撇去帝王经世经学一系，唯剩下士族经学，只余辨伪与小学，则经学的整体面貌便不能如实彰显。[④]

张涛在“帝王经学”的界定上呼应了邓国光的说法。在张涛看来，帝王经学或称官方经学、殿堂经学，首先是一种定位，即指朝廷出面整理经说、编纂经书，与在野者的私人行为不同，其间虽有纂修人员起自草野，或有议论同于私说，但因其已代表朝廷，自然不便等而观之。帝王经学也是一种定性，即富有意识形态意味。经学本有教化功能，虽在

---

① 邓国光. 康熙与乾隆的“皇极”汉、宋义的抉择及其实践：清代帝王经学初探//彭林. 清代经学与文化. 北京：北京大学出版社，2005：135.

② 同①140.

③ 同①146.

④ 同①150.

野之士所作，亦关乎世道人心，而官修之书，尤借帝王势力自高身价，其学术水准或有高下，时空影响或有大小，而论其目的与意义，不论是否实现，都与寻常著述有别。强调官、私不同，非谓二者毫无联系，完全独立发展，而是强调其前后相接，彼此纠葛，交相辉映，从“帝王之学”概念出发，突出官、私分野，才能使之得以显露，经学史上的重要议题如今古文与汉宋之争，才可别开生面。如果忽视官、私学术分野，纯以线性视野观察学术史，则难免错认乾隆帝王之学为乾嘉学术之先导。既往清学史研究泰半落在民间私学一边，虽能抓住学术重点，但从历史发展观之，终究偏而不全，有碍于全面理解学术整体。此一情形，与近代知识体系对帝王学术评价较低有关，致使官方学术脉络遭到忽略。①

乾隆在以经术为治术上到底投入了多少精力，张涛的看法与邓国光的看法有所不同。张涛觉得古来帝王多欲以经术为治术，然就乾隆一人一生而言，于史书编纂用功尤勤，但对官修经书之重视似远在乃祖之下。乾隆朝纂修经籍，数量约与康熙朝相等，而修史频次则大大超过康熙朝，几乎占顺治以来官修史籍的四分之三。相较而言，《三礼义疏》虽是其即位以来的首部官书，乾隆于此却重视不够，致使《三礼义疏》仅占帝王经学之名，而无帝王经学之实。② 这与有些学者认为《四库总目》批判“理学”完全代表了纪昀和士大夫观点的看法有相当大的区别。③

关于康熙掌控“道”“政”合一之局究竟到了何种程度，历来说法不一。在我看来，他对道统须依附政统的强调有一个渐进的变化过程，“经筵”进讲之形式的转变就可对此予以说明。康熙对儒家经典的痴迷，历代帝王难出其右，从康熙十二年（1673）开始，经筵进讲从间日进讲改为每日进讲，居然坚持了十五年之久，密度之大令人惊异。最重要的是经筵讲法在形式上前后发生了巨大变化。康熙不单把经筵日讲当作学习汉族经典的手段，而且最终把它改造成训示汉族臣子的一个逆向互动仪式，同时使讲官和帝王的教化角色开始发生严重颠倒。康熙十四年

---

① 张涛. 乾隆三礼馆史论. 上海：上海人民出版社，2015：289.

② 同①290.

③ 周积明. 文化视野下的《四库全书总目》. 北京：中国青年出版社，2001：65－70.

(1675) 下谕，除讲官进讲外，增加康熙“复讲”这一环节，以便相互讨论。这是以往历代经筵讲习中不曾发生过的现象，昭示着开始改变士人原初教化帝王的尊贵形象。康熙十六年 (1677) 又提出改“复讲”为自己先讲，也就是说任由康熙或讲全文，或讲其中一节，然后再由讲官进讲。这样一来，帝王和讲官的角色就被彻底颠倒过来。更大的危险是，经筵讲官不但失去了对儒家经典的权威解释力，而且极易不知不觉地变成帝王意识和思想的修正者、补充者，而不是思想灌输者。①

有学者注意到乾隆朝后三十年的文治政策“蹈虚”多于“务实”，其后期立言至少有三个思想特征：其一是大唱高调的道德理想主义，习惯以“心”“执中”及理欲、义利等圣贤道德来研判经义与品评人物；其二是强调下位者的道德义务，对臣属、士人始终不敢信任，而防乱民远甚防山川之险；其三是弃平实而务玄虚，即使面对理学宗师朱子，也敢于说理、说欲、说心、说境、说形上，显示出高度的自信。王法周发现，《清高宗实录》中“养教”二字只在乾隆初政时期出现过一次，而“教养”二字出现的次数却不计其数，含有“化民”“教民”“导民”“孝治”等大量反复宣示教化的谕旨均频繁出现于乾隆朝后三十年。可见，乾隆有着较明显的以教为治的心理倾向，总是喜欢利用极为强势的意识形态向民间渗透。《清圣祖实录》中“教养”二字绝大多数针对的是蒙古这个非汉民族，说明康熙自任有资格教育、驯化蒙古人，但却没有充分的证据证明他有驯化汉人的自信。或者他认为，汉人文明成熟，已经不存在所谓的驯化问题。据此可以认为，以康熙之才略也没有充分的自信来教化汉族士人，而到了乾隆时代，帝王做天下教主的自信心可谓是相当强大了。②

道统、文统与政统之冲突、矛盾，在乾隆时期同样变得更加明显，沈德潜晚年先遇恩宠后又遭贬斥就是个明显的例子。在乾隆朝的特殊语境下，文学与政治的关系实为文统、道统与政统之纠葛的表现，沈德潜的遭遇又是对乾隆之理学、道统观的另类注解。沈德潜晚年失宠，从表面上看仅仅是因为《国朝诗别裁集》收录了钱谦益、钱名世等人之诗，

---

① 杨念群. 何处是“江南”?：清朝正统观的确立与士林精神世界的变异. 增订版. 北京：三联书店，2017：103.

② 王法周. 乾隆皇帝及其王朝后三十年的政治文化生态. 史林，2013 (4)：75.

被乾隆下令删改重刻。在《国朝诗别裁集》的序言中，乾隆指斥沈德潜违反了其素昔主张的“诗教”，收录了在他心目中品行不端之人的诗作。但沈德潜坚信其所编选的诗集正为其诗学思想之体现。沈德潜论诗主“格调”，宣扬温柔敦厚之诗教，而忠君爱国被认为是儒家诗教之核心。故沈德潜所张扬之“格调”与明朝前后七子之“格调”名同而实异。沈德潜之“雅正”审美理想，既是对朝廷所倡导的审美风尚的响应，亦是对风雅诗教的主动回归。

在沈德潜看来，遗民诗人的家国之思、身世感慨，所体现的正是温柔敦厚之诗教。其《国朝诗别裁集》之编选，亦是其“因诗存人，不因人存诗”原则的体现。沈德潜欲超越社会政治而谈诗，然文学终将无法脱离政治，其所倡者为纯粹之诗教，而诗教实与政教紧密关联。沈德潜诗学中潜在之矛盾，在《国朝诗别裁集》之编选中得到充分体现，亦正是此矛盾引起乾隆之怒。①

沈德潜之所以将这些被朝廷贬斥之诗人的诗收入诗选且置于前列，并非故意违背朝廷之意旨，也并非如乾隆所指斥的违背了素昔主张的诗教。在沈德潜看来，这些所谓的“贰臣”特别是遗民诗人的家国之思、身世感慨，正是温柔敦厚之诗教的体现，恰可教时人忠孝之理于太平之世，对清朝统治之巩固有利而无害。乾隆出于对汉族文人之芥蒂，无法揣摩出沈德潜对儒家诗教之深意的理解，终于酿成文字大狱。在我看来，乾隆并非不解“胜朝遗民”之心思，处置沈德潜是其政治权谋的两面性之体现。他一方面通过修《四库全书》删削史籍，另一方面又通过旌表明朝遗忠，撰《胜朝殉节诸臣录》及编纂《贰臣传》甄别忠伪来确立忠诚标准。

不以人存诗，自然也就不因人废诗，沈德潜引以为豪的正是《国朝诗别裁集》不涉政治，为一纯粹诗选，之所以将清朝宗室成员之诗置于卷三十而非卷首，之所以称乾隆帝叔父慎郡王之名允禧，亦本此编辑原则。沈德潜本以为乾隆自命风雅，而又与其诗文唱和，当对其所选之诗赞赏有加，但实则乾隆写诗作文本为政事之余，甚至即是政事之一部分，于关键之时，当然首先注意其政治效果。沈德潜的遭际，可以视为

---

① 李明军．文统与正统之间：康雍乾时期的文化政策和文学精神．济南：齐鲁书社，2008：18.

帝王干涉文事、文学附丽于政治的另一种解读。

自康熙十八年（1679）开博学鸿词科后，戏剧创作和诗文一样发生了微妙变化，开始被用来表彰节烈、扶植人伦。这在乾隆时期尤其突出。当沈德潜在诗词领域宣扬温柔敦厚之诗教时，蒋士铨创作了一系列戏剧，以戏剧倡导儒家之诗教。蒋士铨论诗主“性情”，而其所谓性情则指忠孝节烈之情，其戏剧与其诗相通，多贯穿道德善恶之冲突，忠孝节烈等道德因素异常明显。康熙之文学观对康熙朝文学之影响更为直接，他认为诗词根底于经史，诗可以抒发、涵养性情，而为道德之助。如其《古文渊鉴序》云：“夫经纬天地之谓文，文者载道之器，所以弥纶宇宙，统括古今，化裁民物者也。”①

又如桐城派方苞之古文理论主要表现在于义法、雅洁，无论是“义法”还是“雅洁”，都既为对传统文论之发展，对文统、道统之坚持，亦为对文化政策之响应。“义”更偏于道统，具体来说是对理学道统的传承，为文章之根源目的意义所在。除“义法”外，方苞强调为文需“清真古雅”，与雍正十年（1732）所示制艺需“清真雅正，理法兼备”的规定相合。方苞曾奉旨编选《钦定四书文》，将清真雅正之标准体现于选辑之中，以古文之法论时文制艺之作，认为时文与古文相通。方苞在《进四书文选表》中说明自己选录明、清两代制艺之文的标准和目的云：“皆以发明义理，清真古雅，言必有物为宗。庶可以宣圣人之教思，正学者之趋向。”② 李明军认为，方苞之后桐城派古文理论的发展始终与科举制艺之文有着不间断的联系。古文与时文的关联，实际上是文统向世俗功名的妥协，同时使方苞后半生仕途顺遂，文名亦得彰显，其桐城派领袖之地位由此确立。③

清朝皇帝一贯给人以崇儒重教的印象，但对儒学的尊崇到底是出于内心的敬畏还是权术的运用，素有争议。如张涛就认为，清廷纂修《三礼义疏》以及纂修其他类书，文治意义大于礼治意义，与明末清初士人崇尚复兴礼治之美的理想，重新发掘、创造汉族礼仪之意并不合拍。乾

---

① 李明军．文统与正统之间：康雍乾时期的文化政策和文学精神．济南：齐鲁书社，2008：150.

② 同①226.

③ 同①227.

隆初年的所谓兴起礼治，也只不过是当日政教治理的尝试之一。这一时期乾隆君臣自诩“回向三代”，刻意整顿吏治、文教，讲礼、修礼之外，施政甚多。提倡礼学，设馆修书，均从属于此一系列举措，不宜从中割裂开来分别加以看待，似乎要对“礼”字别赋深意。① 乾隆朝前半期所办书馆，计有实录馆、国史馆、律吕正义馆、藏经馆、文颖馆、玉牒馆、明史纲目馆、会典馆、方略馆、三通馆、一统志馆等，其宣扬本朝正统与时王功绩之意味特别浓厚，乾隆早年歆羡之圣贤教化思想则变得愈发稀薄。圣贤教义被用作粉饰太平、润色鸿业之具，无论是纂修《三礼义疏》，还是后来编纂《四库全书》，纵然产生扶持儒学之作用，甚至初衷就是倾心经籍，但究其本质也不过是帝王文治之一端。

历代王朝尚文者多，而以文治概括清廷治术，一方面可以凸显满洲从崇尚武功到重视文教的转变，另一方面，清廷政策犹重帝王意志，康熙在缘饰汉化、倡导儒学的同时，对其祖宗家法之赓续与立国根基之确定均未尝或忘，并强行兼并道统，占据话语权。所谓礼制、儒术、经学，咸服从于此一最高原则，皆为文饰清廷统治而发。

第三节 文化控制与帝王心术

康、雍、乾统治时期号称“盛世”，“盛世”的含义尽管复杂，但高度集权却是其最明显的特征。以往的研究多从制度运行角度解析“盛世”之局，实际上清朝“盛世”的兴起与帝王心性乃至情感和理性的构造关系密切。只是帝王心术多属于心理范畴，表现形式幽微曲折，且史料记载稀缺难寻，即使偶有发现也因书写者刻意隐晦而难称信史，故研史者多回避不言。即如编纂《四库全书》之动机，若多从制度层面辨析其“寓禁于征”的意义，往往就显得似是而非。如果换个角度，从帝王心态视角洞悉其中隐情，则或许能辟出新境。比较早研究《四库全书》的一些学者已经意识到观察帝王深层心理之重要。如郭伯恭在《四库全书纂修考》中就把《四库全书》之作定性为：“固高宗一人之私欲，为

① 张涛. 乾隆三礼馆史论. 上海：上海人民出版社，2015：227.

其子孙万世之业计，锢蔽文化，统制思想，防范汉人之一种政治作用而已。”①

任松如继承了郭伯恭的说法，认为编纂《四库全书》“就实际言，则乾隆帝一人之私意而已”。他列举出乾隆之“私意”有如下表现：一是康熙年间坊间流传雍正与海宁陈氏易子，乾隆是汉人而非满人的传闻，乾隆欲借采集遗书的机会，消灭这类流言记载；二是清除民间对清廷宫闱之乱的谣言；三是清理民间的排满文献；四是通过编书消弭朋党之争，如用属于张廷玉派的于敏中之议开馆修书，制衡鄂尔泰一党，目的是“抑方正而奖圆通”；五是《四库全书》之编纂“具有迎合当时思想界厌宋学、厌类书、辑佚书的思想风气作用”；六是通过搜集明朝种种失德之记载，使之随古人名著共传于后世，以对比彰显清朝之德；七是出于好胜心，欲编纂规模超过《古今图书集成》的大型类书；八是出于猜忌心，开馆著书，以招守道之人，使之耗精敝神于寻行数墨中，以安其反侧。②

柳诒徵则对乾隆处理“王锡侯《字贯》案”所表现出的帝王心态有精彩的分析。“王锡侯《字贯》案”是清代著名文字狱之一。王锡侯排列孔子、康熙、乾隆圣讳庙讳，目的是提醒士人在科考及平时著述时一定要遵守避讳规则，但却因此而获罪。这件事初看起来让人颇感不解。柳诒徵对比了王泷南和海成的指控文字与乾隆谕旨。王泷南指控的是《字贯》序言内有“然而穿贯之难也”一句，意指康熙朝所编《字典》不够贯通，不易查找，编写《字贯》的目的是对此予以补充，可这个说法却有污蔑圣祖《字典》不够完备之嫌。照柳诒徵看来，《字贯》内容“于《字典》及清帝之讳崇奉至矣，乃竟以之得祸”，看上去让人不可思议，实际上这正是乾隆心机深密之处。海成等地方官欲罗织罪名，自忖从指摘庙讳不当处难以下手，遂专攻序言内所言《康熙字典》“穿贯之难”导致“学者察此遗彼举一漏十，每每苦于终篇掩卷而仍茫然”，海成在奏折中说：“圣祖御纂《字典》集字学之大备，为千古不易之书。后人因字考典，原无用其贯穿。且所收之字本诸经史，宁备无遗。其以偏旁点画分部，自可查一得一，查十得十，有何遗漏之患”，王锡侯

① 郭伯恭. 四库全书纂修考. 北平：国立北平研究院史学研究会，1937：2.

② 任松如. 四库全书答问. 上海：启智书局，1935：9.

"乃逞其臆见，转以《字典》为难以穿贯，且以《字典》收字太多，辄肆议论。虽无悖逆之词，隐寓轩轾之意，实为狂妄不法"。

乾隆的处理角度则与海成指摘的罪名完全不一样，他舍去序言不论，专在排列圣讳庙讳处着眼，其谕旨说："第一本凡例竟有一篇将先师孔子之讳、圣祖讳、世宗庙讳及朕御名字样全行排列，实属大逆不法。庙讳御名，凡为臣子者皆所敬悉，至先师孔子之讳尤众所共知，何至遍为告语。乃该犯胆敢逐一罗列，笔之于书，实系有心显斥。反明列先师之讳于前以遁其迹，此非大逆不道而何。"

那么，王锡侯反复提醒文人时时要注意避讳，不要轻易书写皇帝尊号、庙号，本是为清朝皇帝着想，反而被定了死罪，到底原因何在？经过反复推究，柳诒徵认为，王锡侯并无悖逆之论，这是王泷南、海成和乾隆皇帝都知道的事实，但要罗织罪名就有高下深浅之别。海成自以为抓住的把柄比王泷南更准，乾隆"以为海成不知古文人入罪之法，仅就序文断章取义，咬文嚼字，实亦不足以坐成王锡侯大逆不道之罪"。柳诒徵敏锐感知到乾隆内心深处的考量，揭示道："无论是书如何，吾苟欲加之罪，不患无重大名义。但究排列庙讳御名一端而论，即可坐以大逆。何必效王泷南之故智根究序文。故海成欲罪王锡侯，实不解罪之之法。高宗借此昭示天下，使知吾之天亶聪明，任何书籍，可以立定罪名。"海成最后被革职交刑部治罪。孟森说海成是拍皇帝马屁邀宠最为踊跃之人，结果反受其累，结局比其他督抚更悲惨。柳诒徵却说："（海成）而于高宗之用心，未能揭穿。甚矣高宗愚弄世人之术之巧也。"①

郭成康等的看法是，文字狱有一个重要特征，那就是仅仅因为文字的缘故而被治罪，作者并没有相应的行为。文字狱最重要、最本质的特征是：不以作者的行为方式作为主要罪证，仅仅从作品的文字推求作者的思想倾向而置之以法。在古代也确有某些案件的当事人不仅写有反对时政的文字，而且实施了意在推翻政府的宣传煽动行为，这自然不宜归入文字狱。如"曾静投书谋反案"就不应归入文字狱。又如乾隆朝中期出现的"王中逆书案"，"逆书"系八卦教的一册经卷。王中等宗教首领组织反清秘密结社，又散布举行反清起事的作品，远远超出了"思想方

① 柳诒徵. 记王锡侯《字贯》案. 史学杂志，1929，1（2）：2-4.

式”的界限，不好算作文字狱。①

思想言论问题与以推翻政府为目的的煽动罪之间的界限有时非常模糊。从清朝的大量文字狱来看，皇帝并不承认有哪件案子是单纯“以文字罪人”的，这中间固然有虚伪的成分，但也确实存在认识上的问题。雍正、乾隆总是指斥犯罪者有“种种叛逆实迹”。所谓“实迹”是否就等于我们今天所讲的“行为”呢？以“查嗣庭案”为例，雍正说治查嗣庭的罪并不是因为查嗣庭去江西典试时出的试题有毛病，如果这样做，别人就会说查嗣庭出于无心，“偶因文字获罪”，之所以杀查嗣庭是因为查嗣庭有“种种实迹”。这“种种实迹”原来是查抄查家时发现的两本日记，查嗣庭在那上面记录了对已去世的康熙皇帝的诸多不满言论。由此看来，凡是诋毁清帝或清朝的，不管有没有宣传煽动的行为，都要被视为“谋叛大逆”的“实迹”。清朝文字狱特别多，这与对“实迹”做如此强词夺理的解释实在大有关系。因此，我们考察文字狱时，千万不要根据皇帝如何说，而要看皇帝如何做。

“文字狱”的准确定义应该是：“文字狱就是因文字的缘故而构成的罪案，其形式是以文字作品得罪，与一般的建言获谴不同，其实质是当事人没有危害和推翻政府的行为，当权者或吹毛求疵，有意罗织，或仅仅根据其思想倾向而治罪。”② 康、雍、乾三朝文字狱打上了清帝的个性烙印，对于康熙的宽厚，中外论者的意见大体一致，他亲政后宽文网之禁，明遗民的作品不仅任其刊刻、流播，也没有抓顾炎武、黄宗羲、傅山等遗民的文字辫子加以治罪。雍正和乾隆均没有其父其祖宽厚平和的天性，他们父子的性格有极其相似之处，如猜忌、刻峭、高己卑人、过于自信。雍正浮躁、粗率、孟浪，乾隆稳健、缜密、阴鸷，在气质上仍有差异，但两人又同样具有很高的智慧和才能，因此都有彻底解决汉族潜在反清思想的宏愿，也都把文字狱当作完成此项宏愿的利器。③

郭成康等的结论是，文字狱这种历史现象与封建帝王所面临的政治形势息息相关，在很大程度上更决定于封建帝王的某些个人因素，诸如帝王对思想意识之重要性的认识、帝王的作风，以至帝王对政治形势能

① 郭成康，林铁钧. 清代文字狱. 北京：群众出版社，1990：9.

② 同①.

③ 同①42－44.

否做出正确的判断也会给文字狱带来深刻影响。[①]

清帝的自卑心态还反映在对实录的不断删改中。孟森称改实录一事成为清世日用饮食之恒事，长在推敲中，欲改即改，并不似前朝修实录那般尊重事实，亦毫无存留信史之意。[②] 在纂修实录的过程中，皇帝始终介入，实录合格与否，最终由其定夺，尤以雍正以前五朝实录曲笔最为严重，主要有以下数端：（1）隐讳后金与明朝之臣属关系；（2）删饰满洲落后的文化习俗，如殉葬、迷信、视妻为奴、视奴仆与俘虏为牲畜，以及子娶后母、弟收寡嫂的收继婚姻旧俗；（3）掩盖满洲上层的丑闻；（4）贬抑政敌，删改统治集团内部的倾轧斗争；（5）掩饰满人入关前对汉人实施的残暴行为；（6）美化、夸饰皇帝的言行与功绩；（7）掩饰皇帝不当或前后矛盾的言行。曲笔手法包括润饰、删减、增补、缺略等等。[③]

陈国生则运用社会心理学对自卑情结的分析解释清帝的文教和吏治政策。雍正一生最受指责的是因继承帝位而对兄弟、宗室、臣工的残酷处理。雍正的大哥、二哥被监禁致死，八弟、九弟被禁锢消籍，百般折磨，秘密处死，三弟、十弟、十四弟遭永远囚禁，五弟、七弟之子均被削去世子宗籍，宗室中或因不肯附从或因其他罪状而被杀被关、抄家流放者不计其数。这种过分做法似乎出于雍正篡位后因过度恐惧而产生的变态嗜杀心理。当时社会上播散着种种流言，说他弑父篡位，逼死生母，屠杀弟兄，淫烝父妃，卑鄙龌龊，大逆不道，给雍正造成极大的心理压力，他内心深处隐然存在一股自卑源泉，如何缓解篡位流言造成的心理紧张和自卑感一直是雍正关注的核心问题。

陈国生借助奥地利心理分析学家阿德勒（Alfred Adler）在《自卑与超越》（*What Life Could Mean to You*）一书中的如下看法来分析雍正的所作所为："由于自卑感总是造成紧张，所以争取优越感的补偿动作必然会同时出现。"雍正由于心理上有缺陷，所以必须千方百计神化自己的身份，论证取得皇位是上天有意的安排，于是持续沉溺于"天人感应"和"祥瑞"之说。这种自卑心态反映在文治政策方面就是对士人

---

① 郭成康，林铁钧. 清代文字狱. 北京：群众出版社，1990：33.

② 孟森. 读清实录商榷//明清史论著集刊：下册. 北京：中华书局，1959：619，621.

③ 杨立红，朱正业. 清实录曲笔之考察. 史学史研究，2008（3）：40－50.

态度极其刻薄，雍正一直顾忌即位不合法会成为民间确认的事实，一旦人们的议论触及这个禁区，他就会变得十分残暴，就会采取过激补偿手段来排泄心中的自卑。

雍正怀疑文人有意揭其短处是他密织文网的直接原因。文人吟诗作文，用字不慎即遭横祸，罪名大多是影射讥讪、触犯圣讳、措辞不当，实际上并无鲜明的反清思想。① 雍正朝的重大文字狱多与雍正夺嫡传闻有关，著名的“曾静投书谋反案”亦被卷入这一敏感的政治风浪中，从《大义觉迷录》来看，曾静的所谓诬谤之词系指世宗“谋父”“逼母”“杀兄”“屠弟”等，并对雍正严惩年羹尧、隆科多表示不满，曾静获罪主因于此，而不仅仅在于宣扬吕留良的“夷夏之防”思想，吕留良、陆生楠以“宜复封建”做宣传，本质上也是为了影射世宗即位后杀戮诸王一事。如果让这些流言恣意传播，那么局面将难以收拾。18 世纪初期这个特定环境塑造了雍正的特殊心性，他又以帝王之尊在自卑情结影响下对国家政制、财制、文教政策进行了大幅度的修改。②

当然，也有一种意见为清廷的统治策略辩护，断定在 18 世纪大多数时间中，清朝对知识界的控制还是比较宽松的，学术研究也是比较自由的，那种认为整个 18 世纪中国知识分子都生活在恐怖统治中的说法显然失之偏颇。长期以来，学术界将文字狱和清廷对反清言行的镇压，特别是对一些涉及语言文字的非法活动（如诬告某人有反清著述等）的惩处混为一谈，以致一些学者对清朝的知识分子政策产生不少误解。文字狱应该指的是统治者对所辖居民的语言文字，通过捕风捉影的方式，进行不恰当的索隐，以莫须有的罪名实行恐怖统治，以期达到强化思想控制的目的。也就是说，清廷根据自己的法律规定，对一些涉及语言文字的案件进行处理是正常的，研究者应该予以理解，不能一概以文字狱视之。③

清朝对知识界的控制究竟严到何种程度，一直是学界争议的焦点，如果仅从清朝文治政策的发布和实行这个单一视角做出评价，似乎很难得出更为新鲜的论断，故须另辟新的研究角度。

---

① 陈国生. 清世宗的自卑情结及相关问题初论. 学术月刊，1995（10）：61.

② 同①62.

③ 高翔. 近代的初曙. 北京：社会科学文献出版社，2000：79－80.

对于帝王意志的扩散所造成的涟漪效应，王汎森的观察是，清代文字狱所导致的政治压力对各方面产生了一种无所不到的毛细管作用，尤其是自我禁抑的部分，其影响恐怕还超过公开禁制的部分。历代虽有“文狱”导致的自我禁抑和回避现象，但每个时代自我禁抑的内容不同、重点不同、规模不同。相较之下，清朝文字狱及自我禁抑现象，力道特别强，规模特别大。[①] 王汎森讨论的是悄悄地、主动地在私密空间进行的禁抑，是一部全民大合唱。作者、读者、书商及有关无关的人都在参与销毁、改窜活动。他们有的是帮助藏匿违碍书物，有的是为了避祸，不管青红皂白，先删除、涂改或烧毁再说，使得政府的禁抑政策透过不知名的广大群众之手而得以扩大执行，扩及官方的物理力量完全到达不了的地方，而且靠着人们的揣测、想象，发展出许多令人始料未及的做法。[②]

清朝政治对文化领域之压制的最大影响，是涟漪效应带来的各种文化领域的萎缩、公共空间的萎缩、政治批判意识的萎缩、士人自我心灵的萎缩，形成一种万民退隐的心态、“非政治化”的心态。政治干预文化领域，不只是积极改造人们怎么想，而且要人们朝着其方向想，或者要人们什么都不想，形成一种结构性的“文化无主体性”。公共意见(public opinion)、民间社会、士大夫文化难以发展成一种制衡力量。

另外一种现象是私人领域的政治化。巨大的恐慌感使得人们自觉地将官方政策或对官方政策之想象内化为私人领域的一部分，要小心地看守着自己不要触犯它，官方不必直接管束每个人，而是人们自动管制自己，自发地使自己的私人领域官方化、政治化。[③]

约略总结以往对清朝文治政策的研究，我们能够得出一个初步印象，从民国初年梁启超的“压抑说”到透视清帝对政统、道统合一的垄断性规划，从对文字狱案件的深度解读到以私人领域政治化的角度观察帝王心术造成的心理后果，均昭示出清史研究开始向着更加多样和深邃的境界发展。

---

① 王汎森. 权力的毛细管作用：清代的思想、学术与心态. 台北：联经出版事业股份有限公司，2013：394.

② 同①396－397.

③ 同①487.

第五章　清朝诸子学、理学、今文经学复兴的意义

——兼及与晚清政治态势的互动关系

民国初年在梁启超提出“理学反动说”、胡适之对做出应和以后，清朝思想史基本上被定位成两汉经学复兴与衰亡的历史，间或有个别学人如钱穆对此思路提出异议，他认为清朝学术不过是宋明理学延续下来的另一种表现形式，核心思想并无根本变化，但钱穆的这种看法在影响力方面显然无法与“理学反动说”抗衡。在经学主导的思想界，其他学说似乎全部沉寂无闻，无法发声，对清朝主流思想界产生不了实际的作用。对清朝学术思想的这种单一定调后来日益遭到质疑，人们的问题是：理学作为清朝建立正统性的重要传统资源，自康熙朝起即被积极倡导，难道在雍乾时期就已彻底湮灭无绪、毫无踪迹了吗？事实证明，经学考据之外的学问，如理学、诸子学等，仍以不同的形式影响着清朝思想的演变，而今文经学作为晚清学术的重要分支也为清朝思想的多元竞进乃至制度变革提供了有力的舆论支持。近百年来，史学界对作为学界主流思想考据学之外的学问如经世理学、今文经学和诸子学均有探讨，本章拟初步梳理其学理内容并对各方争论产生的歧义略做辨析。

第一节　挑战理学独尊　羽翼经学复古

——清代诸子学的作用

“子学”在清代的位置比较特殊，它既不属于儒学正统谱系中的一

支，也与经学考辨保持着距离，但“子学”一直不时显身于各类学人的著述视野中，尽管其面貌经常模糊不清，总有一种于夹缝中求生存的味道。刘仲华业已指出，清代子学研究大致分三个发展阶段。第一个发展阶段是清初的子学研究，这一时期的子学研究主要是明末子学的延续，表现形式是对理学的批判以及对经世思想的提倡，在反理学的过程中，诸子以不谈心性而受到重视，更由于诸子学说的多元思想特征，不少人企图借研治子学以冲破儒学的独尊藩篱。明末李贽、傅山等人即倡导子学最力，傅山一生注解过《老子》《庄子》《荀子》《列子》《墨子》《鬼谷子》《公孙龙子》《淮南子》等书。传统儒学强调以经书载道，而“子”是败人德业、坏人心术的异端，傅山等人提出“子”“经”平等的论断，目的就是挑战“经”的独尊地位，把儒经之外的学问升格为学人治学的目标。

明末清初子学也以辨伪考据的形式为乾嘉时期子学的发展埋下了伏笔。乾嘉时期由于考据学以子证经、证史的需要，子书得到大量整理，包括《荀子》、《墨子》以及其他子书，如卢文弨校《荀子》和毕沅做《墨子注》等。1840 年至清末，子学开始兼顾义理之学，并在与西学的互动会通中成为近代学术的先声。①

清初复兴古学的思潮对子学复兴亦有影响。明末清初古学派对诸子的研究以子书辨伪为主，但也涉及其他考证方法，如校勘、音韵、训诂等。当时子学考证的发展与经学方面的考证是同时进行的，杨慎、焦竑、胡应麟、姚际恒等人除在子学方面有不少涉及外，更多地研治“六经”与儒学。子学与经学共同成为明清之际学术重建的重要力量。明末理学革新、古学复兴、文学运动、三教合一思潮是子学兴起的推动因素。

子学亦可为经世之用，这与利玛窦的西学传入有关。晚明即开始有人把子学与西学互做比较，如刘侗就认为西方科技之学与墨学很相似，傅山对诸子中以注重功利著称的《管子》颇有偏好，断定一些子书如《管子》《列子》《庄子》与佛、道典籍在济世方面不乏高出儒家之处，方以智在子学著作《药地炮庄》和《东西均》中就提出了以实用为宗旨的“质测之学”观念。

---

① 刘仲华. 清代诸子学研究. 北京：中国人民大学出版社，2004：22.

明末清初的基本际遇是，在“回归原典”的理念下，经、史考证之学蔚然成风。复兴古学者找到了重建学术理想的途径，这就是校勘、音韵、训诂等文献研究方法和语言学方法。在复兴古学的同时，先秦诸子也因是传统学术资源的一部分而颇受注意。厌倦理学的结果是为转向异端化的子学提供了心理支持。但这一时期子学还是作为经学的附庸出现的，研究子学与提倡经、史考证一样，只是为了扭转空疏学风，而没有经、子平等的态度。①

明末清初子学的发展与经学复古、理学重建一样，是士人在反思宋明理学后对传统学术经典的再次探求，以及对现实剧变的回应。进入清朝以后，经、史考据逐渐得势，对子学的提倡与理学的重建则黯然衰退，甚至扭转了方向，成为考据的附庸。子学在明末清初一度呈现复兴的趋势，而且出现了尊子驳经的倾向，但在当时仍然没有打破儒学独尊的局面。子学并不是明末清初之际学术发展的主流，更多表现为儒学的附庸。②

考据学风形成以后，乾嘉时期子学研究进入了一个新的发展阶段。这是清朝子学研究的第二个发展阶段。由于考证“六经”以及三代历史的需要，先秦诸子因其时代与“六经”成书时间以及三代相近而备受重视，成为证经、证史的重要他证或旁证。乾嘉诸儒在使用诸子书时，并没有满足于以子证经、证史，而是在明末刊刻子书的基础上，用比较科学的考据方法，对子书进行大量的整理、校勘，在整理古书的同时，对诸子九流十家及其思想有了新的认识和见解。这些子学的研究成果直接影响了近代子学的复兴和思想启蒙。③

治学兼及诸子百家，并不是清儒独有的特色，而且利用先秦诸子考证经、史的做法，也并非肇始于清代考据学，但在清代考据学形成以前，以子证经、证史并没有成为一种系统的考证方法，而且利用也不广泛。清代则不同，从清初顾炎武到清末俞樾，清儒在考证经、史中都非常注重利用先秦诸子材料，以至于清末学者明确提出了“以子证经”的

---

① 刘仲华. 清代诸子学研究. 北京：中国人民大学出版社，2004：94.

② 同①98.

③ 同①102.

方法。[①] 在追求本原的观念下，清儒以恢复古训、古音为务，而要求得古训、古音，单单利用经传本身是不够的。先秦子书与“六经”在形成时间上最为接近，在涉及的内容上也多有关联。所以，清儒在利用经传的本证之余，特别重视使用以子证经、证史的旁证方法。

刘仲华以为，由于先秦诸子具有“关联经传”的作用，所以在清儒重建儒学的过程中，先秦诸子不只充当了旁证经之音韵、训诂的作用，也发挥了“子乃六经羽翼”的功效，清儒调和儒道、儒墨、儒法之间的冲突，试图重新构建以儒家为中心的学术体系。至于无法调和的地方，他们依然在崇儒的标准下对诸子进行驳斥，只有少数几个大胆的人，如傅山、汪中等，才敢公开倡导诸子思想。乾嘉考据学兴起之后，学者虽然没有彻底改变理学家驳斥诸子百家的态度而提倡子学，但出于以子证经的需要，子学成为清儒治学的一个重要辅助领域，成为乾嘉“通儒”研究中必然要涉及的一部分。[②] 明清子学的发展，尤其是研治诸子先后轻重的区别更能代表清儒对诸子义理的选择。比如明末清初对兵家之言的提倡就是看中了它兑现价值的快速性。到乾嘉时期，荀学和墨学很快成为诸子学研究的重点，其选取角度又是荀子传经的贡献，以及墨学与儒学之间进行调和的可能。

乾嘉时期以荀学和墨学为主的子学逐渐兴起。在这种情况下，以戴震、凌廷堪、焦循等人为代表的学者开始克服以前的固守和偏颇，对长期以来被程朱理学排斥在孔孟正统之外的子学思想进行吸收、变通，进而将之融入自己的哲学思想，提出了与理学相抗衡的新义理学。清代学术最初以程朱理学反明代心学，然后由东汉经学反宋代理学，又以西汉今文经学反东汉古文经学，再后来是以先秦子学反西汉经学。在晚清学术风气的转移中，先秦子学从“以子证经”的边缘地位走向了学术研究的主流。晚清西学输入，新学逐渐兴起，子学开始在西学的映照下彰显多元的价值，如对墨学、名学的重视。清朝末年，许多学者大力提倡先秦子学，先秦诸子不仅走出了异端的境遇，成为反对儒学独尊的有力武器，而且成为近代新学兴起的重要组成部分。

乾嘉时期子学的发展还只是沿袭以子证经的路子，尚未尽诸子之

---

① 刘仲华. 清代诸子学研究. 北京：中国人民大学出版社，2004：105.

② 同①268.

用，对于诸子所言义理的发明也相当有限。嘉道以后学界呈现出汉、宋兼采的迹象，加上今文经学和经世思潮的再度显扬，晚清子学开始走出考据的藩篱。晚清子学为清代子学研究的第三个发展阶段。晚清对先秦诸子学说的创新性研究，主要发生在西学东渐风行之后，学者们纷纷比照西学而研治先秦诸子，与经学的衰落相比，诸子学呈大兴之势。与嘉道之际在经世致用精神下对子学的提倡不同，此时的诸子学已经开始摆脱传统的束缚，而具有近代性的特征。诸子学已不再是“六经”之羽翼、儒学之附庸，而开始作为中国传统文化的“本体”，成为应对西学的“国粹”，客观上，“中西会通”下的诸子学为接受西学奠定了“学统”上的依据。①

晚清诸子学与当时的社会变革有着密切的联系。在晚清衰弱动荡的社会里，一批有民族使命感的知识分子开始思索求变，他们或以诸子学说批判传统政教社会之弊，或以诸子学说为维新变法、君主立宪的政治主张寻找理论基础和历史依据。与此同时，诸子学又融入新旧文化或中西文化的争论中，一部分知识分子认为“周秦诸子为古今学术一大总结”，以子学为“国粹”，将民族复兴的希望寄托在诸子学上。章太炎、刘师培等人与晚清学术变迁潮流同步，径直将孔子降为“诸子”之一，力图通过清理周末诸子政教以保国救民。他们对先秦子学的研究直接开启了辛亥革命以后的新文化运动批判传统，以及“打倒孔家店”的先河。②

罗检秋则试图对近代诸子学的兴起、发展过程进行系统的考察和分析，在中西交流和文化变革的历史背景下评析诸子学的衍变，并试图揭示近代诸子学与新文化之间的深刻关联。他注意到，近代诸子学实质上是一种非正统的学术，它的兴起、发展是与对正统儒学的冲击和批判密切相关的，因而显然不应包括居于正统地位的孔孟思想。事实上，梁启超等人所谓的“诸子学复兴”主要是指先秦非儒学派的崛起。清末民初的一些学者、文化人也往往把儒学与诸子学分开讨论。诸子学的范围虽广，但近代诸子学的核心内容当属道、墨、法三家。这大致有三个原因：其一，儒经的注释、校训异常繁荣，儒学思想代代演进，高潮迭

① 刘仲华.清代诸子学研究.北京：中国人民大学出版社，2004：322.

② 同①337.

起。道家、法家则相形见绌，墨学更是尘埋千载，无人问津。学术文化中的这种缺陷和不平衡为子学复兴提供了巨大的潜力。在中学嬗变、西学东渐的历史契机中，道、墨、法三家的著作和学说自然会引起许多学人的浓厚兴趣，从而成为子学复兴的中心。其二，子学复兴实质上是相对于正统儒学的异端学派的崛起，是一种思想解放潮流。真正的思想解放不仅需要发展、改造正统学说，而且必须肯定、阐扬有价值的非正统思想。在先秦诸子学中，只有道、墨、法三家可以与儒学抗衡。因而，传统学术文化格局中儒学与子学的消长基本上依赖于对道、墨、法的发掘和阐扬。如果说乾嘉学派还只是从学术门径中重视道、墨、法的著作，通过对经学的偏离不自觉地彰显了诸子学的价值，那么晚清国粹派和五四新文化健将则已自觉地阐扬道、墨、法的思想价值和现代意义，并使之成为批判正统儒学的思想武器。因此，道、墨、法成为近代"以复古为解放"思潮中的学术中心。其三，近代学术问题的阐释离不开中西文化交融的历史背景。西学东渐不仅冲击了落后于时代的文化正统，而且推动人们发掘传统学派中与近代西学相通或相似之处，从而融合中西、创造新文化。道、墨、法三家是最能与西学沟通的先秦学派，尽管契合点大不一致。晚清以来，以西方自由、平等思想阐释老庄学说，会通墨学与社会主义思潮，阐发法家之现代意义的言论流行一时。援西入中、融合中西是传统文化在近代的基本趋势。道、墨、法与西学的会通尤其引人注目，这丰富和发展了三家学说并使之成为近代诸子学的中心。①

道光年间，诸子学还有一个从"子儒平等"向"通子致用"的转变。在彰显子学方面，乾嘉学者的先进言论还主要集中于倡导"子儒平等"，道光以后则转向"通子致用"。这种转变是传统学术在社会危机中的自身调整，社会的需要和儒学的局限为它提供了契机。可以说，"通子致用"是"通经致用"的延伸和发展，经世致用思潮是"通子致用"思想出现的重要学术根源。② 道咸以后，理学重新崛起，此时已不同于康乾时期，学术界会通汉、宋的趋势已明显增长。曾国藩、朱次琦、徐桐、刘熙载等理学名家都力主调和汉、宋，有些理学家已不流于空谈德

① 罗检秋．近代诸子学与文化思潮．北京：中国社会科学出版社，1998：4－5.
② 同①60.

性，而是注重经世致用。曾国藩、罗泽南、刘蓉等被称为理学经世派、“同治中兴”名臣。在儒学内部关系嬗变之时，理学与诸子学的关系开始由相互排斥转向融合会通。

罗检秋特别注意到“西学源于诸子说”的动向，他认为此说基本上以先秦诸子学作为西学的重要源头，从而客观上形成了一定的社会氛围，推动了晚清诸子学的兴起。“西学源于诸子说”把古学与西学连接起来，体现了晚清知识分子在西学冲击下的强烈自尊心理。他们不同程度地体现了“好古”“法古”的思维旧习。然而，崇古风气并非复古守旧，而是传统文化格局的一种无形转变。这种转变表现在：一方面，独尊儒学观念开始动摇；另一方面，先秦诸子学的文化价值日益凸显。① 独尊儒学、排斥异端的陈旧观念在“西学源于诸子说”的冲击下开始动摇。与此同时，在西学中源论者看来，既然西方行诸子学，而国家的富强、学术的发达远胜于中国，既然儒学已不足以完全救治中国的社会弊端，那么提倡先秦诸子学就是必然的了。

从 19 世纪与 20 世纪之交到五四之际的诸子学经历了巨大的发展，这不仅在于诸子学产生了较为丰硕的成果，而且在于经过中西文化的融合，诸子学已经具备了近代学术形态。具体而言，其一，此时诸子学已经完全摆脱经学的羁绊，成为独立的学术领域。其二，19 世纪诸子学还基本上承续乾嘉学风，以考据为主，而此时诸子学的主流则已经转变为义理之学，并且这种义理之学的核心思想源自西学。其三，此时诸子学已出现一批融合中西学术传统的大家。

诸子学中的墨学对近代融合、会通中西的作用尤其突出。在许多人看来，墨子的“兼爱”与西方近代的“博爱”主张一致，墨子的经济学说与西方的功利主义大致相同，墨子的“尚贤”“尚同”学说与西方的政治学说有许多相同之处，墨子的科技知识、逻辑思想具有近代科学精神。如梁启超就重视墨子的“国家自然起源论”，认为与欧洲近代思想家霍布斯和洛克的国家起源论基本相同。关于“开明专制论”，有人认为其理论上来源于德国伯伦知理等人的国家学说，其“开明专制论”来源于中西两个方面。② 又如梁启超意识到西方垄断资本的危害而赞赏管

① 罗检秋. 近代诸子学与文化思潮. 北京：中国社会科学出版社，1998：79.
② 同①118.

子以国家调节经济的思想，认为这如同两千年前的“社会主义”。这说明他对法家思想也有推崇，他认为诸子学派中法家最具国家主义思想。梁启超理想的现代化模式是德国和日本，而非英国和美国。“法治精神”应该体现为一种“国家主义”。20世纪早期诸子学研究的文化参照系主要是近代西方文化而不是传统的佛学和儒学。不难发现，此时研究诸子学具有创见的学者、思想家无不注意诸子学与西学的比较。梁启超、章太炎对中西逻辑学的比较，严复、胡适对老庄与西方进化论的参照阐发，王国维、胡适对诸子学与西方哲学的会通等，都是明显的例子。值得注意的是，此时诸子学的价值评判在很大程度上取决于它与近代西学的异同。同者是之，异者非之，这是大多数学者的取向。①

罗检秋还意识到，19世纪90年代以后，诸子学的社会价值和文化意义开始彰显，晚清诸子学与戊戌新文化运动和国粹主义思潮的兴起均有密切的内在关系，这与19世纪90年代以前魏源等人“通子致用”的治学风格主要限于书斋已有很大不同。②

章太炎、刘师培是国粹派的学术领袖，他们对国学的阐释不同，但显然均未以阐扬儒学来代替国学。他们只是把儒学作为先秦诸子学之一来评论、认识其不足，批判后世统治者把儒学作为文化专制主义的工具。“国学”实质上主要不是秦汉以后的儒学，相反百家争鸣时代的先秦诸子学则是其重要内容，这种思想在当时流行一时的“古学复兴论”中有更明确的体现。“古学复兴论”有两个特点：其一，国粹派倡导复兴古学不是作为文化正统的经学或儒学，而是被淹没了两千年的先秦诸子学；其二，国粹派的“古学复兴论”实质上不是盲目崇古，而是以古开新。国粹派的“古学复兴”直接以欧洲文艺复兴为榜样，把先秦诸子的百家争鸣比作古希腊罗马文化，把秦汉以后的封建专制比作欧洲中世纪，倡导的是“中国的文艺复兴”，是参照西学对中国古学有选择地提倡。③ 儒学与子学之关系已经不是先秦学派之争，而是文化正统与异端之别，在西学冲击下，儒学正统地位日渐跌落，康有为“复西汉之古”的路径也渐趋落伍。“复先秦之古”从形式而言，诸子学说成为传播三

① 罗检秋．近代诸子学与文化思潮．北京：中国社会科学出版社，1998：198.

② 同①201.

③ 同①225.

民主义的有益工具。

20世纪初，诸子学与社会运动和文化思潮具有广泛的联系。一方面，诸子学适应了辛亥革命的需要，成为酿造爱国主义激情的重要学术工具。另一方面，国粹派对先秦诸子学的阐释为评估传统文化确立了一种范式，其突破了独尊儒学、神化孔子的做法，又对儒学和孔子进行实事求是的肯定。这使得国粹派在文化反思和思想构建方面超越了康有为等戊戌知识分子。该派阐释诸子学的范式直接开五四新文化运动批判孔学、重估传统之先河，事实上成为五四新文化运动的思想来源。五四时期，新文化运动在猛烈批判儒学的同时，大力凸显非儒学派的思想价值，如肯定道家的平等、自由思想，张扬墨家的博爱精神，阐发法家的法治贡献等，均适应了时代的迫切需要。近代诸子学与西学的关系，如果说19世纪的主流是“西学中源”，那么五四时期则主要体现为“中西会通”。

第二节　晚清经世型理学的兴起及变异

崛起于宋代的程朱理学在晚明曾一度为心学所取代，明朝灭亡后，心学被明朝遗民和清朝统治者共同认定为亡国之思想祸首，一度遭到思想舆论界的激烈挞伐而暂时沉寂。康熙为树正统，再次发掘程朱理学之义理，希图集道统、政统为一身，但乾隆却以复兴经学为名，调整文治策略，理学再度归于沉寂。史革新认为，清代程朱理学经历了一个类似马鞍形的曲折发展过程，即在两个发展高峰的中间经历过一段较长的寂落时期。康熙朝崇尚理学，乾隆朝及嘉庆幼年时期则是汉学鼎盛期，理学趋于衰落无闻。嘉道年间，程朱理学才重新受到重视，经朝野鼓吹，推波助澜，在咸同时期实现“复兴”，形成程朱理学发展的第二个高峰。原因是国势衰落，嘉道年间的有识之士开始反思，寻找社会危机的产生原因及解决办法。许多人从儒家正统“德治教化”的观点出发进行反思，认为产生社会危机的直接原因是“道德废、人心坏、风俗漓”，而根本原因则是程朱理学因受汉学压抑而多年不振，造成道德沦落、人才匮乏的严重后果。因此，乾嘉汉学受到激烈批评。①

张瑞龙则更加具体地指出，清朝中叶理学复兴的原因在于清廷受到天理教事件的刺激而导致的对朝政制度的反省。他认为，清朝中叶学术思想从乾嘉汉学考据到道咸以降理学复兴的转变，固然是学术自身发展的内在理路以及外在社会局势变迁等因素作用的结果，但嘉庆年间清廷在文化政策上由崇尚汉学考据到提倡理学的重大调整，是促成这一学术转变的终极原因。促使清廷在文化政策方面做出这种调整和转变的契机是天理教事件，此后频繁出现的“邪教”问题又使清廷进一步强化此政策，从各个层面宣扬和提倡理学。故所谓道咸以降理学的复兴，其在文化政策层面则可提前约四分之一个世纪，上推至嘉道之际。②

当然，天理教事件后知识界对汉学考据的批评和反思，未必都与天理教事件直接相关，但这一触媒性事件的象征意义就在于造成知识界对当时几成独尊之势的汉学考据的整体反思和批评，并在某种程度上开启了学术发展的多元之途。提倡理学者当然会借此难得“际遇”倡导理学、抨击汉学；汉学家则在反思汉学考据的同时接纳或转向理学，或者虽批评汉学考据，但仍坚持汉学，并从汉学内部寻找补救的资源。其结果是，除理学复兴外，还产生了两股潮流，即汉、宋调和与今文经学的兴起。尽管学术流派不同，但其总的精神是一致的，即学问要致用，注重学术在致用层面的价值和意义。这样一来，学术与现实的距离开始拉近，从这种意义上说，经世致用作为一种时代精神的发轫，当始于嘉道之际天理教事件导致的知识界对现实问题的关注。③

清朝在咸同之际看重程朱理学，起用了一大批讲求程朱理学的士大夫，并通过他们娴熟地交替使用软硬两手来镇压太平天国运动、重建社会秩序，为士大夫们所称道的“同治中兴”的出现提供了重要的政治条件。“同治中兴”期间，理学士人在文治方面的活动及作用可被概括为以下几个方面：一是正朝纲，端君心，培植“致治之本”。二是崇程朱理学，辟异端邪说，加强意识形态控制。理学士人把汉学考据、八股制艺视为“俗学”，而把王阳明“良知”之学，释、老二教，以及一切不

---

① 史革新. 程朱理学与晚清“同治中兴”. 近代史研究，2003（6）：75.

② 张瑞龙. 天理教事件与清中叶的政治、学术与社会. 北京：中华书局，2014：157.

③ 同②267.

符合程朱理学的学说视为“异端”，全在反对之列。三是延揽名流人才。四是恢复科举、书院，创办书局，重建封建文化事业。

随着理学的抬头，一批讲究理学的士人得到统治者的重用，占据朝廷内外要津，理学的影响和作用自然从意识形态方面转到政治上，势必引起统治阶级内部各派势力的盈缩长消。这种变化主要表现在两个方面：其一，以曾国藩、李鸿章、左宗棠为代表的湘淮系汉族地主阶级地方势力的崛起，是咸同年间在提倡理学背景下地主阶级政治结构最为明显的变化。许多出身于湘淮系的新贵，如曾国藩、李鸿章、左宗棠、郭嵩焘、刘蓉、曾国荃、刘长佑、刘坤一等，后来大都转变为洋务派，形成了理学经世派。其二，在朝中位居要津的倭仁、李棠阶等理学重臣感染了一批翰詹、御史，逐渐形成名噪一时的清流派，对同光朝局产生了较大影响。①

杨国强曾指出，曾国藩成为晚清理学中坚是由特殊情势决定的。曾国藩不仅代表王朝，而且代表王道；不仅代表圣道，而且代表神道。由名教衍生的传统本是儒学义理的延续，但在这里却变成了引动杀机的使命感。②

龚书铎曾言及清代理学有四个特点：一是“无主峰可指，无大脉络可寻”；二是学理无创新，重在道德规范；三是宋学与汉学既相互贬抑又兼采并蓄；四是宗理学者对西学既有抵拒也有接纳。③

李细珠则把晚清理学分为理学修身派（以倭仁为代表）和理学经世派（以曾国藩为代表）两条路径。倭仁属理学正统派，所谓正统的程朱理学主要是一种道德实践哲学，倭仁不仅自己注重道德心性修养，踏实做圣贤功夫，努力完善自己的道德理想人格，而且在社会上大力提倡儒家道德，希望将社会上的人个个造就成儒家君子。走这条路径者门户之见较深，他们以维护程朱理学道统为己任，以为孔孟之道皆经程朱阐发无遗，不求理论上的创新。④ 在中西文化冲突过程中，理学修身派很自然成为保守派代表。曾国藩治学较杂，不持门户之见，主张汉宋兼采，

---

① 史革新. 程朱理学与晚清“同治中兴”. 近代史研究，2003（6）：100.

② 杨国强. 义理与事功之间的徘徊：曾国藩、李鸿章及其时代. 北京：三联书店，2008：3.

③ 龚书铎，史革新. 清代理学史：上册. 广州：广东教育出版社，2007：绪论.

④ 李细珠. 晚清保守思想的原型：倭仁研究. 北京：社会科学文献出版社，2000：199.

就理学而言，主要还是宗程朱，对王学稍有排斥。曾国藩大大发扬了唐鉴提倡的“救时”之旨，把“经济”之学独立出来，变成“孔门四科”，故能有限度地吸收西学。在“同治中兴”中，理学修身派与理学经世派都有积极作用。以倭仁为代表的理学修身派倡明正学，维系人心、风俗，这是一种无形的力量。同治初年，理学修身派代表倭仁、李棠阶、吴廷栋等立朝辅政，时人寄予厚望。以曾国藩为代表的理学经世派则以政治、军事的务实作为著称于世。两派构成内外作用的两面。对于理学经世派倡导“自强新政”，有限度地吸收西学，倭仁等理学修身派代表仍然坚信儒学的现世价值，如反对同文馆增开天文算学馆就是明显的例子。①

关于理学与“同治中兴”的相关度，李细珠认为，以倭仁为代表的理学修身派对王朝复兴的主要作用就是维持风气或维系人心，以曾国藩为代表的理学经世派的主要作用则表现在用武力镇压了太平天国、捻军及回民起义，挽救了垂死的清朝。因此，从“王朝复兴”的角度看，理学修身派与理学经世派的目标是一致的，前者主要作用于文化思想与意识形态层面，后者主要作用于政治、军事的实践与操作层面，同治时期的“王朝复兴”正是内外作用的结果。②

从具体的历史事实来看，中国的早期近代化问题，主要是本土儒学传统（尤其是理学）对西学东渐的适应问题。在面对“自强新政”的态度上，作为晚清理学两条发展路径的主要代表，倭仁与曾国藩的观点就颇有歧异。倭仁从固守传统的立场出发，完全拒斥西学，显然不可能适应近代化。曾国藩则表现出相对较为开放的心态，主张有限度地吸纳西学（主要是西方近代科学技术）。③

胡维革与张昭君认为，曾国藩把晚清本被讥为“空疏虚骛”的程朱理学与誉为“务实求朴”的经世之学有机地结合起来，建构了独具特色的理学经世思想，他以这一思想为原发点，衍生出一系列子思想，如扶人心、正民气、讲究德治的思想，整官风、除积弊、崇尚人治的思想，肃军心、扶名教、注重思想文化之战的思想，自强自立、学习西方、因

① 李细珠. 晚清保守思想的原型：倭仁研究. 北京：社会科学文献出版社，2000：207.

② 同①105.

③ 同①107.

时而变的思想等，从而建筑了他的理学经世思想大厦。从传统学术分类的角度看，曾国藩化三为四，重释义理、辞章、考据、经济之关系，为其理学经世思想打下了坚实基础。① 学问由三而延分为四，在提高经世之学之地位的同时，加强了义理独尊一统的地位。曾国藩把孔子的“德行”“政事”两科合二为一，一方面强调理学“事功”的内涵与合理性，另一方面又使政事（经世）不脱离义理的控制。道德为本，经济为用，一并为义理所统辖，这是曾国藩对义理做出的新解释。学礼即是“经济”之术，“政事”即是推行礼治，辞章不过是发挥义理、倡导礼治的工具而已，义理之地位至高无上。②

曾国藩的理学经世思想，一方面使儒家的不同学说在对应于孔门四科之中各归其位，融为礼学内“阙一不可”的组成部分；另一方面又明确宣布“古无所谓经世之学也，学礼而已”，这样，义理、辞章、考据、经济便在礼学中融为一体，从而贯通了久已变为儒学内外两端的德与事、经与史、道与文、学与治。因此，曾国藩的理学经世思想再现了传统儒学“内圣外王”的本质精义；同时，义理以“立德”为本，经济以“立功”为事，辞章以“立言”为志，它又成了儒家“三不朽”理论的集装箱。③

陈居渊认为，曾国藩复兴理学强调“事亲”“事兄”等道理，是与程朱一样，要求人们从思想深处领会、接受封建伦理道德观念并付诸实践，然而曾国藩不只是停留在重新强调通过个人的修身养性，进而求得个人道德完善的功夫上，而是将其推向社会，使人人都能约束自己的视、听、言、动，曾国藩对“格物致知”的理解，实可视为宋学在新的学术导向下的延续。不过，曾国藩的尊宋思想与程朱理学又有着明显的差异，那就是他不再囿于程朱理学那样严辨“天理人欲”，而是将“理”具体化为“礼”，由“天理”转向“经世之礼”。曾国藩尊奉理学，实际是崇尚礼治。④

乾嘉学者之所以重新提倡孔孟的行事原则“礼”，实际上是因为他

① 胡维革，张昭君. 曾国藩理学经世思想探渊. 北方论丛，1996（1）：17－22.

② 同①21.

③ 同①22.

④ 陈居渊. 论晚清儒学的“汉宋兼采”. 孔子研究，1997（3）：43.

们看到了现实社会与人生理想之间的矛盾，企图通过以“礼”代“理”来摆脱程朱理学的羁绊，提出与程朱理学相反的另一种是非标准，即一种新的价值观。所以，晚清“汉宋兼采”的学者强调“礼”，强化“礼”的实际应用性。这意味着他们与只注重德行培养的心性之学学者有着明显的不同，前者的思想在某种程度上与焦循、阮元、凌廷堪等人试图重振儒家教规、强调以礼代理的思想有相通之处。他们与焦循等人的区别在于更重视“实践”。论者往往认为晚清儒学的“汉宋兼采”打破了儒学的界限，并兼取诸子学、公羊学，表现出传统经学之中心地位的动摇。这个见解颇值得商榷，虽然曾国藩、陈澧、朱一新等人说过“诸子可师”“旁通诸经，兼取今文”一类的话，但他们骨子里是鄙视今文经学与诸子学的。①

晚清儒者的“汉宋兼采”并不意味着各类学术的融通，而是企图用宋学改造汉学。晚清儒者对汉、宋学术的理解，始终未能跃出传统经学单一阐发儒家道德理想的旧模式，继承的依然是宋明以来儒学自身发展的传统而未能有所突破。然而，他们毕竟生活在 19 世纪中叶，应变与救时的时代要求迫使那些津津乐道于辞章、训诂的文人转向现实社会，他们提倡经世，其意义也远远超出了“汉宋兼采”的命题本身，它虽不如今文经学那样衍化为一种思潮，但也涌起了晚清学界令人注目的颓波，从一个侧面展示了晚清儒学的历史走向。②

与大多数论者把目光集中于倭仁、曾国藩等晚清闻人不同，张晨怡认为，晚清湖湘地区出现了一个理学群体，这个群体起于嘉道，盛于咸同，衰于光绪，是在湖湘理学士人交互往来的基础上形成的一个独特联结体，重要代表人物除曾国藩、左宗棠、胡林翼外，还有唐鉴、陶澍、贺长龄、贺熙龄、郭嵩焘、罗泽南、刘蓉等，他们虽然官位有高低，名声有大小，学问深浅亦不同，但治学内容、风格以及政治价值选择、人际交往圈子都具有相同的一面。这一群体深受湖湘文化“重义理、尚经世”传统的影响，将内圣与外王紧密结合起来，既注重心性修养，又强调躬行实践，把义理经世作为救时良方加以提倡并身体力行，并最终演化为晚清湖湘理学群体的主要学术特色。在湖湘理学士人看来，理学从

① 陈居渊. 论晚清儒学的“汉宋兼采”. 孔子研究，1997（3）：46.

② 同①48.

来不是纯思辨的产物，理学家作为儒家精神的继承者，既然身在秩序之中，便有使此秩序越来越合理的责任，而不可能止于“内圣”。所以，只要致力于圣学，就必及于政治。①

与张晨怡的思路有些相近，范广欣把关注目光更多投向湖湘理学群体网络中的次级人物如刘蓉等，着意发掘其思想内涵。他认为，刘蓉在批评清初陆世仪理学思维的过程中确立了自己独特的经世方式。陆世仪的主要兴趣在于发现道德的本体，在于对内在世界的辨析，是本体、功夫、体用合一，但在刘蓉那里，本体、境界、功夫三个不同层次分得很清楚，刘蓉治学重过程、重细节，强调不是自然而然，而是一个很“勉强”的过程，要克服很多艰难险阻。陆世仪受到即本体即功夫观念的影响，对二者的区分不是很清楚，而刘蓉不但明确区分本体与功夫，还特别指出本体与境界的分别。简言之，本体是基本的价值观念及道德目的，不可动摇，对外在实践起指导作用（使其不偏不倚、恰到好处）；功夫是一个积渐、勉强而连续的过程，每一个环节都有独特而不可取代的作用，各环节互相补充而形成统一整体，连接本体与境界；而境界强调的则是功夫积累到一定程度便可以由量变到质变，适应复杂的外在环境，成就道德和功业，表现为动静合宜、变动不居。如果说对本体与功夫的区分是程朱理学的一贯立场，那么刘蓉对境界的强调则一方面进一步突出了程朱与陆王的区别，乃至扭转了长期以来形成的理学家对“静”的偏爱，另一方面也为后来湖湘理学士人动员一切资源、克服种种困难，乃至突破许多既定的框架和约束，慷慨赴死，驰骋疆场，最终平定内乱提供了理论准备。②

以传统的标准来看，刘蓉恐怕不是纯粹的程朱派学者，他对外在环境、对客观知识、对成德和致用必须经历的复杂过程、对修养功夫由外向内渗透的强调，已经对程朱学派有所发展。正因为汉学修养已渗透到他的灵魂里，所以他强调看得见、做得到，每一步都要有依据，尽管他的关注重点显然不是考证，而是道德和政治的实践。在程朱后学那里长期以来不被重视的内容，因为受到经世致用之时代精神的刺激和汉学的

---

① 张晨怡. 晚清湖湘理学群体与湘军网络的形成与维系. 江苏社会科学，2017（2）：247.

② 范广欣. 刘蓉的“门户之见”与理学家的经世观念. 学术月刊，2016（8）：145.

催化而被重新强调。

刘蓉的《思辨录疑义》以程朱理学正统自居，批评清初理学家陆世仪的学术掺杂了阳明心学的不良影响，此书不仅是一部纯粹的学术著作，而且反映了湖湘理学士人在危机来临之际对事功的基本考虑。刘蓉批评陆世仪的格致功夫折中程朱、陆王之学，强调格致功夫贯穿修身和经世的全过程，儒者既要坚定地认同现存的基本道德、社会和政治秩序，不能有一丝一毫的动摇，也要积极了解外部环境，为平定动乱、重建秩序做知识准备。坚持格致功夫应以普通人专心致志应事接物为基础，所有人的实践都必须历经艰难曲折，全无取巧之处。这是因为他所期待的政治事功不是少数圣贤的涵养所能决定的，而是集体事业，儒者必须感召、教育、教导普通人，与他们齐心合力、同甘共苦，才能克服艰难险阻，带领国家从危机中绝处逢生。他把本体与功夫、境界逐一区分，也是为了强调基本道德价值只有通过踏踏实实的努力才能在复杂多变的外部世界发生实际效用。①

也有学者质疑学界对理学群体的研究只集中于官方上层的几个人物的现象。如吴义雄就指出，一般认为康有为以今文经学为工具来阐扬自己的变法主张，其实康有为思想中的理学成分也应该有一定的地位，甚至成为构筑其今文经学理论的一个有力支援。吴义雄发现，康有为早年注四书的目的就是为他的三世进化理论、改制思想、大同学说寻求权威文献的证明。不可否认，这是对传统理学的一种挑战，用他的思想注解四书，不免触动理学正统的解释体系。但也应该看到，与康有为的其他著作相比，四书注并没有提出独特的理论学说，与其说他要在四书中寻求新的灵感，不如说他是在利用四书证明他从今文经学的研究中得出的思想结论。

四书之所以有利用价值，是因为理学在数百年中的发展及其官方意识形态的地位使四书带有不言自明的文化权威，借助这种权威可以向仍以理学为正统的士林文化证明其学说的正确性。康有为所倚重的今文经学在当时是一种异端，它可以使康有为的学说显示独特的、富有挑战性的特色，却不能使之得到知识界的普遍认可。而借助四书的威力，则可以使其学说显现更强的说服力，从而缓解被人目为“伪学”的康氏学说

---

① 范广欣．刘蓉的“门户之见”与理学家的经世观念．学术月刊，2016（8）：151．

与普通士林文化之间的紧张。因此，注解四书与其说是对理学的反叛，不如说是通过承认理学经典文献的权威而寻求与士林文化的和解。事实证明，康氏的今文经学不仅招致了正统知识界的围攻，而且引起了开明人士的非议，已难以独自支撑康有为的理论体系。戊戌变法之前遭遇的重重阻力和戊戌变法的挫败，终于使康有为在充分地表现了与正统文化决裂的圣人气概和创新风格后做出和解的姿态，而理学就此与今文经学一道成为康氏学说的思想支柱。①

康有为的四书注表明，理学正式进入了他的思想理论活动，理学与今文经学的结合已不限于《长兴学记》或《桂学答问》，亦不限于万木草堂，而是公然体现在他的整个学术思想中，理学的幽灵飘荡在康有为思想发展的各个阶段。传统文化的张力在此也得到充分体现，它使康有为的叛逆最终不得不以某种形式向它屈服。② 康有为对理学的吸纳与亲和立场，不能不使人感到他对理学的基本态度是自相矛盾的，产生这种矛盾的原因在于：一方面，康有为的思想远远超越了理学的范围，为了论证这种思想发展的合理性，他不能不贬斥理学的偏狭和阙陋；另一方面，他又必须借助理学的思想成就和带有的文化权威，无法真正割弃作为文化资源的理学，因为今文经学提供的发展空间并不能完全满足他的需要。③

有关所谓“汉宋之争”的边界和范围到底应该确定在哪里，张循提出了不同看法。他认为，清末民初由梁启超、胡适架构起来的“理学反动说”大体构成了汉宋之争的基本格局，钱穆认为汉学运动是理学内部的一种调整的观点也是精英知识阶层课题的一部分，但晚清学人已意识到汉宋之争有两个层次，一个发生在学术名流之间，另一个发生在普通的读书人之间。④ 第二类人并非专业的学人，他们关于汉、宋的看法也并非从对汉、宋二学的严肃研究中得来，不过是因周围风气的感染而形成的一股意见。在清代学术思想界里所谓“汉”“宋”之间的确难以找到分明的界限，真实的情况恐怕是汉中有宋、宋中有汉、汉宋交织。⑤

---

① 吴义雄. 康有为与理学初论. 中山大学学报（社会科学版），1996（4）：109.

② 同①.

③ 同①110.

④ 张循. 清代汉、宋学关系研究中若干问题的反思. 四川大学学报（哲学社会科学版），2007（4）：44.

⑤ 同④47.

从清人的文字里我们可以清晰地看到，他们所理解的“汉学（家）”或“宋学（家）”，其区分标准和尊“汉”或尊“宋”与否并无必然联系。乾嘉时期的清人并不以尊崇程朱与否为区分汉、宋的标准，这表明汉学、宋学都只是标签，它们所反映的深层含义必须经一层“揭示”工作才能看到。宋学就是理学，这似乎也是一个近似“常识”的问题，清人的确常有将理学称作宋学的时候，但若不加考察地认为他们所谓的宋学都是指宋明以降的理学，恐怕就会遇到很多问题，甚至出现不少难以理解的情况。事实上，宋学在清代的学术语境中自有其特殊的意义，与理学的含义未必一致。清人在其文字中早已屡屡将其含义告诉了我们，一则为“义理”之学，一则为“德行”之学。只要稍一细心就会发现，他们将宋学归结为“义理”之学或“德行”之学，其含义同理学之含义究竟是一是二，其实疑窦甚多。①

第三节　今文经学的复兴：维系正统与倡导变革的双重作用

今文经学自乾嘉以来有两次比较大的复兴，但这两次复兴的作用截然不同，乾嘉时期的今文经学基本被认为是为清朝正统观的建立提供依据，咸同以后直至晚清戊戌时期的今文经学则被认为是改革的思想渊源之一。一是常态下的维护体制之作，一是变态时势下的求新之举。以往学界对清代今文经学的再度崛起有不少讨论和解读，但观点分歧较大。

关于今文经学的分期，学界存在“两阶段说”和“三阶段说”两种看法。周予同是“两阶段说”的首倡者，他把今文经学分为以庄存与、刘逢禄、宋翔凤等为代表的前阶段，以及以龚自珍、魏源、郝懿辰、戴望、廖平、康有为等为代表的后阶段。前阶段偏于纯学术，目的是巩固封建社会的统治秩序，后阶段则提倡通经致用；前阶段都是专经研究，不做通经研究，后阶段则做通论式的综合性研究。但黄开国认为，既然

① 张循. 清代汉、宋学关系研究中若干问题的反思. 四川大学学报（哲学社会科学版），2007（4）：50.

前阶段的目的在于巩固封建社会的统治秩序，那就难以说是“偏于纯学术”，专经研究与通经研究的不同也只是研究范围、研究方法的问题，绝不是区分两个阶段的实质之所在。[①]

“三阶段说”将清代今文经学分为复归期、托经议政期、维新变法实践期三个阶段：复归期学术上反对东汉古文经学，而向西汉今文经学回归；托经议政期以道光、咸丰间的龚自珍与魏源为代表，从今文经学中汲取微言大义，带有鲜明的现实政治倾向，只是改良主张尚停留在理念中，未能付诸实践；维新变法实践期以康有为为代表，这一时期的特点是康有为今文经学不仅在理论上与西汉的今文经学有所不同，而且与刘逢禄、龚自珍、魏源、廖平的今文经学有本质区别，具有强烈的实践精神，从言政议政发展到与社会运动相结合，代表着清代今文经学的发展高峰。

“三阶段说”与“两阶段说”的最大不同是，将龚自珍、魏源的今文经学作为一个独立的发展阶段，认为他们的经学特点是托经议政，既与之前的刘逢禄等人相区别，又不同于后来的廖平、康有为，故应划为一个独立阶段，此说源起于梁启超。黄开国发现，读龚自珍、魏源的今文经学著作，均未发现以经术作政论的情况，他们的今文经学著作都是对西汉今文经学相关问题的考辨与义理说明，最多是理论发挥，而没有与现实政治需要相结合的内容。梁启超说龚自珍、魏源以经术作政论，但他所列举的《西域置行省议》《蒙古图志》《元史新编》《海国图志》等都属于史部著作。这说明梁启超虽然提出了龚自珍、魏源以经议政之说，但并没有从龚自珍、魏源的经学著作中找到他们以经议政的根据。[②] 同时，龚自珍、魏源的今文经学著作在治学方法上都带有受到清代朴学明显影响的印记，是按照朴学的治学理路对西汉今文经学的发明，这与刘逢禄的今文经学基本上一致，而与后来廖平、康有为的今文经学却有明显不同。

黄开国基本同意周予同的“两阶段说”，但是对于两个阶段如何划分，其主要代表人物的经学思想有什么不同特点仍有自己的不同看法。清代今文经学发展的两个阶段的最大不同，就在于是“照着说”还是

---

① 黄开国. 清代今文经学发展阶段略论. 哲学研究，2013（11）：47.

② 同①49.

"接着说",用传统话语说,就是"述"与"作"之别:"照着说"是"述","接着说"是"作"。"述"是对已有历史事实的陈述,没有时代内容的创新;"作"是对已有历史的发展,具有崭新的时代特点。从庄存与到魏源的清代今文经学,属于第一阶段"照着说";之后以廖平、康有为为代表的清代今文经学,属于第二阶段"接着说"。

清代第一阶段的今文经学有三个特点:(1)在治学方法上,这一阶段的经学家采用的主要是清代朴学重家法的治经方法,刘逢禄、宋翔凤和龚自珍、魏源均是如此。由于清代朴学在治学方法上接近古文经学,所以深受朴学治学方法浸染的这些今文经学家都或多或少带有肯定古文经学的倾向,如庄存与、孔广森等都兼采"三传",庄存与、刘逢禄在尊崇西汉今文经学的同时,也推许古文经学大师郑玄,魏源则承认古文经学的《毛诗》与今文经学的三家《诗》如出一辙,龚自珍的著作中更是有不少属于古文经学或肯定古文经学的说法。(2)在经学内容上,这一阶段的经学家讲今文经学都是按照汉代今文经学的师法原则,只是复西汉今文经学之古,力图恢复其原貌,这对人们认识今文经学特别是消沉了两千年的公羊学有极大的意义。但是从学术精神与范式上说,这一阶段的今文经学还属于乾嘉汉学的范畴,是对以往学术的考证、发明,只是考证、发明的内容不同而已。乾嘉汉学的考证、发明重在文字训诂、名物制度,而刘逢禄等人考证、发明的重点则是汉代今文经学的义理,内容虽有不同,但都是对以往历史文化的发明。(3)就精神实质而言,这一阶段的今文经学还只是一种与现实政治没有直接联系的理论,只是从书本来发明学术,缺乏西汉今文经学与现实政治相结合的真精神。①

但是这一阶段中龚自珍、魏源之今文经学与庄存与、刘逢禄之今文经学相比仍有独特的意义,还应该注意到龚自珍、魏源之经学之外的其他著作确有批评现实、讥切时政、重视经世致用的内容。龚自珍借"三世说"以言五经大义,提出以食货经济为基础的社会发展理论,这是借用公羊"三世说"的理论形式来阐发他自己的社会发展理论,实已开启后来廖平、康有为借公羊学的理论形式以言己说之端绪。魏源的《默觚》分《学篇》与《治篇》,强调学与治的结合,提出以经术为治术的观念。魏源等编《皇朝经世文编》及诸多与现实国计民生相关的著作,

---

① 黄开国.清代今文经学发展阶段略论.哲学研究,2013(11):50.

提出“师夷之长技以制夷”的思想，不仅直面中国的古今矛盾，也力图解决近代中西之争，表现出将经学与近代现实相结合的新方向。

清代第二阶段的今文经学以廖平、康有为为代表，他们的今文经学与至龚自珍、魏源为止的清代今文经学相比较，已经不是梁启超的复西汉今文经学之古的“照着说”，而是“接着说”，即利用公羊学孔子改制说的理论形式来发挥其与时代相结合的新理论。

这一阶段的今文经学虽然名义上以公羊学为依托，但绝不囿于其说，与第一阶段的今文经学相比较，具有完全不同的特点：其一，在治学方法上，这一阶段的经文学家根本不守公羊学的家法原则，也不做经学与其他学术的区分，甚至不设中学与西学的界限，而是将古今中西的各种学说都纳入他们的“经学”理论。乾嘉汉学讲求实事求是，注重经学家法原则，重视文字训诂的学风，这些在廖平、康有为那里已经荡然无存，他们都是从自己已有的观念出发，对经典做“六经注我”的主观附会。廖平、康有为虽然也以“考”名其书，著有《古学考》《新学伪经考》《孔子改制考》，但他们的“考”绝不是乾嘉汉学的考据，而是以考据之名来传达自己的思想观念。故他们的今文经学著作从学术上说多属于牵强附会，以至于连他们的弟子对此都毫不讳言。其二，就所谓经学内容而言，廖平、康有为都是在今文经学的外壳下，打破古今中西各种学说的界限，将自己的思想观念和不同学说统统纳入所谓经学的范畴，故他们的今文经学已经不是传统的今文经学，而属于近代学术的范畴。从内容上说，这一阶段的所谓今文经学已经带有近代的时代特色，成为融合了古今中西各种学说的近代思想体系，而不是仅以西汉今文经学为说。其三，这一阶段的廖平、康有为才真正开始了今文经学的以经议政，将经学与现实政治和时代需要紧密结合起来，只是他们的结合都以失败告终。①

至于为什么在 18 世纪这个特殊历史时期会出现今文经学的复兴，艾尔曼提出了一个新的解释，他认为这是常州庄存与、刘逢禄科举联姻家族对抗和珅专权的结果。因为和珅专权过甚，18 世纪 80 年代，庄氏才选择用今文经学对《春秋》的解释来掩饰对和珅的不满。不仅是庄、刘两族，18 世纪 90 年代的反和珅势力同 17 世纪 20 年代的反魏忠贤阉

---

① 黄开国. 清代今文经学发展阶段略论. 哲学研究，2013（11）：51.

党势力一样，使士绅及官僚阶层的不满分子汇成了一股强有力的力量，形成了一个与和珅势力对立的群体，这个群体不仅包含了庄、刘两族，而且洪亮吉、孙星衍、张惠言这样的汉学家也聚集在阿桂和朱珪的周围，形成了一股批评时政的“清议”集团。这个结论引起了不少争议，有学者认为庄氏与和珅在朝为官的时间并不一致，两人在朝中也几无交往，故而不能由此证明庄存与复兴今文经学是具体针对和珅的行动。① 但我认为，艾尔曼有关清初以地缘组建的精英社团被地方宗族集团所取代造成常州学派兴起的看法却是一个有说服力的新见。

艾尔曼特别指出，自和珅被处分后，清朝被长期压抑的以地缘为网络的文人议政社团有复苏的迹象。这种社团在雍正颁布《朋党论》后一度销声匿迹，一般文人不敢轻易议论时政，只能以科举、宗族的血缘联盟方式潜在地议论朝中之事，并间接对腐败专权行为提出批评。明清之际，政治型社团崩溃，宗族势力延续，17 世纪无锡东林党人倡导的地缘“党派”意识，在 18 世纪转为常州庄、刘两族以今文经学为基础的革新主张。一种以垂直的血缘关系为纽带的士绅礼仪集合得到强化，在横向的非血缘性党社基础上关注政治主导权的利益群体则被弱化。地方性权力的这种重构过程事实上创造出新的地方机制，庄、刘两族即是从这种机制中获得了社会地位和权力。② 和珅专权只不过是血缘集团向地缘集团议政方式转变的一个过渡环节，也可称之为枢纽环节。和珅事件促使嘉庆下令有资格的官员上书皇帝议论国事，促成了广开言路风气的再兴，今文经学的复兴只是这一系列举措和转变中的一个环节。③ 如果从这个意义上理解，那么艾尔曼的看法应大体不错。

汪晖则认为，今文经学处理的各种政治性议题有着较之和珅事件和

---

① 刘大年. 评近代经学//朱诚如，王天有. 明清论丛：第 1 辑. 北京：紫禁城出版社，1999. 罗检秋也不同意艾尔曼认为常州学派的兴起与和珅专权有关的说法，他认为，乾隆四十年（1775）以前，和珅尚未进入权力中枢，当然谈不上庄存与因受和珅排挤而转治今文经学，即使到晚年，庄存与虽与和珅不合，但仍受皇帝礼遇。从庄存与之经学的具体内容来看，他阐发了适应统治者需要的微言大义，宣扬天命，维护皇权，尤其是“大一统”思想，没有明显讥讽朝廷、贬斥权奸的意味。他为《古文尚书》辩护就体现了维护学术思想“大一统”的取向。[罗检秋. 从清代汉宋关系看今文经学的兴起. 近代史研究，2004（1）：31]

② 艾尔曼. 经学、政治和宗族：中华帝国晚期常州今文学派研究. 赵刚，译. 南京：江苏人民出版社，1998：23.

③ 同②203－209.

宫廷政治广泛得多的政治内涵。今文经学将制度、法律和皇权问题置于思考的中心，从而它的礼制论密切地联系着有关法律、制度和王朝合法性的思考。这一转变改变了理学的道德中心论的内在结构，充分地发挥了清初经学已经展开的治道合一、理礼合一、礼刑合一等主题。①

今文经学的意义必须在政治的视野中才能得到把握，但这一“政治”的含义却超出了宫廷政治和宗族关系的范围。在清代中期，它所处理的是清朝的法统与满汉关系，汉人官员的政治认同和政治地位，以及如何把礼的观念扩展到国家的内外政策之中，等等。换言之，清代中期的今文经学回答的是如下两个问题：第一，应以何种原则为依据建立清朝帝国的法统？第二，又以何种原则为依据形成汉人官员在这一法统中的合法性？今文经学把帝国政治结构与多元民族的状况作为理论的出发点，从儒学的视野对康熙、雍正、乾隆时期的政治、法律和制度进行批判性总结，在承认王朝合法性的前提下，批判帝国体制内的种族等级制，超越宋明理学和清初经学的夷夏之辨。因此，今文经学是一种有关王朝政治之合法性的理论。②

汪晖从清朝政治合法性或“正统”“法统”的角度观察今文经学的复兴无疑是一个有力的思路，但他对艾尔曼观点的理解有窄化其意义的嫌疑。艾尔曼虽然把和珅专权视为今文经学复兴的动因之一，但显然并没有将今文经学的复兴限在宫廷斗争的视阈内，而是将之看作清代士人从宗族血缘的组织重归明末地缘式社团结盟的一个枢纽性事件，认为它为晚清的“清议”与“经世”之风开辟了道路。故艾尔曼的观点仍有其超越个别人物和场域活动评价的贡献。

从龚自珍、魏源到康有为以今文经学行变革之念的构想，史界多有阐发，尤以汤志钧为最早也最系统。汤志钧认为，龚自珍的经学尽管受西汉今文经学影响，却与之不同，和庄存与、刘逢禄时复兴的今文经学也有区别。这主要表现在：第一，西汉今文经学，以至清代庄存与、刘逢禄时复兴的今文经学，以经书为指归，根据经书立论，围着经书转，使“经学幽而复明”。龚自珍则主张“不必泥乎经史”，要“通乎当世之务”，其目的是“救裨当世”，他不是迷恋历代相传的儒经，而是借用

① 汪晖. 现代中国思想的兴起：上卷第一部　理与物. 北京：三联书店，2004：520.

② 同①521-522.

“出没隐显”的“微言”。①

第二，西汉今文经学家董仲舒强调君权神授、天人感应，他的“大一统”学说把汉朝中央集权的封建专制制度说成天授的、永恒不变的神圣制度。清代复兴的今文经学也揣摩圣旨，仰承帝训，强调尊亲事君，以拱奉皇室，成其“一统”。龚自珍则是呼唤风雷，期待变革，不是仰承封建统治的鼻息，而是关心国家、民族的危亡，一旦民族矛盾上升，就坚决主张反抗外来侵略。他的“大一统”是为了维护国家的统一，为了建设边疆、严守海防，在遇到资本主义国家的侵略时，有着鲜明的反侵略性质。②

第三，龚自珍和过去今文经学家的不同之处还在于，他不只是从经书中寻找“微言”，议政言事，而且还用自己的体会来解释经书，并把外面新的因素添加到经学里。他汲取的是今文经学中的“微言大义”，“变”的是历史进化理论和“大一统”精神，根据社会感受，羼入自己的见解，浏览中西有用之书，挹注新的内容，不守绳墨，不守家法，和正统派为经学而治经学者迥然不同。③

汤志钧认为，康有为早年推崇周公“以时王为法”，希望颁行新制，《教学通义》虽说的是周公、《周礼》，讲的是传统儒学，但实际是康有为“学习西方”后的撰著，它是和《公理书》《康子内外篇》相辅相成的。康有为不像古文经学家那样斤斤于争经学真传、经籍真伪，而是为了要求改革现状而一度尊周公、崇《周礼》。随着康有为第一次上书失败，没有达到目的，其看法发生了转变。康有为认为孔子不是述而不作，而是作“六经”以言改制，尊奉孔子就是因为孔子创立了儒家，托古改制，由尊周公而尊孔子了。④

在康有为眼里，今文经学得到孔子的“真传”，是真正的汉学，古文经学则是“伪学”，即“宋人所尊述之经”也是“伪经”，用以打击当时在学术界占统治地位，又为封建政府“合法”提倡或“默认”的两大学派，为维新变法扫除障碍。⑤

---

① 汤志钧. 近代经学与政治. 北京：中华书局，1984：99.

② 同①101.

③ 同①102.

④ 同①168.

⑤ 同①29.

康有为以为孔子创立“三统”“三世”诸义，处在乱世，想望“太平”，那么社会历史就不是不变的，而是有因革损益的。他以《春秋》为乱世，尧舜为民主、为太平，但尧舜是孔子的理想境界，孔子处在“乱世”，欲致“升平”，想望“太平”，而他则“拨乱救民”，“行权救患”。①

在汤志钧看来，康有为的变法思想仍源于今文经学而非西方的进化论，因为在今文经学的“三统”“三世”说中，“三统”是说每一个朝代都有一个“统”，“统”受之于天，旧王朝违背天命，便由另一新王朝“承应天命”来替代，新王朝就必须“改正朔，易服色”，以夏、商、周三代为例，它们的制度各有因革损益，不是不变的。尽管这种“变”是历史循环论，但其中“因革损益”“因时制宜”的思想正是资产阶级维新派倡导变法的理论依据。② 所谓“三世”，源于公羊学，以为孔子“笔削《春秋》”，分鲁国的十二公为三等：哀、定、昭时的史事，是孔子“所见”，叫“所见世”；襄、成、文、宣时的史事，是孔子“所闻”，叫“所闻世”；僖、闵、庄、桓、隐时的史事，是孔子“所传闻”，叫“所传闻世”。孔子以时代的远近而异其书法，或者“微其辞”，或者“痛其祸”，或者“杀其恩”。东汉何休更以“所传闻世”为“衰乱”，“所闻世”为“升平”，“所见世”为“太平”。这样，便有了衰乱、升平、太平的“三世”名词。假使以古代为“衰乱”、近代为“升平”、现代为“太平”，那么社会历史就是向前发展的，“乱世”之后进入“升平”，“升平”之后进入“太平”，“愈改而愈进也”。所以，“三世说”实质上是一种庸俗进化论。③

康有为依据儒家今文经学说而推演出的由“乱世”到“小康”、由“升平”到“太平”的进化论，虽然是一种庸俗进化论，但它孕育在康有为了解西方进化论之前，确切地说是在严复翻译《天演论》正式出版之前。康有为把公羊“三世”和《礼运》“小康”“大同”糅合，在戊戌变法前基本上构成一个“三世”系统，即将公羊的“升平世”说成《礼运》的“小康”，将公羊的“太平世”说成《礼运》的“大同”，通过变法维新，就可逐渐达到他所向往的“大同”境界。④ 因此，康有为受到

① 汤志钧．近代经学与政治．北京：中华书局，1984：183.

② 汤志钧．再论康有为与今文经学．历史研究，2000（6）：73.

③ 同②.

④ 同②74.

西方进化论影响是在戊戌变法之后。

康有为无疑是晚清今文经学最重要的旗手，但他与另外一位经学名家廖平的关系到底如何，康有为的思想是否受到廖平的影响，亦是学界长期讨论的焦点。陈其泰认为，康有为的今文经学虽源于廖平，但廖平也受到康有为的影响，二人的思想是交互作用的。康有为先读过《今古学考》，引廖平为知己。广州会见之后，康有为更加受到廖平的影响，完全转向今文经学。此后不久，康有为相继著成《新学伪经考》和《孔子改制考》，所以康有为的今文经学实渊源于廖平。但是廖平并未将《辟刘篇》《知圣篇》这两部书稿出示给康有为看，康有为的《新学伪经考》和《孔子改制考》不是直接祖述廖平的以上两部书稿，而廖平刊于1892年的《古学考》却有直接引用《新学伪经考》的内容，廖平与康有为所处时代相同，两人同是与晚清今文经学关系最大的人物，但在1894年以后却走上了完全不同的道路。康有为以自己紧扣时代脉搏的著作，把今文经学推向高潮，并以经过改造的公羊学说作为维新变法的思想武器；廖平却不顾前后自相矛盾，改变自己的学说，越变越离奇荒唐。

廖平经学思想的前两变虽然颇守今文经学家法，但他只是做纯学术的研究，没有继承清朝中叶以来进步今文经学家关心国家、民族命运的传统。清代今文经学复兴的生命力乃在于它强烈的经世致用精神与挽救国家危亡的时代需要密切结合，廖平的学术观点中没有这种积极的推动力，他与列强环伺、民族危机深重的时代特点非常隔膜，这同康有为从19世纪80年代后期开始就有志于从事挽救危亡的政治活动是大不相同的。与此相联系，廖平前期虽然对区分今古做了系统的总结，表现出好学深思的特点，但他专以“制度”作为分别今古的指导思想，实际上没有把握住今文经学的核心。今文经学的核心是重视义理的发挥，讲微言大义，关心现实政治，为后王立法，以变易进化观点观察历史，而廖平对这些实质性问题缺乏认识，无法把其经学思想与时代要求联系起来。①

廖平也不明白公羊“三世说”进化观的意义，把“三世”降低到《春秋》书法或文辞的差别，使其完全丧失了思想价值。廖平从纯学术

① 陈其泰. 廖平与晚清今文经学. 清史研究，1996（1）：3.

角度推演儒家经典，割断了儒家在近代的复兴与时代的联系，就必然使之丧失活力，走向穷途末路，反映出固守儒学体系在近代的衰落趋势。①

房德邻则考辨了康有为转向今文经学的过程，他的看法与陈其泰的看法大体一致。康有为于光绪十二年（1886）前后写的《民功篇》和《教学通义》受到今文经学家龚自珍的影响，含有某些今文经学观点。光绪十四年（1888）、十五年（1889），康有为在京师进一步转向今文经学，这是受到了喜好今文经学的当朝权臣翁同龢、潘祖荫等的影响，也受到了廖平所著“平分今古”的《今古学考》的影响。光绪十五年（1889）、十六年（1890）之交，康有为在广州会见已经转向今文经学的廖平，受与廖平谈话的影响，完全转向今文经学。随后康有为在弟子们的协助下写出“两考”，“两考”没有袭用廖平的《辟刘篇》和《知圣篇》，因为广州会见时廖平并没有给康有为看过这“两篇”。长期流传的康有为“两考”抄袭廖平“两篇”之说是不实之词。②

朱维铮则注意到，康有为把廖平的今文经学结论推向了极致。廖平虽说西汉博士官传授的今文经传比刘歆传授的古文经传可信，但还不敢说唯有今文经传才是孔子的真传。康有为则不然，他宣称西汉博士传授的今文经传之所以可信，是因为这些经传都传自秦博士，而秦博士的藏书不在秦始皇焚书的对象之内。既然秦朝保全了博士藏书，那么西汉博士传授的当然都是足本“圣经”。凡与此不同的古文传本，都是刘歆利用整理宫廷藏书的权力伪造的赝品。刘歆不但伪造“圣经”而且伪造正史，不但炮制《汉书》而且篡改《史记》，目的是塞入有关古文经传是真“圣经”的伪证。东汉古文经学家贾逵、马融、许慎等都知道这个奥秘，从不同方面续造伪证。到了郑玄，索性混合今古文，用今文经说诠释古文经传，从此孔子的真经亡而刘歆的伪经兴，“新学伪经”代代相传。显然，康有为的意向在于借用原始“圣经”的权威，打击“中世纪经院哲学”的权威。这本是龚自珍、魏源至戴望、廖平那些今文经学家的一贯战术。但龚自珍憎恶的主要是“以理杀人”的道学，倾向于“六

① 陈其泰．廖平与晚清今文经学．清史研究，1996（1）：64．

② 房德邻．论康有为从经古文学向经今文学的转变——兼答黄开国、唐赤蓉先生．近代史研究，2012（2）：100．

经皆史”说，戴望虽以为《春秋公羊传》是西汉经学的范式，并指斥刘歆的《移让太常博士书》别有用心，但不否定《周礼》。廖平虽称《周礼》是刘歆作伪的产物，但并不断言古文经传全是刘歆的伪造。康有为更接近魏源，因为魏源不反宋学而反汉学，宣称清代汉学才是“经世致用”的真正祸害，并把孔子当作“为汉制法”的先知。①

桑兵和关晓红以为，就清学而言，与汉宋分争相比，今古文经学的问题相对次要，或者说只是少数人的问题。有清一代，真正可以称为今文经学家者屈指可数，如果没有康有为，今文经学应当不会进入晚清思想学术的主线。以今日对于此事的看法及事实而论，关键之一在于如何判断公羊学与今文经学的关系。由于龚自珍、魏源的影响以及翁同龢、潘祖荫等士林领袖的偏好，公羊学在晚清风行一时。尤其是翁、潘二人长期担任科举主考官，门生众多，天下士子无不投其所好。康有为转向公羊，与科考风气不无关系。毫无疑问，凡尊今文经学者必讲公羊，可是不能反推，凡讲公羊者都是公羊家。于晚清一般讲经学的士人而言，今古文当然有别，但已经混杂，不一定要做此疆彼界的抉择，主张严格界分并且身体力行者为数不多。这使得今古文的界限变得难以把握。清季除廖平、皮锡瑞、崔适之外，王闿运、夏曾佑等一批好讲今文经学的名士并不被列入今文经学家的行列。康有为讲公羊，开始不无投合翁、潘引领的时尚以谋科举出身之嫌，后来则借以宣传变革主张，以便张大声势。所以，梁启超屡屡劝其不必依傍。处处与康有为针锋相对的章太炎无疑是古文经学家，至于康有为是否真正的今文经学家，不无可议。因康有为而盛极一时的今文经学，只不过是清代学术思想的一段插曲变奏。②

黄燕强也认为，近百年来，经学和经学史的研究完全依照晚清今古文经学家所发明的二元对立思维来建立经学史的架构，这种义理与考据、孔学与史学的分门别户的对立是晚清的现象，而非两汉经学之实情。钱穆认为，今古文经学仅起于晚清，是道咸以下的经学家因门户之见而造成的出主入奴与主杨主墨的辩争，并非两汉经学的实况，故所谓

① 朱维铮. 重评《新学伪经考》. 复旦学报（社会科学版），1992（2）：48.

② 桑兵，关晓红. 先因后创与不破不立：近代中国学术流派研究. 北京：三联书店，2007：39-40.

的今古文经学家之说皆不足信。晚清经学有今古文之争，汉代经学也有学术上的辩论，但并不如廖平所说的那般针锋相对，其性质也不是哲学与史学或主《王制》与主《周礼》的差异，其范畴亦非文字之今古的经书，其方法更不在于义理与考据的对峙，而应是王官学求致用与民间学求真求是的不同学术精神的体现。钱玄同、钱穆、蒙文通、徐复观等人虽然对这一问题都有辨证，但都有所未周，都未能从“六经皆史”的思维中走出来，仍把《左传》《周礼》等看作史学或史料，与汉儒之说并不相符。①

晚清经学诚有今文与古文之争，今文经学家之所以斤斤于文字的今古，是旨在借文字之为古体而激发人们的怀疑主义，从而判定孔壁中书、河内诸经如《逸礼》《周礼》《尚书》等是伪造的，《左传》是不传《春秋》的，所谓的古文经不是伪造的就是与经书绝无干系，唯有所谓的今文经才是真的经书或解经之作，故应尊今文而发挥孔子改制之大义，为现在的世界重立法典，循序渐进地改革之、引导之，以达到天下大同。汉代经学论争的实质，是王官学之经世致用与民间学之求真求是的异质精神的矛盾。诚然，晚清今文经学家不是严肃的历史主义者，而是希求经世致用的哲学家，他们研究今文经学，不是要复西汉今文经学之古，而是要举两千年僵固的传统文化而解放之，再发展出能拯救衰颓式微乃至有亡国之虞的华夏民族的哲学。故而他们不是虔诚的神学诠释学者，他们运用人文主义的哲学诠释学，并隐含着一种强烈的批判精神，寻求突破传统内部限制自由思想的力量，从而对经典文本进行多重意义结构的现代性重建。他们师法汉代公羊家的“改制”“三统”“大同”说，他们也遗传了公羊家的非常怪异之论。他们努力以《王制》与《周礼》、孔学（哲学）与史学、义理与考据等来划分今古文经学，可是他们雄辩的理论完全经不起历史主义精神的叩问。用王官学与民间学之辩来取代今文与古文之争，这绝不是简单地把晚清今古文经学家所划分的二派经书及争论的性质，重新派分给王官学与民间学。王官学与民间学对孔子“素王”之尊的推崇，对经学中心思想的认知，以及对解经方法论的运用，都没有晚清经学家所强调的那种泾渭分明的区别。相反，

---

① 黄燕强. 重论晚清经今古文学之争：与两汉经学的比较研究. 清史研究，2013（3）：75.

王官学与民间学是有调和、融合的，也有共同的学术精神，我们可以超越二者间的一些不甚紧要的辩争，而做综合、沟通的研究，不再汲汲于今古文之边缘，只见对立而不知统一。

过去的百余年里，因受晚清今文古经学家所区分的今古文经学壁垒森森之观念的影响，研究两汉经学的理论思维和解析方式几乎群趋于“比较分析”一途。人们的思维受今文经学与古文经学二元对立理论的主宰，执此来衡量两汉经学，常有非此即彼的倾向，甚或不乏是此非彼的偏见，以致完全漠视两汉经学内在的一体性与融通性，对古代经学思想中某些一以贯之的核心价值造成了难以弥缝的隔膜感，乃至莫大的割裂之害。故百余年后的今日，应该扬弃过去纯属比较分析的研究方法，而运用综合归纳的辩证逻辑，探求经学内部各方面、各因素、各层次的机理与功能的联系，从而对经学思想获得更具系统性与整体性的认识。①

刘巍亦认为，讨论晚清经学涉及今古文之争有不尽如人意者，往往不仅在于掌握事实之不周，而更在于学派划分根据之不确。推源论之，晚清学人入主出奴的今古文门户之见，实启后学之迷思。钱穆在《刘向刘歆父子年谱》中提出，所谓汉代经学以今文为一派，古文为一派，道一风同，势同水火的说法，乃晚清今文经学家张皇过甚之论，并无实际意义。也就是说，汉代今古文之争是一回事，晚清今古文之争是另一回事。这一见解，是治三代经学史和晚清经学史的学者都要重视的。② 其中章太炎的治学动向就值得重新辨析。章太炎从“援今文义说古文经到铸古文经学为史学”的过程与下述因素密切相关：第一，在思想本源上彻底告别旨在“尊崇孔氏，以息内讧”的不切实际的政治幻想的理论基础，即康有为的今文经学说，进而重建小而言之是“光复主义”大而言之是“民族主义”的知识根据与理论基础，章太炎所坚守的“春秋古文之学”恰可提供丰厚的知识与思想资源。第二，真正与章氏新古文经学立场密切相关的还不是“革命”的政治倾向，而是“民族主义”的学理

① 黄燕强. 重论晚清经今古文学之争：与两汉经学的比较研究. 清史研究，2013（3）：85.

② 刘巍. 从援今文义说古文经到铸古文经学为史学——对章太炎早期经学思想发展轨迹的探讨. 近代史研究，2004（3）：94.

建构。章氏新古文经学是用“民族主义”学理对“渊源在顾宁人”的清代经学做了改造、发挥，从而使自己的经学具有为“民族主义”提供知识基础的功能。第三，章氏新古文经学的基本致力方向是“经学的史学化”，这与他当时有志于编纂“中国通史”息息相关，社会学等新学理的摄入使经学的旧途径顺理成章地通向“史”，于是通史之作“必以古经说为客体，新思想为主观”，从而使经学具有为新的“中国通史”提供“天然材料”的史学功能。①

以上行文分别对诸子学、理学及今文经学在清朝中期之后的复兴状况做了概要性的梳理。诸子学重新受到重视，是因为它能起到羽翼经学考据、挑战理学权威的作用，而理学的复兴则又恰恰是因为经学过于封闭的治学风格无法应对晚清政局出现的危机，必须通过为理学注入新的经世活力来挽救学界衰颓萎靡的局面。今文经学的复兴也有一个从维系清朝统治的常态向为晚清变革提供舆论支持的转变过程。这三种传统学问的内在转变相互交织在一起，与晚清的变革态势息息相关，值得进行深入讨论。

① 刘巍. 从援今文义说古文经到铸古文经学为史学——对章太炎早期经学思想发展轨迹的探讨. 近代史研究，2004（3）：98.

第六章　从“单向文化传播论”到知识类型转变的现代性分析

——西学东渐史百年研究回顾

西学以何种方式和渠道输入中国以及对中国传统学问体系造成了怎样的影响，一直是令学界持续瞩目的大问题，要洞悉其中的隐秘幽微之处，不仅要对观念传输、旧体改制、身份变迁乃至帝王个人偏好等因素做全面的考察，而且要仔细辨析中西思维碰撞或抵牾或交融之程度背后的各种历史隐形要素，故分析起来常感困难重重。以传教士所扮演的输入西学的媒介角色而言，以往学界对其作用的评价虽然忽高忽低，但大多难以逃出“单向文化传播论”的窠臼。一些论者仅仅以传教士输入和推广的科学知识是否与西方同步为标准来评估其对中国现代化的贡献。换言之，作为中西接触的媒介角色，传教士是否带来了当时先进的科学方法最终成为评价其是否具备正面形象的唯一标准和途径。这样的观察视角基本忽略了由中国内部产生的评价西学的不同声音，认为那纯粹是保守势力的狂妄呓语，根本没必要认真对待。

自 20 世纪 90 年代始，有些学者开始发现单向文化传播论的局限，转而关注中国学界面对西学传入时产生的多样反应，从“道出于二”的视角，平行叙述中学与西学的冲撞、交锋。他们发现，要理解中国人面对西学的纠葛心态，必须寻找另外的解释路径，新文化史的分支阅读史的解释方法为此提供了一条思路。阅读史主张把研究主体转移到国人本身的知识结构中，从读者接受的角度窥测西学的渗透程度及变异形态，并注意到对西学的吸收与中国特定的政治和社会文化语境有关，避免仅仅凭借单一的科学传播之矢量大小来估测中国学问与智慧的优劣得失。

这股潮流被看作从单一现代化的评价标准向“现代性”视角转变的重要转向。

受德国概念史研究取向的影响，一些学者认为，对西方名词和概念的转译对中国人接受西学及受其影响的程度产生了至关重要的作用。同时，也有学者提出应该避免单纯从语义学角度考量中西词汇之间的对等翻译，而更应该关注其背后的权利运作模式，这种被称为“跨语际实践”的探索逐渐成为西学东渐史研究的主流。本章拟针对上述西学东渐史的不同研究路向做出概要性的梳理和评析。

第一节　传教士作为西学输入媒介之得失的评价

在西学东渐的历史上，天主教耶稣会传教士是第一波承载传播西学使命的群体，而新教传教士则承担了第二波输入近代西方知识的任务，这两拨群体的作用在学界素有争议。如何兆武就认为西学东渐若从内因方面而论，非一言所能尽述，故他干脆完全撇开清朝内部的因素，直言不讳地批评这批西方文化的输入者，特指旧教的传教士们（耶稣会士们），对中国起了一种封锁近代科学和近代思想的恶劣作用。何先生的疑问是：假如当时传入中国的不是中世纪神学的世界构图而是近代牛顿的古典体系，不是中世纪经院哲学的思维方式而是培根、笛卡尔的近代思维方式，那中国思想意识的近代化有没有可能提前两百五十年至三百年？若果真如此，则中国的思想史将会大为改观，而不必等到两三个世纪之后西方的洋枪洋炮轰开了国门，中国才萌发近代化的觉悟。①

何兆武给耶稣会扣上了一顶“反动组织”的大帽子，认为耶稣会不仅敌视一切新的思潮，如近代科学、思想自由、个性解放、人文主义、民族主义与教会的民族化，而且通过极其严格的封建等级制组织原则，进行各式各样只求目的可以不择手段的活动。耶稣会士不但在国际活动中成为殖民帝国的先遣队和代理人，而且是中世纪神权与教会的支柱，在全世界范围内为封建教会执行其“精神宪兵”的任务，反对文艺复兴

① 何兆武．中西文化交流史论．北京：中国青年出版社，2001：导言 6.

以来的一切新思潮。① 具体从思想方法而言，耶稣会士以天主教正统哲学家托马斯·阿奎那的《神学大全》为传教根据，意大利人利类思和葡萄牙人安文思都曾翻译其中的部分内容。② 因此，何兆武把来华传教之耶稣会士的著作视为一定时代教会的官方经院哲学的表述，它那中世纪的封建性格与当时欧洲的先进科学思想背道而驰。传教士输入的西学并不是当时欧洲的新学，而是当时的旧学，不是文艺复兴以来的近代思想与文化，而是与此相对立的中世纪封建教会的神学和经院哲学。③

有些学者基本附和了何兆武的意见，如漆永祥就表示“康乾盛世”时期西学的影响到底有多大仍有疑问，从天算学著述来看，传教士的目的在于传教，西学只是歆动士大夫和皇帝的手段，言辞多有迎合士大夫心理之处，直接导致所译书籍的完整性与科学性受到一定程度的破坏。他们翻译的书籍在天文学方面采用的还是第谷体系，远远落后于同时期西方的天算学水平。传入的数学也是初等数学，而解析几何、微积分、初等概率等尚未为中国学术界接触与接受。④

对于何兆武的论断，我以为，这种完全撇开中国传统的内部原因，只苛求耶稣会士对西学传播的滞后应负完全责任的极端看法，无法回答以下问题：中国在晚清科学理念指导下进行了如此广泛而深入的洋务运动，为什么却在甲午战争中败于日本？单独从外来因素出发寻究中国近代化探索失败的原因，而不深入辨析其与中国内在社会政治构造之间的繁复关系，显然无法对此做出合理解释，这也是晚清以来康有为、梁启超等维新人士反思洋务运动失败，寻求政治体制改革的深层动力之一。

对于何兆武贬低耶稣会士引进西学之价值的做法，江晓原完全不赞同。江晓原的观点恰恰相反，他认为传教士对天文、算学、历法的引进，一度使中国接近了欧洲天文学发展的前沿，后来趋于沉寂是内因所致，与传教士的作用没有太大关系。比如哥白尼学说在中国的传播程度

---

① 何兆武. 中西文化交流史论. 北京：中国青年出版社，2001：导言 3.

② 利类思（Louis Buglio，1606—1682），1637 年来中国，1682 年殁于北京。（费赖之. 在华耶稣会士列传及书目：上册. 冯承钧，译. 北京：中华书局，1995：235）安文思（Gabriel de Maqalhaens，1609—1677），1640 年来中国，1677 年殁于北京。（同上，236）

③ 同①导言 5.

④ 漆永祥. 从《汉学师承记》看西学对乾嘉考据学的影响//黄爱平，黄兴涛. 西学与清代文化. 北京：中华书局，2008：314.

就需要澄清，清军入关后，汤若望将《崇祯历书》略加增删改动，呈献清廷，以《西洋新法历书》之名颁行，《天体运行论》是修撰《崇祯历书》时最重要的参考书之一。汤若望等人大量引用了《天体运行论》中的材料，共计译用了原书的十一章，引用了哥白尼所做二十七项观测记录中的十七项。更重要的是，还对哥白尼在天文学史上的地位以及《天体运行论》的内容做了介绍和述评。这说明在哥白尼学说问世不到一个世纪时，耶稣会士即已开始在远东发表述评，可见意义重大。① 而且，清代官方天文学所采用的第谷体系在当时并不落后，耶稣会士选择它是有科学根据的。此外，耶稣会士还曾将欧洲当时非常新颖的天文学成果介绍进来，例如《西洋新法历书》中介绍了不少伽利略、开普勒等人的天文学工作。伽利略用望远镜进行天文观测获得的新发现发表于1609年，仅仅六年之后，来华耶稣会士阳玛诺的中文著作《天问略》中就对此做了介绍。② 江晓原推测中国天文学落后的一个原因是在“会通中西”方面走了歧路，如梅文鼎、王锡阐采取的“会通”说法，主要是论证“西学中源说”。“西学中源说”用虚幻的满足感替代了清廷日益临近的危机感，对清代天文学的发展起了很坏的作用。另一个原因是中国传统皇家天文学具有鲜明的“政治巫术”性质，这一特性并未因采用欧洲天文学方法和耶稣会士出任钦天监监正而改变。③

一些研究成果也对江晓原的看法予以了佐证，如吴伯娅即证明乾隆时期的法国传教士蒋友仁绘制了《增补坤舆全图》④，在此图的说明中，蒋友仁明确宣布哥白尼的日心地动说是唯一正确的，并介绍了开普勒三定律以及欧洲天文学的一些最新进展，如地球为椭圆形等，可惜此图作为寿礼献给乾隆帝，并未受到应有的重视。⑤

---

① 江晓原. 欧洲天文学在清代社会中的影响//黄爱平，黄兴涛. 西学与清代文化. 北京：中华书局，2008：474.

② 阳玛诺（Emmanuel Diaz Junior，1574—1659），葡萄牙人，1610年来中国，1659年殁于杭州。（费赖之. 在华耶稣会士列传及书目：上册. 冯承钧，译. 北京：中华书局，1995：110-111）

③ 同①476.

④ 蒋友仁（Michel Benoist，1715—1774），法兰西人，1744年来中国，1774年殁于北京。（费赖之. 在华耶稣会士列传及书目：上册. 冯承钧，译. 北京：中华书局，1995：313）

⑤ 吴伯娅. 从新出版的清宫档案看乾隆年间的西学东渐//黄爱平，黄兴涛. 西学与清代文化. 北京：中华书局，2008：285.

熊月之则对来华传教士输入西学的动机及策略进行了评述。他指出，基督教对科学不但不完全绝对排斥，相反，还有一些适应或促进科学发展的因素，不同历史时期情况有所不同。古希腊科学留下了两种传统，即数学唯理主义自然观和机械主义自然观：前者以毕达哥拉斯和柏拉图为代表，认为自然界是按照数学原则构造起来的，因而可被人的理性从数学的角度加以认识；后者以阿基米德、托勒密等人为代表。中世纪的基督教利用了统一意识形态的力量，将这两种观点灌输给整个社会。在中世纪的神学教育中，数学始终被置于重要位置。这是因为，基督教为了使人们相信上帝，需要用自然秩序去论证上帝的伟大，认识自然秩序是认识上帝的必要途径。中世纪的神学家都是通过自然界的和谐去论证上帝的存在，数学则是研究自然的必备工具。宗教改革以后，新教伦理也强调赞颂上帝的最好途径是研究和认识自然，一是因为上帝的智慧完全体现在它所创造的自然秩序中；二是从为社会谋福利的角度看，最好的途径就是运用科学技术为社会创造更多的物质财富。

基督教传教士的在华活动也基本奉行了重视数学、科学的原则，表现在传教士乐于介绍、宣传一般科学知识，如数学、物理、化学、地理、地质、生物、医学等，对于某些与基督教教义相抵触的科学知识，传教士的处理方式与西方教会保持一致。晚明来华的耶稣会士对日心说避而不谈，到了清代，蒋友仁已不回避，且有准确的介绍。晚清来华的传教士宣传的都是日心说。对于达尔文的人猿同祖说，传教士一般持比较谨慎的态度，这也与西方教会的态度一致，当然也不是完全没有述及，傅兰雅在《格致汇编》中就有提到。[①] 有些学者认为传教士对西方科学之精华部分秘而不宣，只介绍其低浅粗劣部分的说法，是一种戴着有色眼镜的臆测之言。[②]

有学者则指出不应该仅从耶稣会士传播具体西学知识的成败优劣入手来评估其作用，而应该更多从其引发的思维变革的角度正视其贡献。如王晓朝就提示说，早期耶稣会士进入中国开始的文化交流引发了中国人思维方式的变革，促使中国人形成了新的世界观和对待中国传统文化的新态度，这是这场中西文化交流所取得的最重要成果，中国近现代理

---

① 傅兰雅（John Fryer，1839—1928），英国人，1861 年来中国。

② 熊月之. 西学东渐与晚清社会. 北京：中国人民大学出版社，2010：19.

性思维方式的形成正是从这里开始的。在这一文化交流的场景中，早期耶稣会士进入中国传教所带来的西方文化和西方思维方式是一种激励要素，一经与中国文化和中国传统思维方式相遇、碰撞，便催生了中国近现代理性思维方式。①

人们已经感觉到，不仅应该把早期天主教传教士与新教传教士的作用区别开，而且应该把新教传教士内部传教路径的差异及其对西学传播的影响加以区分。在整个 19 世纪，绝大多数传教士采取的是“直接布道”方式，他们一般不看重甚至反对办学、办报等西学传播活动，这个派别被称为“基要派”。19 世纪 80 年代以后，西方神学界开始兴起以宣传社会福音为特点的现代派神学思想，并逐渐支配传教活动，该派倡导一种“间接布道”方式，主张通过新闻、出版、教育和社会改革等运动间接传播教义，故被称为“自由派”。②

持社会派或自由派理念的新教传教士显然在传播西学方面比基要派更加灵活，也更加有效。如林乐知曾提出“中西并重说”，并在上海的中西书院创建中体现了这一原则，他把《教会新报》易名为《万国公报》，也是为了淡化教会神理的色彩。林乐知的理念是，传播西学只有根植于中国文化的土壤，方能使西学被更好地理解和接受，中学和西学不是对立的关系，而是相辅相成、合二为一的关系。但林乐知的“中西并重说”与“中体西用说”截然异趣，中国士人宣扬的“主以中学，辅以西学”是就中西两种文化的主次而言，而林乐知的“中西并重”是就文化交流中的主客体关系而言，亦即传播西学既要重视传播方，也要重视接受方，只有这样，才能保障传播的顺利进行。其诡秘的做法就是，

---

① 王晓朝. 从明清天主教文献看中国近现代理性思维方式的生成//黄爱平，黄兴涛. 西学与清代文化. 北京：中华书局，2008：611.

② 卢明玉. 译与异：林乐知译述与西学传播. 北京：首都经济贸易大学出版社，2010：177. 梁元生曾引美国学者保·瓦格（Paul A. Varg）的观点，将晚清来华的新教传教士分为基要派（Fundamentalist）、保守派（Conservative）、社会派（The Socialization Wing）、自由派（The Liberal Wing）。前两派的工作主要在“救灵”（saving souls）而不问政治（non-political）；社会派的福音植根于“人道主义”（humanitarianism），希望帮助中国人了解西方社会，提供医疗、教育服务，多于传播“救恩”（salvation）；自由派则主持大部分的教育事业。（梁元生. 林乐知在华事业与《万国公报》. 香港：香港中文大学出版社，1978：5；杨念群. “社会福音派”与基督教乡村建设运动//杨念群自选集. 桂林：广西师范大学出版社，2000：324－346）

在中西文化相通之处强调并重，而在不通之处强调“西优中劣”。①

有论者专门辨析传教士传入数学的利弊得失，赵晖即认为在早期耶稣会士的知识架构中，欧几里得几何学占有最重要的地位，而数学中的另一大分支代数学却遭到冷落和忽视。在耶稣会士眼里，其掌握的数学知识并不是用于进一步研究及发明、创造新知的基础和工具，而只是现有知识体系的一个重要组成部分。上述缺陷的存在对于西方科学知识尤其是一些科学新知传入中国多有不利影响。例如笛卡尔早在17世纪上半叶就创立了解析几何，而耶稣会第一部介绍解析几何的著作直到1730年才出现。②

不少学者注意到了帝王之爱好和品味对西学传入仍具有决定性影响。比如康熙钦定的《数理精蕴》不但对17世纪的解析几何与微积分无一字提及，而且忽视了一些重要数学成就，如傅盛泽编译的介绍符号代数（symbolical algebra）的《阿尔热巴拉新法》就未被《数理精蕴》收录，对一些著作之理论性方面研究内容的删节也反映出传统历算学在吸纳西方数学方面存在诸多内在矛盾和限制。而《数理精蕴》中以钦定方式大肆宣扬的“西学中源说”，无疑为后世历算学者的专业研究定下了只可以夏变夷、不可以夷变夏的规范，给中西学的会通只留出一条单方面的中学化途径，中西算学间交融互动的广度和深度自然大受限制，而此后随着禁教政策的实施，中西科技交流基本中断，西学新知难以传入。《数理精蕴》遂成为一代代畴人呕心沥血研究的重要源泉，影响了整个清代的数学发展。③ 清初西学传播完全受到帝王个人之好恶的左右，同明末士大夫担当接纳西学的主力角色大有不同。汤若望在顺治朝的辉煌来源于多尔衮和顺治帝的重用与宠信，康熙朝西学传播的高潮也是康熙帝刻意为之的结果。顺治帝死后“历狱”事件的发生显示了传教士们的成功完全依赖帝王的保护，而康熙帝在接纳西学中表现出来的缺点和短处同样给西学传播投下了阴影。④

对于“西学中源说”的作用，有些学者并不主张纯从吸收西学的角

---

① 卢明玉. 译与异：林乐知译述与西学传播. 北京：首都经济贸易大学出版社，2010：158-183.

② 赵晖. 西学东渐与清代前期数学. 杭州：浙江大学出版社，2010：28.

③ 同②54.

④ 同②62.

度进行考量，认为要顾及其传入的语境与相关士人的心理状态。西学东渐并非仅是一种知识的单向输入，而是涉及对中国文化和思维方式的改造与冲击，故中国人在汲取西学时往往采取欲拒还迎的矛盾态度。清初多数历算学家对于天主教持明显的排斥心理，但无论他们对于“西夷”抱有何种看法，西法较中法为密，西算在几何、三角等领域的长处都是不可否认的。传统历算学在明代的衰弱更扩大了西学在历算领域的优势。接受并吸纳西学知识是清朝历算学家的一种不可规避的选择。但对西算进行学习乃至深入研究，对于他们而言，同样会产生以夷变夏的担心和忧虑。传统中算尽管有着不少缺陷和弱点，但在清初历算学家看来，中算是他们接受西学的基础和门径，是可以加以改进和发展的，尤其在遇到西学攻击时，更必须加以维护。在寻求研习西算的合理性上，清初历算学家得益于“西学中源”思潮，西学既源于中土，自然可被视为中学体系的延伸。学习西方数学知识就不至于有数典忘祖的危险。研习西算的行为经此话语途径即可转化为对中学的阐发、弘扬。①

但也有人认为，“西学中源说”严重阻碍了对西学新知的及时吸收，如阮元所编《畴人传》因秉持“西学中源说”，对西方科学的理解和接受就出现了偏差。如哥白尼的日心地动说经蒋友仁在《增补坤舆全图》中的介绍本应该为国人清楚地了解，但是后来钱大昕、阮元在将该图的文字说明整理为《地球图说》出版时，却认为它不过是一种理论假设，批其为“上下易位，动静倒置”“离经叛道，不可为训”，结果这一近代科学革命的重大发现在长达半个世纪的时间里并没有被中国人理解，致使中国天文学没能突破推算历日的传统，在宇宙观上也仍然停留于传统的天圆地方说。②

清初历算学家对西学的总体看法和研究取向与明末徐光启等人颇有差异，在清初中西学之争颇为激烈的状况下，他们对西学的排斥和疑虑较明末士人远有过之，杨光先等人对西学产生的担忧，清初历算学者也是有感于心。明末遗民们鼓吹的民族大义于其更是心有戚戚焉。在他们看来，天主教教义自当拒斥，而西学、西算知识也当融入中学之型范方

---

① 赵晖. 西学东渐与清代前期数学. 杭州：浙江大学出版社，2010：127.

② 王扬宗.《六合丛谈》中的近代科学知识及其在清末的影响. 中国科技史料，1999，20（3）：217.

可无忧。因此，清初的中西数学会通呈现出与明末颇为不同的局面。清初历算学家除了致力于对西学的深入理解和与之沟通，也开始尝试以中算原理、方法来证明西算公式，甚至谋求将整个西算体系予以“中算化”，其目的在于逐步将西算知识纳入中算体系的原有系统架构，使之成为中算的有机组成部分，尽管这一目的并未实现。①

除了传播西算、西历这些新知之外，耶稣会士对西洋艺术的输入也是其传教策略的一个组成部分。西洋油画、铜版画被耶稣会士带入清朝宫廷后，确立了西洋画师在宫廷中的特殊地位，这对于传教士来说，无异于在天文、历算的科学渠道之外开辟了又一条同清朝皇帝保持密切联系的途径。尤其是清朝皇帝对西洋美术及其他技艺如水珐、自鸣钟、珐琅瓷彩、建筑、机械人等表现出日益浓烈的兴趣之日，也正是他们在全国愈加严厉镇压基督教之时，在如此艰难的处境和禁教氛围中，西洋艺术与技巧在宫廷的流传为在北京保留基督教的残余势力，缓解其在地方上遭受的镇压，起到了不可替代的作用，也使得清朝统治者对西学的兴趣呈现出一种从科技兴趣向逸乐性质的“精致文化”蜕变的趋向。其结果是，不仅助长了帝王和贵族阶层的奢靡与腐败，亦背离了最初中国士大夫热心西学改革弊政的初衷。西学在中国的衰竭固然有多种原因，但清朝统治者兴趣的转移及西学社会功能的蜕变，不能不说是其中的重要因素。②

与明末清初耶稣会士传播西学相比，清末传教士传播的内容涉及自然科学、社会科学的各个领域，包括天文、地理、算学、几何、化学、物理、生物等科学知识，农、工、商、医等科技知识，政治、经济、历史、法律、军事、外交、语言、教育、新闻等社会科学知识，伦理道德、风俗习惯、宗教信仰等文化知识，传教士还能抓住社会关注的热点问题及时予以分析、评论。如邹振环就注意到，西方传教士扮演着晚清西史东渐的传播媒介的角色。其意义在于，其一，西方传教士的历史译著使晚清史家的史书记载在时空讨论范围上有了空前的拓展，建立起了一种横向比较的“万国”史观，打破了习惯于纵向比较的历史观。其二，西

---

① 赵晖．西学东渐与清代前期数学．杭州：浙江大学出版社，2010：127．

② 沈定平．西洋铜版画在清宫廷之流传及其影响//黄爱平，黄兴涛．西学与清代文化．北京：中华书局，2008：524．

方传教士的历史译著传达了具有强烈时代性的新观念——进化史观，突破了中国传统的历史循环论。① 进化史观在使时间变得井然有序的同时，万事万物也被定位于一种以“现代/古代”“新/旧”“先进/落后”“改革/保守”等为范畴的二元对立体系中。时间的圆圈被掐断，演变为一条箭头直接向前和向上的直线运动。其三，西方传教士的历史译著所传入的“民史”内容给中国史学以极大的冲击，且成为抨击传统旧史的重要依据，使中国新史书的编纂在内容上有了空前的拓展。其四，在中国史书编纂形式上引进与采取西方历史译著的分期法和章节表述的新体例。②

新教传教士传达的“万国”理念对清末中国人的国际法意识产生了较大影响。如丁韪良译介《万国公法》之后，由于普鲁士与丹麦交战，普鲁士新任驻华公使在大沽口扣留丹麦船只，总理衙门便援引此书内容，拒绝卷入两国纷争，据此与普鲁士公使交涉，使之释放被扣的丹麦船只，并赔款一千五百英镑。③

传教士在明清以来西学的传输中无疑起着至关重要的作用，以往的研究对其扮演的这个重要角色在方方面面均有比较细致的研讨，有助于澄清其史实，厘定其地位（其中以韩琦、江晓原、王扬宗、熊月之等人的研究尤为出色），但这些研究都或多或少以“单向文化传播论”作为判断其作用的依据。所谓“单向文化传播论”，是指完全以西方近代以来形成的文明体系的进步准则为尺度，借此衡量中国步入西方所指定的现代化轨道的程度。凡是符合这个标准的就予以褒扬，凡是违逆这个标准的就予以贬斥。④ 当然，这种“进步—保守”的二分判断方式并非没有价值，但其完全以西学演进的快慢节奏以及单一传播导向来评估中国

---

① 邹振环. 西方传教士与晚清西史东渐：以1815至1900年西方历史译著的传播与影响为中心. 上海：上海古籍出版社，2007：316-317.

② 同①323.

③ 段琦. 丁韪良与西学东渐. 世界宗教研究，2006（1）：105.

④ 这里可以举一个比较典型的“单向文化传播论”的表述作为例子，这段话是这样概括西学东渐的意义的：“西学东渐的过程其实就是近代中国走向世界的过程，也是中国从半封建半殖民地的社会走向独立自强的现代社会的过程。于是，西学东渐对中国的现代化就有了双重意义：一方面，西学东渐使中国打破了封闭，走向了世界；但另一方面，西学东渐又使中国传统文化开始了长期的‘被逐流放’，也使得中国的现代文化处于游弋漂流的‘边缘状态’。”（江怡. 西学东渐与中国的现代化过程//中山大学西学东渐文献馆. 西学东渐研究：第1辑　西学东渐与中国社会现代化. 北京：商务印书馆，2008：74）

的变化，完全把中国视为被动回应、毫无主体意识的跟从者，似乎有把历史简单化的嫌疑，是需要加以更正的。

最近出现的一个例外是，艾尔曼在其新著《科学在中国（1550—1900）》一书中则要讲一个更为均衡的故事。他力求证明，中国人对自然、医学、工艺和商业长期以来存在兴趣，为他们在1600年到1900年间与欧洲科学技术和医学的互动创造了条件。[①] 艾尔曼有两个看法值得注意：一是把耶稣会士及新教传教士传入西学的途径与特点做了严格界分，特别指出新教传教士传入西学更多依靠新式学校和体制演变对洋务运动中的军事工业施加影响；二是沿袭了李约瑟（Joseph Terence Montgomery Needham）的观察思路，仍力图在中国传统脉络中寻找自发生成的"科学"因素，并断定在与西学的互动中，中国已经形成了独具特色的科学体系，其质量和高度并不弱于日本，甚至其总体的变革力度和科学水准足以具备在甲午战争中击败日本的实力。但艾尔曼对晚清科学化程度的过度褒扬仍然不能回答本章开头针对何兆武的论断提出的疑问：在拥有如此高水准的科学条件下，清朝为什么还是败给了日本？也可能艾尔曼并没有考虑到西学的输入并非一个单纯的知识体系建立和传播的过程，科学知识必须与合理的政治制度实现融合、衔接才能奏效。正是当时的"科学"传播机制与中国政治体制的运作无法相互兼容，才最终导致了对日战争的失败，这并非以西学东渐的单一传播是否有效这个标准所能解释清楚的现象。

第二节　西学输入的体制变革背景及其现代性困境

如前所论，早期的西学东渐研究几乎都受到"单向文化传播论"的制约，自20世纪90年代开始，随着学术史研究的兴起，上述状况开始有所改观。这一阶段中国学界开始反思"传统—现代"二元对立模式的固化弊端，主张从互为主体并探究其融合互动的态势入手重估西学入华

---

① 艾尔曼．科学在中国（1550—1900）．原祖杰，等译．北京：中国人民大学出版社，2016：5.

的意义。如有学者发现，晚清学人论述中的有些观点貌似陈旧，其实是“趋新”，就如“西学源出中国说”过去多被视为保守，其实也是一种曲折的趋新。[①] 只是“趋新”其实是一个复杂的过程，在与“旧”的杂糅、冲撞中完成，并非单线的“传播”与“授受”的问题。当时更发生了一个根本性的变化，即从“道出于一”到“道出于二”。“道”本应是普适于天下即全人类的，既然西方自有其“道”，则中国的“道”就成为中西学区分下的一个区域成分了。可以说，正是“西学”在近代中国的确立，使传统的“道”被空间化了。因此，晚清学人往往选择“求是”的策略，似乎只有这样才可以遮蔽中西之差别，使人心安理得。[②]

既然“道出于二”，那么无论在历时性和共时性的意义上说还是在社会和思想的意义上说，新、旧都不是绝对的。不仅此时的新到彼时可能成了旧，就是在同一时段，新、旧之间也有不少的跨越和交集。新、旧本身以及相互之间可以有无数的层次，新中有更新，旧中有更旧，亦即新、旧自身中还有新、旧。新、旧其实更多是一种辩证的对峙，紧张永远存在，冲突也不可避免。对这类模棱两可的复杂现象，或许不宜先把立言者分门别类而观察之，最好是据其所立之言进行考察、分析，侧重其对特定问题、现象之见解的异同，虽不忘记，却也先不考虑立言者属于何门何派。

罗志田据此提出了自己有关权势转移的看法，其要点是，以士、农、工、商四大社会群体为基本要素的传统中国社会结构，在自身演变出现危机时，恰遇西潮的冲击而解体，由此拉开了近代中国社会结构变迁的序幕。社会结构变迁既是思想演变的造因，也受思想演变的影响。西潮冲击下的中国士人，由于对文化竞争的认识不足，沿着西学为用的方向走向了中学不能为体的不归路。自身文化立足点的失落亦造成中国人心态的剧变，即从自认为世界文化的中心到承认中国文化野蛮，退居世界文化的边缘。近代中国可以说已失去重心，结果从思想界到整个社会都形成一股尊西崇新的大潮。

思想权势的转移是与社会权势的转移相伴生而来的。居四民之首的士这一社群，在近代社会变迁中受冲击最大。废科举、兴学堂等改革的

---

① 罗志田. 道出于二：过渡时代的新旧之争. 北京：北京师范大学出版社，2014：4.

② 同①5.

社会意义就是从根本上改变了人的上升性社会变动取向，切断了“士”的社会来源，使士的存在成为一个历史范畴。士的逐渐消失和知识分子社群的出现是中国近代社会区别于中国传统社会的最主要特征之一。知识分子与传统的士的一大区别即不再是四民之首，而是一个在社会上自由浮动的社群，道统与政统已两分，而浮动即意味着某种程度的疏离。同时，科举制的废除和新的职业官僚养成体制的缺乏，使政统的常规社会来源枯竭，原处社会边缘的各新兴社群开始逐渐进据政统；近代军人、工商业者和职业革命家等新兴社群的崛起客观上促进了士人在中国社会中的日益边缘化，而身处城乡之间和精英与大众之间的边缘知识分子则相当适应近代中国革命性的社会变动。①

对于西学传入中国的遭际，张寿安亦反对从单向传播的角度予以论述，强调应将之置于“近代性”的复杂框架下加以诠释。尤其到了20世纪末，文化论述中地域性（the local）特质被提升至与全球性（the global）通质相抗衡的地位，令主导了一个世纪之久的、以“西化论”为指标的近代性诠释转而成为不同地域的参照系，各种地域文化的近代性特质正积极在各个历史悠久的佛教文明、伊斯兰文明和儒家文明国家中逐渐形塑出各自有别的独特面貌。因此，张寿安在阐释“近代中国的知识转型”这一课题的主旨时，特别强调要兼摄传统学术分化与西方近代科学式知识在中国的双向建构，并加以问难和诠释。这体现在“科学式知识的建立”直接涉及近代性中的去单一性（de-centralized）和专业阶层的出现，对以儒学价值为单一正当性（legitimacy）的中国传统社会而言，知识多元化和专业分科之独立确实是探析传统社会变迁与文化结构异动的重要议题。

“传统学术分化”这个自晚明以来逐渐形成的学术深层力量，所张扬的不只是传统学术体制上的变革，更涉及剧烈的价值重组。最吸引人的是：在这数股知识体系的交会下，传统的“学问”观念如何被近代的“知识”观念所取代？传统德行兼备的士人又如何转变成今日成为社会中坚的“专业人士”？传统道、学合一的学术理念因何脱落遗失？面对新的学术实境又将如何重整道、学理念？②

---

① 罗志田. 权势转移：近代中国的思想与社会. 北京：北京师范大学出版社，2014：10.

② 张寿安. 晚清民初的知识转型与知识传播. 北京：北京师范大学出版社，2018：导言2.

张寿安特别注意到明清以来消费文化普及为汲取西学创造了物质文化的条件。在物质生活、技艺性需求及休闲文化的蓬勃带动下，实用性知识（practical knowledge）与世俗性知识（secular knowledge）大量出现，分衍出儒学正统知识形态之外的广大新型知识消费市场，如小说、戏曲、医药、律书、风水、日用类书等，同时，儒学传统知识也在接触耶稣会士传入的科技与宗教知识之后，从自身传统中发掘类似的知识资源与之对应。从知识结构转型的研究中，张寿安提出了与以往研究取向不一样的观察：其一，传统学术的知识分化与新知识的建立是一个相互渗透，导致正统价值改写、新形态知识价值成立的过程。18、19世纪的清代考据学实为古典知识重整做出了巨大贡献，对存在于经学内部的知识而言，如天文、历算、水地、文字、声韵等，尤其如此。但更有趣的是：那些非主流的新形态知识是如何通过新文类、新文本或新诠释而产生的？在遭受质疑、曲解或牵强附会的建构过程中，又如何成就其知识的独立价值？其二，研究者通过观察得出，一批积极从事特定知识的建构者，多属于与职务有关的官员或对该知识有兴趣的自由士大夫。换言之，新知识的出现多源于实务性需求，因为与民生日用相关而被积极开发、整理，如法律、医疗、日用类书等领域。晚近学术界蓬勃兴起的物质文化研究，如建筑、休闲、消费、旅游、商业知识、生命礼仪等，皆属于此类。那么，清代考据学在进行传统学术重整时面对个别性质差异的知识，其价值更迭之实况如何？或者说，18、19世纪以降知识的新价值观是如何被演进、被建构的？

基于以上考虑，关于“知识转型”的研究往往从新型教科书、地理和人种学著作、法律文本、译著入手，探究西学知识在进入中国传统语境后发生的反应和变异，以及由此造成的知识变形。其中还有一个主要问题是：中国知识并非单向地被动接受改造，而是主动地迎取、消化、融会，变异成既非西学亦非传统学问的新形态。比如章清就发现，就晚清书籍流通及阅读的情形而言，不仅知识的“复制”存在多种形态，“阅读”同样如此。或许晚清士人阅读到的《万国公法》知识所展示的特质，未必呈现出清晰的图景，但其中却说明，“历史”实际构成理解“现代性”的屏障，对于所生活时代的理解，晚清士人难以摆脱的仍是援据历史的“想象”。在接触《万国公法》之际，他们很自然地将历史拉回到春秋战国时期，很难穿透时空格局来认知现代世界的构成。[①] 不仅那些古代思想资源，如今文经学、“春秋三世说”以及《易经》“穷则变，变则通”的思想，是有清一代“自改革”的主要思想来源，而且其包含的对历史进程的理解，也构成中外渐开沟通风气后，中西史学展开对话的基本背景。中国方面难以打开的缰节即是三代，这与传教士难以突破《圣经》年代学可谓异曲同工。可见，中国士人向来是守护“普遍历史”的。[②]

由此角度看，晚清所展现的“春秋大义”与《万国公法》的对垒，未必是对“公法”知识的准确理解。然而，此中透露的关键却值得重视，那就是“历史经验”如何主导了对外部世界的认知。不仅“读史”构成读书人读书生活的重要组成部分，而且“历史”在中外交往中扮演着特别的角色。在“历史”中寻求富强之道、维系文明的优越感，透过“历史”以“经世致用”，并在科举考试及新式学校教育中安排相关内容，也成为题中应有之义。[③] 章清提示我们，在观察西学东渐时必须要考虑到中国人的文化和历史经验及养成的思维习惯在起着支配性的作用。这种习惯如果仅按单向传播论的方式入手考察，就很容易被简单粗暴地视为落伍和不合时宜，或者被有意遮蔽和忽略。

在研究西学东渐历史时引入阅读史方法，则直接导致把观察视角转移到阅读主体身上，从而避免把西学输入看作一种单一性的机械灌输和被动接受的过程，同时也会更加细腻地刻画晚清士人在阅读时是如何把新知转化成一种观念乃至行动的。潘光哲以“知识仓库”（stock of knowledge）为名，试图结合出版史和书籍史，精确描写士人阶层的阅读活动与思想/观念的形成之间的互动过程，目的是为晚清中国文化思想的叙史架构建立更坚实和深入的基础。[④] 整体而言，在中国史的脉络里开展阅读史的追索，其中所凭借的历史资源与西方学界大相径庭。例如，以图书目录作为查考、分析的对象之一，中国的“书目之学”或者“书话”之作蕴涵的核心内容与西方的出版目录即大不相同。现代意义

---

① 张寿安. 晚清民初的知识转型与知识传播. 北京：北京师范大学出版社，2018：291.

② 同①293.

③ 同①295.

④ 潘光哲. 晚清士人的西学阅读史：1833—1898. 台北：“中央研究院”近代史研究所，2005：5.

的图书馆作为阅读史的考察对象之一，它的社会、文化、政治等面向的含义，和中国的传统私人“藏书楼”或书院藏书相较，亦不能与之相提并论。又如，相较于西方阅读史的既有成果，因为资料的限制，我们未必能够完全精确地建构读者的阅读与思想经历的内在面向（inner dimension）的变化，但是我们可以从近代报刊的出版与阅读、私人日记与文集撰写中对西学的认知、中国人的外洋考察著述，以及西学是如何进入科举进学阅读范围的等方面，探索士人读书世界之变化的动力之所在，又如何同时带动了“文化市场”追求利益的可能路向，由此可以观察到西学的知识空间与“文化市场”的“生意经”之间同步扩张的奥秘之所在。①“知识仓库”的积累也影响到晚清士人的“读书秩序”，“思想资源”也日趋多样化，除欧美外，日本的思想被大量引入，成为获取改革思想滋养的取径。“读书秩序”的改变也成为新旧之争的动源之一，导引读书问学的门径指示，其实也是一方“思想斗争”的场域，时常拼斗得异常炽烈。②

阅读史角度的介入模糊了新、旧截然对立的思想传播与接受状态，看上去东西方的差异可以通过不断地融通、交流而得到化解。如 1833 年英国传教士李都思所作的《东西史记和合》在叙述东西方历史时就采取了“求同存异”的方式。李都思使用“和合”这一理念颇符中华文化之精髓，他将中国置于上栏，显示中国的地位高于西方，这符合当时中国人的“天朝”观念，内容以政事变迁和王朝更替为主。这样的叙述颇合乎中国人书写和阅读历史的习惯，尽管其“求同”的意图是将中国历史纳入基督教的历史架构，为宣教铺路。《东西史记和合》所求之“和”体现了视野的扩大，相较在华夷之辨思想支配下写成的中国传统史书，以及同一时期出现的反映“欧洲中心”思想的《外国史略》和《古今万国纲鉴》，《东西史记和合》并重东西历史，更能体现“世界”性，而且奠定了欧洲史和中国史二元并列的格局。③

《东西史记和合》实际上是将循环状历史与线性历史两种不同的观

---

① 潘光哲. 晚清士人的西学阅读史：1833—1898. 台北：“中央研究院”近代史研究所，2005：21.

② 同①22.

③ 邢科.《东西史记和合》与晚清世界史观念. 清史研究，2018（1）：116.

念结合在一起，尽管这种结合还比较初步和机械：一方面，其所求之“合”没有脱离普遍史；另一方面，与同时代的中西同类史著比较，晚清及民国世界史著作中的二元格局在这部著作中已初现端倪。从世界史观念在近代中国的发展脉络来看，《东西史记和合》、《四裔编年表》、《泰西新史揽要》、新史学、马克思主义史学是近代史学发展的几个关键节点。19 世纪初期，中国还在用夷夏观看待世界，西方则逐步构建起了一套以欧洲为中心的文明等级体系。在此背景下，主张中西文化平等、融合，共同引领世界发展的思想就显得尤为特别，这说明西学东传的路向不是单一直线的，而是与中国传统知识相通并交织在一起，二者彼此互动；同时西学在中学的知识体系中也有一个“内化”和“适应”的过程。

学界普遍认为，近代意义上的世界史并不是我国传统史学的产物，而是从西方传入的。的确，晚清的世界史是“西学东渐”的产物，但在此之前，也存在持续了数个世纪的“东学西渐”。“东学西渐”使欧洲对中国文化产生了一定程度的认同，这种“认同”正是《东西史记和合》“求同”的基础。从中西文化交流的角度看，19 世纪上半叶是从“东学西渐”向“西学东渐”的转变期：一方面，“东学西渐”所带来的中国热正在消退，但“余温”尚存；另一方面，“西学东渐”慢慢掀起“初澜”，推动中国人开眼看世界。中国的世界史观念就是在这一转变期萌生出来的。《东西史记和合》中体现出的中西文化融合、共同引领世界的思想，正是“余温”和“初澜”的交汇。①

经过多年研究，目前学界已基本达成共识，即看待西学输入不应该理所当然地认定西学具有超然于中国传统之上的优势地位，而应该对“约定俗成”的、人们已习以为常的近代知识进行重新审视，中华书局出版的《新史学》第 4 卷中即对此问题展开了讨论。黄东兰在此卷“引言”中提出了三个问题：第一，“近代知识”是以何种方式被叙述或呈现的？第二，“传统知识”在面对“近代知识”时做出了何种自我变通？第三，当一种制度、概念、生活方式或改头换面，或原封不动（此种情形仅限于“器物”层次）地被接受之后，随着时间的推移，其中一些便成为人们思想观念里或者社会生活中的“新传统”，这些新传统是如何

---

① 邢科.《东西史记和合》与晚清世界史观念. 清史研究，2018（1）：119.

形成的？①

这卷中值得注意的两篇文章分别出自岸本美绪和黄东兰，她们从不同角度探讨了“近代”观念在日本与中国两种不同时空语境下的变异。岸本认为，“近世”一语见诸中国古代文献，指离现在较近的时代。对中国读者来说，这是一个似曾相识的概念，既不陌生也不熟悉。明治维新以后，日本受欧洲近代史学的影响，以古代、中世、近世来划分历史时期。20世纪初，梁启超以“近世”来界分中国历史，从中可以看到日本的影响。若要真正了解中日观念交流的动向，就不要急于给“近世性”这一观念下实体定义，而应该关注16—18世纪世界许多地区在受到大规模变动的冲击时，是怎样以各自不同的方式来摸索新秩序的。不应该以倒叙的方式检验“近世”中是否存在通向“近代”的要素，而应该在认真研究各种形式的“近世化”的同时，以这一多样性为背景来理解作为新的重建时代的“近代”。② 黄东兰在《书写中国——明治时期日本支那史·东洋史教科书的中国叙述》中考察了尚处于萌芽时期的日本东洋史的中国表述，尤其注意到近代日本如何在时间和空间上重新定位中国这一问题。该文着重分析了《支那通史》和《中等东洋史》这两部教科书，指出虽然二者的知识来源主要为中国历代正史，但是在体制上都受到欧洲万国史的影响，创造了一种不同于中国正史的新的历史叙述模式。支那史·东洋史教科书援引欧洲万国史“上世—中世—近世”的历史分期，将中国史的实践纳入了作为“普遍史”的万国史时间中。在这一过程中，中国在日本知识人的心目中也由以往的文化认同所在变成了文化上的“他者”。日本将中国“相对化”的内在机制是双重意义上的“差异化”：一是面对西洋的自我异化，一是对包括中国在内的东洋亚洲的“再差异化”。同时，这又使日本处于一个尴尬的位置：既是东洋，又非东洋；既认同亚洲，又游离于亚洲之外。③

张仲民也希望从知识的再生产角度重点考察近代中国的一些来自西方（包括日本）的所谓合法性知识（如启蒙、新的性道德与生育理念等）是如何被生产出来的以及是如何传播的，一些与西方现代性密切关

① 黄东兰. 新史学：第4卷　再生产的近代知识. 北京：中华书局，2010：引言3.
② 同①引言5.
③ 同①引言6.

联的关键概念（像黑格尔、古登堡、世界语等）是如何被“舍旧谋新”的各种传媒和知识精英在引介中具体化、在地化乃至符号化的，又是如何被清末知识人阅读和使用的，这些富有新意或现代性含义的知识与符号又是怎样成为时人新的崇拜，并被传递到不同空间中不那么精英的受众那里的，这些受众是如何对此加以接受、转化的，最终又产生了怎样的派生意义与社会效果，即关注所谓阅读文化（reading cultures）之建构及与之相关的“接受政治”（reception politics），亦即近代中国的知识如何再生产问题。①

阅读内容和方式的改变与传播媒介的变化有着密切关系。张灏在《中国近代思想史的转型时代》一文中指出，1895—1925年中国知识界经历的核心变化就是思想传播方式的改变，包括各种制度化传播媒介诸如报纸、杂志、新式学校与学会的大量出现，以及新的知识群体、现代知识阶层的形成。李仁渊从方法论的角度对此观点予以进一步申说，他认为就思想层次而言，个人的思维需要化为文字言说，经由不同媒介加以散布与流传，方具备集体性的社会意义，可产生实际的影响，成为可以研究之“思想”；否则，只能是限于个人头脑中的心智活动，无法成为史家研究的对象。研究者必须体认到，我们是透过传播媒介在观察当代或过去的思想文化，这些媒介并非总是透明的、中立的，在思想文化传播过程中，媒介亦影响了思想内容。因此，若不考虑媒介这个因素，就难免有忽略思想文化之动态性质的危险，对思想文化之变迁做出过于简化的诠释。从社会层次而言，若我们将社会视为人类意识与行动的集体呈现，那传播媒介就是塑造此集体性的基础之一。诸如政教威权、民族意识、阶级团体等，均须透过对不同传播模式的控制或运用，来结合其团体，或排斥其他社群；换言之，透过资讯之传递或阻绝，群我关系与群际关系方得以界定。②

更进一步说，传播媒介正是思想与社会之间的接榫点，抽象的概念与意识形态透过媒介的传播在社会中获得实践，从思想产生行动，受社

---

① 张仲民．种瓜得豆：清末民初的阅读文化与接受政治．北京：社会科学文献出版社，2016：9.

② 李仁渊．思想转型时期的传播媒介——清末民初的报刊与新式出版业//王汎森，等．中国近代思想史的转型时代：张灏院士七秩祝寿论文集．台北：联经出版事业股份有限公司，2007：48－49.

会条件影响的传播模式亦左右了思想的形成，不同的表达与传播形式构筑了思想生成的条件。举例而言，民主立宪与种族革命两种思想在中国的形塑，亦透过新式的传播媒介自海外以翻译的形式输入，若这些传播媒介没有足够的社会结构作为支撑，那这些新思想就无法传播。传播媒介的重要之处便是在它的枢纽性质，介于无形的思想文化与有形的社会经济之间，一端是个人，一端是群体，是言说，同时亦是行动。①

亦有人认识到，西学东渐不是一个单纯的引进、吸收、融合概念和名词的问题，而是与现代学术体制的建立密不可分。左玉河就发现，学术转型的外在标志，学术分科和中国近代学术门类在晚清时期的初创，在相当长的一段时间里并没有引起人们的关注，对于以“四部”为骨架建立之中国知识系统在晚清的转型，人们同样没有给予应有的重视。在社会变局和西学东渐的时代思潮影响下，中国传统学术在晚清开始向近代学术转型，一个引人瞩目的现象就是中国传统学术门类发生了分化，出现了近代意义上的学术分科，初步建立起近代意义上的学术门类。从中国传统的文、史、哲部分的“通人之学”向西方近代的“专门之学”（文、理、法、商、医、农、工）转变，是中国传统学术向现代学术形态转变的重要标志。②

近代中国学术分科经历了“四部”分类—经世“六部”—“七科之学”的阶段性转型。正是在近代中国学术分科及知识系统发生重大转变的过程中，近代意义上的自然科学各学术门类（所谓“格致诸学”，即数学、物理学、化学、地理学、地质学、动物学、植物学等）以及人文社会科学各学术门类（所谓“法政诸学”，即文艺学、历史学、哲学、政治学、经济学、社会学、法学、伦理学、逻辑学等）才相继创立。③

近代中国建构起来的新知识系统，可简称为“七科之学”。所谓“七科”，是指作为大学分科设置的文、理、法、商、医、农、工七科；所谓“学”，非指狭义之“学科”，而是指广义之“知识”；所谓“七科之学”，是指按照学科标准以文、理、法、商、医、农、工七科为骨干

---

① 李仁渊. 思想转型时期的传播媒介——清末民初的报刊与新式出版业//王汎森，等. 中国近代思想史的转型时代：张灏院士七秩祝寿论文集. 台北：联经出版事业股份有限公司，2007：49.

② 左玉河. 从四部之学到七科之学：学术分科与近代中国知识系统之创建. 上海：上海书店出版社，2004：2.

③ 同②5.

建构起来的知识系统。这套知识系统中之各“科”，又包含了众多相关学科门类。西方近代知识并不一定非以“七科”分类，而是有许多类型的知识分类体系，但就近代中国而言，因为学术门类及知识系统的引入与新式学堂的创建、西方新学制的移植息息相关，故清末大学分科方案中的“七科之学”在很大程度上成为晚清中国重新建构之新知识系统的代名词。而“七科之学”也大体涵盖了当时传入中国的西方学术门类及知识系统，基本上将中国固有学术与新引入的西方近代学术门类都包含在内。因此，左玉河用近代“七科之学”与传统“四部之学”相对应，不仅意在表明中西两套知识系统之差异与区别，而且意在说明中国传统学术体系及知识系统在近代发生的剧烈变化。这种剧烈变化集中体现为从传统“四部之学”演进为近代“七科之学”。①

通过以上对相关成果的引介和讨论，我们可以知晓，西学东渐并不是一种单向传播过程，各种观念的引入必然要与中国本土的各类学问发生纠葛和碰撞。因此，就不能将西学输入看作一种硬性的机械灌输，也不能将之简单看作中国传统如堤坝溃决一泻千里般无条件接受西方认同的过程，西学输入的过程呈现出充满了误解、对抗、交融、互渗的复杂景观。阅读史给我们提供了一个新的观察视野，从中我们会发现，中国人在接受西学的同时有一个重建文化主体的意向。其中现代传媒的出现与流行对新观念的移植和接受起着至关重要的作用。尤可注意者，西学观念的引入绝非一种词语的单纯转换，而是伴随着制度变迁的大局而迁移，甚至就是制度转型产生的一个后果。近代学科体系的建立和知识系统的转换之间实际上存在着互为因果的复杂关系。

第三节 “概念史”研究的兴起与西学东渐解释路径的转变

起源于德国的概念史研究方法在近年被迅速应用于西学东渐史的分

① 左玉河．从四部之学到七科之学：学术分科与近代中国知识系统之创建．上海：上海书店出版社，2004：6.

析中是另一个值得关注的现象，但对于到底如何有效应用“概念史”，一直是众说纷纭，难有定论。[1] 黄兴涛的看法是，所谓“概念史”(conceptual history)，与其说是将概念作为特定研究领域的一门专史或者思想文化史的一个分支，不如说它是认知转型期看待整体历史的一种独特视角和方法。[2] 以近代中国历史中最重要的“民族主义”研究为例，概念史的视角就能显示出某种独特的认知优势。在中国近代，民族主义不仅是一种思想原则并表现为多姿多彩的观念形态，而且是一种普遍存在的情感取向，甚至是一种合法而强势的意识形态，同时还经常演化为各种现实的政治、经济、文化运动和社会实践。这种带有强烈时代感的综合性历史现象，也为概念史的透视提供了基本素材。比如：可以通过揭示“民族”“种族”“国族”“民族主义”“爱国主义”“国际主义”等新式观念之内涵的形成与演变，以及它们在被各种现实政治势力所使用的过程中的彼此交叉互援、矛盾冲突等多个方面，来把握近代中国民族主义的特质；可以通过对“主权”概念群（治外法权、领事裁判权、路权、矿权等）、“列强”、“殖民地”（主义）、“帝国主义”、“不平等条约”、“文化侵略”、“危机”、“瓜分”等概念的引入或生成、运用，多方探析其内涵和功能，由此认知近代中国民族主义形成、发展以及民众动员的特点；可以通过对“东亚病夫”“睡狮”“黄祸”“鬼子”等名词概念的透视，来了解近代中国民族主义复杂的内在情感机制；也可以通过对“国语”“国学”“国画”“国术”“国剧”等类似概念之流播、使用的研究，来检视近代中国文化民族主义的特征；还可以通过对“汉奸”“黄帝子孙”“少数民族”等概念的研究，来认识近代中国民族主义内在的矛盾与张力；等等。[3]

在具体研究中，某个词义的引入和转换在不同时代含义会有所差别。比如，在晚清民初的历史语境里，中国传统的“文明”和“文化”概念先是大体经历了一个摆脱轻视物质、经济、军事方面的内容，形成内蕴进化理念的新的现代“文明”概念——广义的现代“文化”概念，

---

① 李里峰. 概念史研究在中国：回顾与展望. 福建论坛（人文社会科学版），2012 (5)：92-100.

② 黄兴涛. 概念史方法与中国近代史研究. 史学月刊，2012 (9)：11.

③ 同②14.

再从另一维度部分地回归与“武化”、物质化相对的中国传统“文明”和“文化”的关键内涵，进而获取新的思想资源，重建一种狭义“文化”概念的过程，最终构成了一个广义、狭义内涵并存的现代“文化”概念结构。这两个重要现代概念的形成和演变过程，同时也是当时的中国人运用它们进行社会改革的实践过程。

“文明”概念是西方输入的结果，它改变了中国人对自身历史思想价值的固有理解，而“文化”概念则与中国自身的传统有着更为紧密的联系。民初对“文化”复兴的强调更具有在现代语境内发掘传统真义，以复归其历史脉络的含义，二者看似矛盾和冲突，实则是国人经过西学洗礼后的又一轮反思的结果。①

黄克武在对“文明”与“文化”两个词汇的研究中同样注意到了其在近代中国的来源、演变及其对历史书写与思想论辩的影响，特别是其催生近代民族主义的过程。在他看来，“文明”与“文化”均为传统词汇，19世纪中期经由传教士与日本汉译接引了西方civilization（文明）与culture（文化）概念。“文明”观念产生的影响较早，从1890年代中期开始，因严复、梁启超之著作而迅速得到传播。此一观念具有西方中心与线性发展的历史视野，在此论述下西方以外的所有“不文明”地区只反映了不同程度的“野蛮”状态。受到文明史观的影响，清末兴起了一股“文明史”翻译、书写之风潮。在汉语中，“文化”常与“文明”混用。1910年代后期至1920年代初期，在欧战影响下，“文化”概念方日益兴盛，并与“文明”观念逐渐有所区隔。“文化”论述摆脱了西方中心论，将焦点返回到自身之特质，从而催生了近代中国的文化民族主义与文化保守主义。②

提倡“概念史”研究的学者几乎一致把“概念史”的起源追溯到德

① 黄兴涛. 晚清民初现代“文明”和“文化”概念的形成及其历史实践. 近代史研究，2006（6）：34.

② 黄克武. 从“文明”论述到“文化”论述：清末民初中国思想界的一个重要转折. 南京大学学报（哲学·人文科学·社会科学），2017（1）：68. 方维规也曾涉及“文明”与“文化”在中国传播时展现出的微妙差别和转向。[方维规. 论近现代中国“文明”“文化”观的嬗变. 史林，1999（4）：69-83]

国学派，主张先大量引进相关成果，再予以本土化的推进。① 但也有学者直接从“转译”角度考察某个词语在中国的变异，如桑兵就遵循用解一字即作一部文化史的观念来检讨“哲学”不仅仅是 philosophy 的译名，其发明者西周以之为东洋学问的对应物，这与此前中村正直、岛田重礼仍旧按照中国脉络来主讲“支那哲学”截然不同，背后实有掌控东亚话语权的立意。“东洋哲学”与“支那哲学”给东亚尤其是中国提供了重估固有文化的机缘，促成了“中国哲学”用哲学概念重装古代思想（一般所谓中国哲学史），并借鉴 philosophy 以丰富和发展中国的思维。②

黄兴涛则认为，研究新名词应突破“语义学”的藩篱，使之成为历史学的关注对象，而从思维方式和基本价值观念变化的角度来探究中国近现代思想在中国的兴起史，实不能不在一定程度上优先考虑近代中国新名词的大量产生、传播及功能问题。这是因为，就其大众化、社会化效应而言，近代中国人思维方式和基本价值观念的变化，可能正开始于和被强化于大量带有“现代性品格”的各种新名词的流行与潜移默化，尤其是双音节以上的词汇和抽象概念的大量引入、创造、广泛传播与社会认同中。换言之，正是那些人们在不经意间反复使用的表示近现代新生事物和新思想的新名词、新概念，在社会化的重要维度和实践功能的意义上，将思维方式和基本价值观念的变迁有机地联系了起来，从而既体现出中国人的思维方式和基本价值观念的现代性变革及其特征，又参与了开辟和推动这一变革的文化道路，同时还将此种变革与社会生活和制度化变迁有机地加以勾连，使我们能够从中窥见整个近代中国思想世界的复杂面貌。

通过新名词来观察近代国人之思维方式变革的能动作用至少表现在以下三个方面：首先，数以千万计的大量双音节新名词的出现和活跃，词汇的概念意义即确切含义、规范“界说”的社会认同与实践，以及与之相伴随的新式词典的编撰和流行，相当明显地增强了汉语表达的准确

---

① 方维规. 概念史研究方法要旨：兼谈中国相关研究中存在的问题//黄兴涛. 新史学：第 3 卷　文化史研究的再出发. 北京：中华书局，2009：3 - 20.

② 桑兵. 近代中国哲学发源. 学术研究，2010（11）：1 - 11. 黄兴涛对“她”字语义和字体在近代变异的考察在某种意义上遵循了这一原则。（黄兴涛. “她”字的文化史. 北京：北京师范大学出版社，2016）

性，在从语言词汇层面体现出现代性变革要求的同时，又反过来通过使用这些新名词的社会文化实践，极为有效地增进了中国人思维的严密性和逻辑性。与此相关，还有另一个值得注意的词汇现象，即传统的双音节名词和形容词同时被大量转化为名词使用，就其双音节名词形式而言，它们当属于近代中国新名词的范畴，而就其转化的动力而言，无疑是其所表达的某一类事项、活动亟待概念化指称，以便准确表述的现代性需要，如"教育""思想""进步""革命""自由"等。[①] 在清末民初的中国，强调词汇的概念规范、确切含义，改变传统中国人只重视借象取譬、不重视严格定义的思维习惯，是和词汇的多音节化同样值得重视的思想文化现象。

其次，大量出现的近代新名词提供了众多新的"概念工具"和"思想资源"，尤其是系统的现代自然和人文社会科学的学科术语的形成与流播，是之前的中国思想史上从未有过的现象，极大地扩展了中国人的思想空间、运思的广度和深度，提高了中国人的思维能力和效率，从而为构筑突破传统范式、体现中西会通风格的新思想体系奠定了重要的思维基础。

最后，新名词一旦产生和流传，对于近代国人思维方式的影响，还表现在它的构成形态本身所带有的某种现代取向的思维诱导性、价值倾向性、连锁反应性和不可逆性上。比如"亚洲""欧洲""美洲"等地理名词和概念的流行，就使人们在思考问题，特别是社会历史现状时，往往容易以这些空间为单位来考虑问题，进行关于亚洲政治、欧洲经济和美洲文化之类的思考和论述。又如"世纪"等新名词和概念使用久了，人们就逐渐开始习惯于从世纪的时间段来考虑时代分期、划分历史阶段。"上古""中古""近代""现代"以及代表五种社会形态的时间名词和概念的传播，则会使人们在不知不觉中加深对"进化论"的理解和信仰。[②]

黄兴涛在《清末民初新名词新概念的"现代性"问题——兼论"思想现代性"与现代性"社会"概念的中国认同》一文中试图升华概念史

---

① 黄兴涛. 近代中国新名词的思想史意义发微：兼谈对于"一般思想史"之认识. 开放时代，2003（4）：72.

② 同①74.

的解释，他从所谓“思想现代性”的角度重估新名词、新概念输入中国的意义。他认为“思想现代性”包括现代思维方式和现代基本观念两个方面的内容（后者又蕴涵现代科学常识和重要价值观念），是二者有机结合而形成的一种“现代理性结构”。但黄兴涛列举的诸多要素，如重视实测的认知理性，以精确为可贵，排斥笼统、含糊，讲求效率、功利，重视以严密定义的概念作为运思基础，科学眼光和思维，摆脱神权控制与禁欲主义，承认合理的人欲，人类自主性的人文主义意识得以社会化，等等，都是西方现代理性主义奉持的基本原则，是与“现代化”理论相关的基本要素，但不属于“现代性”的观念。就我的理解而言，“现代性”恰恰应该是对“现代化”乐观理性思维的反省与批判，强调的是“科学理性”在给现代世界带来高速物质发展的同时也造成了灾难性后果，因此，必须通过批判加以克服其过度“物质主义”的一面。梁启超等人对西方“科学破产”的反思才是“现代性”的表现。因此，黄兴涛对“思想现代性”的定义实际上还只是“思想现代化”的一种另类表述。只是在此文的第二部分“‘断裂式滋补’与日本的影响：传统与现代性关系的某些侧面之分析”中，黄兴涛的观点才表现出具有某种“现代性”的意味，他指出从日本转译西学的过程中，西方传教士尤其是日本的汉字新词创造者，恰好在某种程度上充当了中国语言词汇传统“断裂式滋补”和现代性发展的“中介”，因为清末从日本引进的“改良”“改善”“革新”“纠正”等词，不仅代表新出现的几个单一的词，而且形成了一种新的、有代表性的构词法，极大地提高了现代汉字的构词能力，同时又保留了汉字的基本形体结构，没有彻底转向西方的音韵传统。

黄兴涛举例说，“改良”等词的创造虽然改变了中文词汇动补结构内构词的部分小传统，但在根本上还是符合中文动词原有的不突破单音节和双音节词的大传统，甚至可以说，它们本身也未尝不是这种传统“约束”和“逼迫”的结果。因此，不妨认为它们是在新的条件下对传统构词法的一种“断裂式滋补性”发展，既突破了一部分构词传统，又被另一部分构词传统所约束。也就是说，现代新名词的引进，既吸收了西学中科学理性的成分，同时又在形态上扬弃了西方的外形构造，从而延续了中国的传统，这才是中国“思想现代性”的意义之所在。①

也有学者分析西学代表人物如斯宾塞等的学说在传入中国时引起的“误读”，试图说明这种“误读”恰恰是中国传统思维发生作用的结果。如傅正就质疑斯宾塞以鼓吹个人主义为宗旨的“社会有机体”学说何以在中国会转化成合群保种的思潮。他从章太炎、严复的论述中看到了斯宾塞的“社会有机体”学说在中国演化成国家竞争学说及彼时中国人自由观与斯宾塞自由观的差异之所在。斯宾塞的个人自由与国家权力是对立的，而在中国二者却具有同一性，这也决定了斯宾塞学说在中国的命运。②

黄克武在研究严复思想的过程中抓住了其思想之内在冲突和矛盾的一面，揭示的恰是其“现代性”表现中的复杂面相。在研究严复自由思想的过程中，黄克武发现，严复一方面大量引介西方现代学术与现代国家体制结合的现代性方案，另一方面他思想中的自由、民主、法治、科学等“启蒙”面相却很悖论地掺杂了许多“反启蒙”的因子。严复较著名的“反动”事迹包括抽鸦片、纳妾、列名“筹安会”支持袁世凯复辟、肯定“孔教会”“宗圣会”的尊孔读经之举以及撰文附和“上海灵学会”的鬼神观念、“灵魂不死之说”等。以往对于严复思想中“反启蒙”的一面有两类主要诠释取向：有人以为严复早年进取，晚年转为保守倒退（如周振甫）；另有人发现严复具有矛盾、冲突的“两面人”特征（如史华兹）。黄克武并不否认处于中西文化冲击、交会时代的严复，在传统与现代的双重影响下，具有一部分矛盾、双歧的性格，但严复的思想有连续性，而且他的现代性方案与终极关怀之间具有内在的凝聚性和一致性。他思想的保守一面有相当一部分源于西方自由主义、保守主义思想家柏克（Edmund Burke）和摩利（John Morley）肯定传统的看法，赫胥黎和斯宾塞的“不可知论”以及欧战后反科学的时代氛围，并非单纯的复古；他思想的启蒙一面主要不是来自“西化”主张，而是源

① 黄兴涛. 清末民初新名词新概念的“现代性”问题——兼论“思想现代性”与现代性“社会”概念的中国认同. 天津社会科学，2005（4）：132.

② 傅正. 斯宾塞“社会有机体”论与清季国家主义——以章太炎、严复为中心. 近代史研究，2017（2）：34-51.

自“会通中西”的文化理想。①

王宪明也发现，对于严译名著人们多以西方思想文化待之，仅仅从翻译学的角度予以关注。长期以来，这一论断不仅影响到我们对严复思想的认识与评价，而且妨碍我们对于严译名著之价值的认识。王宪明通过对严译八大名著之一的《群学肄言》进行考察，发现严译中包含大量严氏自己阐发的中国传统思想，严复不仅传达了斯宾塞原作中固有的西方思想，而且通过有意识地选用特定的语汇，将中国儒家的思想精粹，尤其是荀子有关“群”的思想和朱熹一派的理学思想精华有机地融入其中。②

李孝悌更看重的是西方知识如何转化成基层民众意识的问题。他借用康德“这是一个启蒙时代（an age of enlightenment）”的说法，尝试从“启蒙”角度来描述清末知识群向下层渗透的努力。他举例说，1904 年《警钟日报》上有《马将牌改革议案》一文，此文作者主张在麻将上刻上专利、立宪、共和的名词，以及欧洲、美洲、亚洲各国国名及其政体，还在花牌上绘上各洲地图以及汽船、铁路、电线、印字机、氢气球的图像，想通过娱乐灌输现代思想，这反衬出清末启蒙者为开启民智而殚精竭虑到“无所不用其极”的地步。这种下层社会启蒙运动还体现在戏曲、小说、街头演讲等活动中。③

不是从考察文化传播论的单向输入路径着手，而是从复杂的语言转译的“现代性”入手讨论西学东渐问题，以刘禾提出的“跨语际实践”解释模式影响最大。刘禾在《跨语际实践：文学、民族文化与被译介的现代性（中国，1900—1937）》的序言中表明了提出“跨语际实践”（translingual practice）的初衷，目的在于重新思考东西方之间跨文化诠释和语言中介形式（linguistic mediation forms）的可能性。④ 刘禾明确表示，她讨论的并非通常意义上的翻译，更不用提所谓的外国词语和

① 黄克武. 严复与近代中国的文化转型. 华东师范大学学报（哲学社会科学版），2011（1）：83. 黄氏更具体的研究，参见黄克武. 惟适之安：严复与近代中国文化的转型. 台北：联经出版事业股份有限公司，2010。

② 王宪明. 严译名著与中国文化的现代化——以严复译《群学肄言》为例的考察. 福州大学学报（哲学社会科学版），2008（2）：24.

③ 李孝悌. 清末的下层社会启蒙运动：1901—1911. 台北：“中央研究院”近代史研究所，1993：212 - 217.

④ 刘禾. 跨语际实践：文学、民族文化与被译介的现代性（中国，1900—1937）. 宋伟杰，等译. 北京：三联书店，2002：序 1.

话语的中国化问题，要想轻松自如地谈论中国化，必须充分假设中国自信其文明相对于世界的别处而言具有绝对的中心性（centrality），而近代以来，由于西方的在场，这种自信几乎消磨殆尽，甚至中国不能为自身维系一种独立的身份认同，而必须或隐或显地参照世界的其他地方，更明确地说就是西方来确认自身存在的价值。那些表面上看来似乎是中立的和普遍化的规则，诸如外国词语在任何一种语言环境中的本土化（domestication）过程，是语言学家经常考虑的问题。刘禾的真正理论兴趣在于中国文学话语中"现代"与"西方"的合法化过程，以及在这些符号意义介入的（mediated）合法化过程中中国能动作用的暧昧性。[①] 她提出的问题是：如果我们一方面不赋予西方、现代性、进步或者其他启蒙之后的观念特权，另一方面也不执着于一个本土中国的物化观念，那么我们是否还能谈论20世纪在中国所发生的东西方之间的变化与相互作用?[②]

刘禾关于"跨语际实践"的构想在另一本书《语际书写：现代思想史写作批判纲要》中得到了比较概要、简约的发挥。在这本书中，刘禾重点阐述了自己对"互译性"的看法。过去对语言学翻译的研究仍然承认语言和翻译的透明性，并认为概念、范畴、理论等思想的东西可以原封不动地以本来面目越界而进入另一种语言和文化，或另一种文化原先就有与之相对应的语词和意义，翻译只不过起了中介的作用，把对应的意义找到并凸显出来。但刘禾恰恰对语言翻译上的这种传统说法进行了颠覆性的批评。她认为，在语言之间进行透明的互译是不可能的，文化以语言为媒介来进行透明的交流也是不可能的。词语的对应是历史地、人为地建构起来的，因此语言之间的"互译性"也必须被作为一种历史现象去理解，任何互译都受限于具体的历史环境，怎样译、如何译，都必然被一定的具体条件和话语实践所规定。[③] 这样一来，思想史的写作就会发生重大转向，必须考察的是"新词语、新意义和新话语兴起、代谢，并在本国语言中获得合法性的过程，不论这个过程是否与本国语言

① 刘禾. 跨语际实践：文学、民族文化与被译介的现代性（中国，1900—1937）. 宋伟杰，等译. 北京：三联书店，2002：序6.

② 同①41.

③ 刘禾. 语际书写：现代思想史写作批判纲要. 修订本. 桂林：广西师范大学出版社，2017：代序4.

和外国语言的接触、撞击有直接的因果关系”①。刘禾举“个人主义”“国民性”理论译介为例，讨论这种“不透明”的转译带来的理解困境。实际上，英语“individualism”与汉语“个人主义”之间并无本质的同一内容规定。不同语言互译中词语之间的“相等”是一种人为设定的对等。刘禾的“跨语际实践”方法主要受到了萨义德（Edward Waefie Said）“理论旅行”等后殖民学说的影响，把中国思想史研究推进到全球性的视野中，特别是对西学东渐中的单向传播论及其对语义学输入的透明解释是有力的修正。

用“跨”的眼光解读中国思想史确实是一个新的思考进路，它把观念放在一个流动的状态和历史语境中观察，克服了传统思想史过度关注静态逻辑的弊端。但“跨语际实践”关注的是文明体之间的流动性，注重的是边界效应，除了文明体之间的互动外，中国在建立自身历史与文化主体性方面，如何寻找到自己内部的一套有效评价标准似乎同样重要。也就是说，能否在“跨”的背景下探究和建立起适合描述中国文化的概念体系、文化语言和叙述策略仍是一个至为关键的问题。以往学界往往以“学术本土化”相号召，作为一种回避西化的运思策略，但“本土化”有故意与“全球化”、“西方化”乃至学术“规范化”对峙的嫌疑。其实，不妨尝试一下，看看能否直接从中国古典思想论述中揭示出与时代主题相关的概念，一方面要唤醒自身的活力，接续其与现实话题的相关蕴意，另一方面也要防止一味僵化地大吹复古风，唯古人之认知是从。衡量古代概念的有效性并加以选择，一定要与现实需要关联起一种相互对应的联系。我个人认为，历史上存留的大量史料，如果不能形成与现实的某种对话关系，就一定是僵死的、无生命力的，没必要再加以复原和发掘。以现存的大量经学著作为例，如果认为如此汗牛充栋的经说都是有用的，对其意义都不做选择地加以释读，那么哪怕把一部《皇清经解》读到烂熟于心，也不过就像是一个满脑子装满腐坏经义的两脚书橱而已。

刘禾在其著作《帝国的话语政治》中对“跨语际实践”的思路有所推进，这本书致力于研究 19 世纪以来围绕主权想象的跨文化知识传统

---

① 刘禾. 语际书写：现代思想史写作批判纲要. 修订本. 桂林：广西师范大学出版社，2017：代序 5.

和话语政治，其中涉及道德和情感介入现代主权想象的方式。其核心问题是：所有这一切对于现代世界中的帝国和民族国家如何产生有效的意义？这本书提到，关注在近代全球化过程中，不同的符号和意义始终在不断地环游、流通、迁转，这些事物往往以令人惊讶的速度和规模跨越了众多语种、民族、文化以及文明的疆域。因此，这本书以主权想象为中心，着重分析法律、外交、宗教、语言学还有视觉文本中的话语政治。[①] 刘禾特别运用了“衍指符号”这一概念。所谓“衍指符号”，指的不是个别词语，而是异质文化之间产生的意义链，它同时跨越两种或多种语言的语义场，对人们可辨认的语词单位的意义构成直接的影响。

衍指符号是异质文化之间产生的意义链，这就意味着它完成任何特定言说现象的指意过程，都必须依靠一种以上的语言系统。因此，它扮演的是（在语言和语言之间进行）转喻思维（metonymical thinking）的角色，它引诱、迫使或指示现存的符号穿越不同语言的疆界和不同的符号媒介进行移植与散播。正因如此，衍指符号提供了丰富的启示，使我们得以窥见所谓知识的误用（intellectual catachresis）到底是怎么一回事。这本书提供了大量有关事例，比如在鸦片战争期间，英国人在造就了“barbarian（夷）”这个衍指符号后，才提出在法律上禁用“夷”这个汉字，而并没有禁用英文 barbarian。[②]

刘禾发现，迄今为止，我们所看到的语言学理论与符号学著作，无论怎样隐蔽，都多以某种单一语言做论述的前提，而衍指符号理论则旨在克服这种情况。事实上，当今世界的多数人都日益走向双语化甚至多语化，认识到这一点，对于我们研究帝国历史很有必要。因为如此多元混杂的语言现象，恰恰是过去的殖民战争和帝国战争造成的结果。大英帝国与大清帝国之间的争端，曾经在 19 世纪将语言和翻译置于有关名分、伤害以及统治权力等种种论争的中心地位，其引发的结果可能是致命的。[③]

---

① 刘禾. 帝国的话语政治：从近代中西冲突看现代世界秩序的形成. 杨立华，等译. 北京：三联书店，2009：3.

② 同①13.

③ 同①289.

“衍指符号”到底在两个帝国碰撞中能起多大作用的问题，引起了一些讨论和争议。方维规考证说，“夷”字在中国传统中长期以来就是对异族身份的负面评价，西方传教士从利玛窦开始对此就有了解，不可能到签订《天津条约》时才煞有其事地被夸大成对大英帝国的侮辱性词汇，所以他对围绕“夷”字的中英纠纷，是否如刘禾所渲染的那样，影响中英关系以及中英交涉，甚至成为贯穿整个近代中英冲突并成为关键议题的论断表示怀疑。① 他以为，无限夸大“虚拟对等”和“不可译性”，很符合后现代思潮及其论说逻辑，但肯定不符合事实，并必然导致文化翻译中的虚无主义。② 我从另外一个角度发现，道光帝对“夷”字解释的反应非常弱，从道光帝的理解来说，“夷”字已经没有种族冲突的含义，因为满人自己就是“夷”，进入中原后又忌讳别人把满人视为“夷”，但这种心理敏感在以后大一统话语形成的过程中逐渐被消解掉了。所以，我们在谈两个帝国话语的实践或者冲突的时候，如何解释道光帝对“夷”字包含的意义及其使用竟然如此冷漠这个历史现象呢？道光帝的态度和英国的反应是不对称的。对这种不对称的反应到底应该如何理解是一个需要回答的问题，否则就形不成话语之间的碰撞，也许这是英国人本身心理脆弱导致的一个文化误解，但这个误解对发动对华战争到底有多大影响仍有待评估。③

通过以上概要性的学术梳理，我们不难看出，西学东渐研究有一个从简单地关注西方文化的单向传播对中国知识体系转型的影响，到通过运用阅读史、概念史等新方法，兼顾探寻中国内部在接受西方文化渗透过程中所采取的复杂应对策略，重新寻究传统的内在活力，再到通过跨语际的动态观察，深究文明冲突构成的全球化多元图景的过程，展示了近年来的西学东渐研究已不满足于仅仅论证西方现代化要素如何支配了中国的知识转型进程，以及这种支配具有多么不容置疑的合理性，而是在不断尝试寻找重建中国传统文明体系的新途径。

---

① 方维规．一个有悖史实的生造“衍指符号”——就《帝国的话语政治》中“夷/barbarian”的解读与刘禾商榷//文学话语与历史意识．上海：复旦大学出版社，2015：252.

② 同①254.

③ 杨念群．作为话语的“夷”字与“大一统”历史观．读书，2010（1）：33－37.

第七章　晚清时期中国民族主义思潮的兴起及流变

——反思同化论、根基论、建构论的解释模式

“民族主义”是近年学界的讨论热点，“民族主义”的产生不但与晚清以来改革风潮的兴起和革命言行的激化趋势密切相关，也与西方流行的社会科学思潮及诸多政治势力的渗入和影响脱不了干系。“民族主义”与“民族”、“国家”乃至“中华民族”等新型概念的表达和传播更是构成了互为表里的关系。比较传统的说法是，中国自古就有“民族”概念，“中华民族”毋庸置疑地产生于数千年前，一直源远流长地延续至今，这种“根基论”（primordialism）的说法长期以来几乎变成了教科书般的标准表述。

还有一种说法是，“中华民族”从一开始就以“汉族”为核心主体，在不断吸收周边少数族群的过程中逐渐把它们融合进以儒家思想和制度为中心的中国历史框架中，最终形成了“中华民族”共同体，这种“同化论”的逻辑长期主导着民族主义研究的基本取向，使得是否具有汉族文化特点成为判定一个民族文明程度的唯一标准。近些年随着社会学与人类学理论的持续涌入，中国学界开始重新对“民族”“民族国家”“族群”“国族”等概念进行了严格定义，使得有关“中华民族”的讨论更多具有了当代社会科学的色彩。后现代理论和后殖民理论的介入更是把“中华民族”当作一个近代“建构”的产物，不承认其具有近代以前的历史意义，从而隔断了“中华民族”与前近代中国历史的延续性，也因此而引发了一系列争议。本章拟对上述诸种研究意图及其分析框架进行一些初步辨析与评估，并对其争议产生的历史与现实原因进行一些概要

性讨论。

第一节　晚清立宪派与革命党论争中的“民族主义”议题

“民族主义”的形成与晚清以来立宪派和革命党对关于“什么是民族”的自觉意识及由此而产生的歧义、争论有关，近代意义上“民族”一词的出现基本可以被认定应归功于梁启超、章太炎、杨度或者更早的王韬等人。① 但也有些不同意见，如有学者以为康有为在 1898 年所上《请君民合治满汉不分折》中提到了“民族之治”，故断定康有为已经开始从西方民族主义的角度理解“民族”的含义，这应该是对“民族”概念最早的近代式解读。②

晚清以来“民族主义”论述的产生与当时学人的政治立场无法分开，在很多场合根本不能以纯粹的学理讨论加以对待。就以晚清舆论倾向而言，“民族主义”论述基本分属于立宪派和革命派两端，实际上构成了两种截然相反的民族观。立宪派认为“中华民族”应该包括满、蒙、藏、回等族群，如梁启超称“中华民族”实际上由苗种、汉种、图伯特种、蒙古种、匈奴种、通古斯族六个种族组成。③ 梁启超又首次提出“当于小民族主义之外，更提倡大民族主义”“大民族主义者何？合国内本部属部之诸族以对于国外之诸族是也”，亦即“合汉、合满、合蒙、合回、合苗、合藏，组成一大民族”④。革命派则鲜明地举起了“反满”旗帜，在相当长的一段时间内把非汉族群排斥在革命和建国的行列之外。在任公看来，革命派的民族观属于“小民族主义”，立宪派

① 黄兴涛. 重塑中华：近代中国“中华民族”观念研究. 北京：北京师范大学出版社，2018：66－71.

② 王春霞.“排满”与民族主义. 北京：社会科学文献出版社，2008：22－23.

③ 梁启超. 中国史叙论//梁启超全集：第二集　论著二. 汤志钧，汤仁泽，编. 北京：中国人民大学出版社，2018：310.

④ 梁启超. 政治学大家伯伦知理之学说：二//梁启超全集：第四集　论著四. 汤志钧，汤仁泽，编. 北京：中国人民大学出版社，2018：215.

持有的“大民族主义”与“小民族主义”相对立。但有趣的是，民国初年的一些民族史著作却基本沿袭了任公的民族分类框架。比如1935年出版的宋文炳编写的《中国民族史》一书，其第二编第三章就以“通古斯的汉化”为题，“通古斯”就是指“满族”，这个民族分类完全继承了任公的看法。①

当代学者对任公的“大民族主义”与“小民族主义”的划分多有回应，只不过带有更多的政治意识形态思辨色彩。如陶绪就认为，晚清存在两种民族观：一种是资产阶级改良派以满汉合一、满汉平等为特征的民族观；另一种是资产阶级革命派以反清复汉、排满革命为特征的民族观。② 前一种民族观主张将在同化论的指导下把国内各民族融合为单一的中华民族的思想与在皇帝的旗帜下维新变法、救亡图存的思想结合起来，所以这种民族观是与政治观交织在一起的。③ 后一种民族观裂变为以孙中山为代表的民主派民族观与以章太炎为代表的国粹派民族观。前者主张种族革命与政治革命并行不悖，民族、民主革命一次完成，而后者则强调汉人在文化上的优越感，主张反清复汉，带有浓厚的大汉族主义的文化色彩。④ 这实际上就是重述任公的大、小民族主义观念，只不过给它们贴上了现代阶级划分的标签。

皮明勇的看法是，所谓“大民族主义”，就是把中国境内包括汉、满、蒙、回、藏等在内的各民族当作一个大的中华民族整体，并认为列强对中国任何一部分的侵略都是对整个中华民族的侵略，中国境内各民族应一律平等，并在此基础上联合成一个大的中华民族，一致对付东西方列强。孙中山后来提出的“五族共和”构想就体现出这个思路。“小民族主义”即指“大汉族主义”和“民族分裂主义”两种，强调汉族的文明优势和主体地位，是“华夷之辨”说的延续，亦是同化论的变相表述。晚清一些革命党人如孙中山就不断在大、小民族主义和与之相关的同化论之间徘徊、摇摆。孙中山虽然一度倡导“五族共和”的“大民族主义”，但不久又回归汉族的主体性，号召各族人民应在汉族的引领下

① 宋文炳. 中国民族史. 上海：中华书局，1935：1-5.

② 陶绪. 晚清民族主义思潮. 北京：人民出版社，1995：195.

③ 同②203.

④ 同②218.

实现“共和”目标，所以其思想又重新摆动到了“小民族主义”一端。①

朱维铮则看出了清末革命党“反满”言论特别是孙中山架构“民族主义”理论时所遭遇的困境。他注意到，除非革命党把对“中华”疆域的界定“恢复”到努尔哈赤、皇太极父子由叛明到称帝时期的限度，否则，视满洲为“异族”，提出“驱除鞑虏”口号，便在实践中等同于分裂中国的版图。但随着孙中山被日益神化，后来史界出现了“曲说文饰必贻尘谤，攻其一点也难服众”的处境，形成论其功又指其过的混乱。② 后来论者常常把民族问题与文化问题混为一谈，在判断清末民族主义的具体取向时，往往使用双重尺度随意评断，常常陷于悖论。例如，凡涉及反满时常用属于文化尺度的同化论予以批评，但涉及排外时却总用属于政治尺度的爱国论进行辩护。朱维铮提醒说，那个时代的民族主义诉求，无论实践取向有多大差异，在“民族主义”概念的诠释上，都应用近代欧洲民族国家兴起的历史和民族主义含义的解释作为参照系。但诉求者在实践取向方面的差异，又使他们对清朝的民族问题与近代欧洲的历史和现状的不同缺乏客观分析，往往对参照系采取各取所需的实用态度。③

因为民族主义在清末已形成普遍的政治诉求，所以就很难用所谓传统的“夷夏之辨”进行解释。政治诉求总是针对政治现状的，诉求的语言难免呈现出古老或者外来，甚或二者混合的特征，但总是诉求者对于现状之基本看法的一种概括。假如考察这种诉求，不是首先考察引发诉求的历史状况，而是首先追究诉求的口号合不合某种先定的尺度，只能说是舍本逐末。这与清朝的统治策略有关，清朝统治者一方面歆羡华夏文明，另一方面亦出于被同化的恐惧，不断严分满汉界限，强调对满洲特权的维系，于是在处理民族关系上便会显得紧张、犹疑。对这种现象的结构性认知也自然反射出这种矛盾现象，孙中山同时提出“驱除鞑虏，恢复中华”和“创立合众政府”这两个极不相容的纲领就是这种冲

---

① 皮明勇．中国近代民族主义的多重架构//李世涛．知识分子立场：民族主义与转型期中国的命运．北京：时代文艺出版社，2000：187－188.

② 朱维铮．清末的民族主义//李世涛．知识分子立场：民族主义与转型期中国的命运．北京：时代文艺出版社，2000：195.

③ 同②196.

突状态的反映。

“创立合众政府”是孙中山效仿华盛顿想建立美国式的联邦统治模式，对外关系实行中央集权，而在内政上尊重地方分权，表明他想当“中国的华盛顿”，而“驱除鞑虏，恢复中华”的提法，又表明孙中山志在当朱元璋，这种双重的身份认知困境使得革命党人不甚满意，而非难革命排满说的保皇党人和立宪派人也借此可以攻击其言不由衷的表态。另外，“驱除鞑虏”口号也无法免遭大汉族主义的指责，后来孙中山放弃了联邦政治的追求，转而力求实现“俄化”，这更使他的立场左右摇摆，难以令人信服。①

早在20世纪30年代，齐思和就已指出，孙中山民族主义潜藏着的重要缺点是忽略了种族与民族之区别。民族之构成是精神的、主观的，种族之构成则是物质的、具体的。所谓汉、满、蒙、回、藏的说法，是以种族划分的结果，并不适用“民族自决”原则。种族问题既然虚无缥缈，则应提倡组织民族主义之国家。② 齐先生已经敏感地意识到，孙中山民族主义内部确实包含着自我冲突和紧张。

李良玉则进一步从分析“民族”与“国家”这两个概念之间的张力出发呼应了朱维铮的看法，他认为中国人的民族观念具有两个特征：（1）民族观念相通于种族观念；（2）民族观念疏离于国家观念。由此引申出来，中国人的民族主义缺乏国家主义的内容，如果没有现代国家主义的充分哺育，民族主义就有可能对现代民族国家之建设显示出一种茫然冷漠的态度。革命党人的民族主义就有明显的二元论性质：一方面，试图通过革命手段，通过建立现代国家来振兴中华民族，这是民族主义的国家主义性质；另一方面，革命又必须通过“驱除鞑虏”来实现，这是民族主义的种族主义因素。③ 这二者是相互冲突的。在革命的早期，种族主义中的“反满”口号沿袭了“华夷之辨”的言说方式，有利于进行革命动员，但在建设现代国家的过程中其大汉族主义的“同化”思维

① 朱维铮．清末的民族主义//李世涛．知识分子立场：民族主义与转型期中国的命运．北京：时代文艺出版社，2000：198.

② 敖光旭．1920年代国内蒙古问题之争：以中俄交涉最后阶段之论争为中心．近代史研究，2007（4）：71.

③ 李良玉．从辛亥到五四：民族主义的历史考察//李世涛．知识分子立场：民族主义与转型期中国的命运．北京：时代文艺出版社，2000：202.

却不利于建立多民族共同体。

一些学者对此看法亦有共鸣，他们发现，激进派的民族国家理论建立在“排满建国主义”的基础上，其构想遵循以下逻辑：满洲异族—中国已亡—排满—建立单一汉族国家。这种论述取向一旦落实到现实政治中，就难免存在分裂中国的危险。这与梁启超等人倡导的包容各民族为一体的大民族主义迥然有别。其原因是，20 世纪初，西方民族主义理论传入中国，其种族建国论正好吻合中国传统民族思想中的种族观念，使中国的民族身份和认同变得复杂起来。当时革命派知识分子从其政治需要出发，依据西方民族主义理论，借助中国传统民族思想中强调种族的一面，凸显清朝民族压迫的史实，通过否认满族的中国民族性来为“排满建国”主张提供合法性。而保守派知识分子则借助中国传统民族思想中强调文化的一面，漠视清朝民族压迫的历史与现实，与革命派知识分子在理论上相抗衡。①

然而，有些学者并不认同“民族”必须服从于“国家”意识的强势规则，他们批评晚清以来的中国人在甲午战争以后常常把民族主义与爱国主义混淆起来，觉得二者是合二为一的关系，从而使民族主义变得更加难以理解。民族主义与爱国主义并非同义语：前者可以界定为一种基于民族的同一性而产生、旨在促进社会生活一体化、具有意识形态色彩的社会思潮和社会运动，后者则是一个政治共同体中的一群人（也可能是一个民族）的一种心理特征、一种情感表露。

对于近代民族国家而言，“国”与“民族”的界限在很多层面很难清晰划分，因而国家主义与民族主义每每被人混淆。② 尤为要紧的是，“国”尚存在着政治学意义上的“国”与地理、文化及社会学意义上的“国”之区别：前者大约相当于“国家”（state），实乃实施政治统治的工具，也就是“政府”；后者则类似于祖国、宗国（motherland），亦即共同的地域及其所负载的除开政治制度的一切。在近代中国，政治学意义上“国家”的代谢速度是很快的，往往使人不知所从，人们对这种

① 许小青．1903 年前后新式知识分子的主权意识与民族国家认同．天津社会科学，2002（4）：131.

② 比如，有人直接把梁启超的“大民族主义”等同于“国家主义”。［刘晓洲．梁启超的国家主义思想与晚清的中国认同问题．西南交通大学学报（社会科学版），2014（6）：85 - 94］

"国家"的感情很容易发生转移。[1] 在甲午之战后，一些知识分子表现出一种被称为"反中国感"的思想情结，他们逆乎"时尚"，对"民族"乃至"爱国"的宣传持激烈的批评态度，这种现象是由知识分子意识和潜意识的不同关怀决定的。在潜意识层面，他们是诚挚的民族主义者，但是在意识层面，他们的"世界主义"和"民族主义"关怀却又异乎寻常地活跃。这一差异决定了他们在思想上力图超越民族主义，但在感情上却始终割不断与"民族国家"的联系。[2]

有些学者则注意到了立宪、革命两派在发生争论时表面上都吸收了同类或者相近的西方理论资源，但却在不同层面得出了既相反又相近的结论，并以此说明晚清民族主义话语形成的复杂性。比如，革命党舆论旗手汪精卫与立宪派首席评论家梁启超在吸收伯伦知理的观点时就呈现出极大差异。一方面，汪精卫强调种界分别及其对政治的影响，梁启超则强调政治对种界的融合与调节作用。另一方面，双方的某些立场又是相近的，梁启超提倡大民族主义，汪精卫则主张近乎单一的民族主义，但后来又解释自己并非单一汉民族主义者，不排斥满汉同化，并开始考虑汉人掌握国家政权后如何对待满人的问题。双方都主张中国未来要实行"民族帝国主义"，即以汉族为中心，融合其他民族。梁启超首重国家利益，汪精卫也不忽视国家的根本福祉，因为他论排满，并非为排满而排满，而只是认为中国在列强的侵逼下沦落到如此地步，责任在于满人统治者的腐败无能与专制，故只有通过排满才能救国。梁启超反对排满及所谓"狭隘的民族主义"，但他所说的大民族主义以及竭力辩说满人已经汉化的背后却具有"民族的国民"倾向。

事实上，双方的分歧很少在于所依据的学理，而主要出于对事实的判断和各自不同的策略考虑。如在满汉是否同化的问题上，汪精卫和梁启超依据相同的"民族"定义，但得出的结论却截然相反。汪精卫力持满汉异种论，认为满人不但不欲为汉族同化，而且迫使汉族为它所同化，并竭力维护其"贵族政治"，阻碍政治革新，因此必须进行种族革命与政治革命。梁启超则认为满人实已同化于汉人，种族革命尤无必

---

① 杨天宏. 甲午战后中国知识分子的民族主义情愫. 四川师范大学学报（哲学社会科学版），1997（4）：101.

② 同①96.

要，乃属于无的放矢。

双方关于国家与民族的辩论，虽然有分歧，但根本上均以民族国家认同为归宿，只不过按照梁启超的话说，是对“大民族”与“小民族”的认同程度以及有关革命的程序与手段的主张不同而已。汪精卫不仅不否认传统种族复仇的正当性，而且更强调排满的政治意义，即排满对于建立现代国家的必要性与重要性。①

不少学者注意到，晚清至民初立宪派和革命党在“种族”与“民族”关系的观点上有日益趋同的迹象，特别是孙中山“五族共和”思想的提出基本延续了立宪派“大民族主义”的思路，可见双方在激辩中开始发现自身主张的缺陷，并学会从对手理论中汲取营养，显示出互相兼容的态势。“五族共和”思想包括共和政体下“国家之统一”、“民族之统一”和民族（种族）平等三重含义。“国家之统一”指汉、满、蒙、回、藏五地联合建立中华民国，实行资产阶级民主共和政体；“民族之统一”指汉、满、蒙、回、藏五族在“共和”政体下联合为一家，实行民族同化；民族（种族）平等实际上是指各民族政治上的平等，是基于政策上或宣传上的考虑。②

一般人认为，“五族共和”口号是孙中山于民国元年（1912）首先提出的，但村田雄二郎考证说，“五族共和”一词源于杨度 1907 年撰写的《金铁主义说》一文，一直到辛亥首义后，南北和谈的北方代表即以杨度的想法为依据。也就是说，北方代表们提出所谓皇室及满、蒙、回、藏的优待条件，其目的是满人想寻求与汉人地位的平等和尽量保持自身的既得利益，这个思路与“五族共和”构想有相辅相成的关系。“五族共和论”遂逐渐成为南北双方均能认可的新国家民族统一理论。

由于清政府的腐败无能，包括孙中山在内的革命党人一度对满、蒙、回各族的政治治理能力抱有否定性的态度，这也使得他们对“外中国”（藩部）的民族整合问题漠不关心。相反，居住在北方和内陆中国的满、蒙王公以及旗人集团为了保持自己的既得利益，积极响应“五族共和”口号，提出与汉人平等的要求，这样才最终导致了南北妥协的局

---

① 孙宏云. 1905—1907 年汪精卫梁启超关于种族革命的论战与伯伦知理《国家学》的关系. 学术研究，2002（6）：112－113.

② 潘先林.“五族共和”思想的内涵与实质探析. 贵州民族研究，2005（6）：11.

面。从这个角度看，辛亥革命既是不同政治力量博弈、角逐的结果，又是一段内外、大小“中国”观念不断交错演化的历史过程。①

常安则从宪政史的角度观察“五族共和论”的形成历程。他认为“五族共和论”的提出，与其说是孙中山个人民族观与宪政观的转变，从某种程度上还不如说是清末民初思想界于乱世危局中在国家宪政制度建构与民族治理转型这一问题上进行的思想交锋和对话所达致的结果。在早期立宪派的宪政与民族观论述中，“五族建国”“五族合一”等字眼即已频频出现，孙中山以及其他革命党人所主张的“五族共和论”，实际上是他们随着清末民族观论争的深入和革命进程的深化，在吸收其原来论争对手所主张的多族建国论之后才正式提出的。②

晚清民族主义的争议也与当时学人对“空间”疆域的理解差异有关。比如，“地方自治”思潮的兴起就与民族主义的流播相互伴随，它们原本拥有各自不同的目标指向、不同的思想资源和话语策略，颇难简单通约。晚清由于内忧不靖而外患愈烈，地方主义与民族主义在许多情况下常常打着“自强”“自立”之类相同或相近的旗号相伴而行，彼此之间一直存在着复杂的纠葛关系。“新广东”“新湖南”之类的独立自治话语，虽然具有鲜明的地方主义色彩，但却是在民族主义刺激下兴起的，因而知识界最初似乎甚少意识到这一话语与民族国家建设目标之间的内在紧张和矛盾。相反，一些论者笃信一省“独立”自治有助于促成国家的自立、自强。清末“地方自治”思潮的兴起及其对于民族国家的“想象”，隐含着一种难以化解的悖论，不仅反映了近代中国国家体制和政治制度转型过程中的尴尬困境，也从一个侧面提示了近代中国地方主义与民族主义之间剪不断、理还乱的复杂关系。③

关于晚清民族主义的西方来源问题，有人注意到，中国近代民族主义除了延续一些旧式的“华夷之辨”古典思维之外，在面对西式民族主义的挑战时也是有所选择的。同是与革命直接相关的近代欧洲民族主义中，法国民族主义就以内倾为特点，与以外向为特点的德国民族主义有

① 村田雄二郎. 孙中山与辛亥革命时期的“五族共和论”. 广东社会科学，2006（5）：121.

② 常安. 清末民初宪政世界中的“五族共和”. 北大法律评论，2010（2）：344.

③ 方平. 地方自治与清末知识界的民族国家想象. 史林，2012（2）：109－114.

相当大的区别：前者主要针对现存政权，故民主（或晚清人所说的“民权”）倾向甚强；后者则主要针对外族的威胁、征服和占领，故集体意识实占上风。① 章太炎、梁启超那代人虽然也强调“民权”的重要性，但却从整个西方民族主义学理中更多地看到了后者。

李帆以刘师培的言论为例，从另一个角度对“中国文明西来说”做出了新的解读。清朝末年，中国人种、文明自西来的说法很流行，博得章太炎、刘师培、梁启超等人的推崇。② 刘师培受法国汉学家拉克伯里（Terrien de Lacouperie）的影响，承认以华夏族为代表的中国人种、文明自西方巴比伦而来，这显然是基于多方面的考量：在政治上，此说有助于作为激进民族主义者的刘师培以及国粹派人士实现他们排满复汉的目标；在学术上，此说与他们“借西学证明中学”，从而使国粹获得一种相对普遍价值的主张相吻合。究其实，这反映出一种两全心态，即在保持民族特性的同时努力获得国际认可。不过，这种两全心态同时也带来了两难困境。因为在民族主义与国际认同之间存在着显而易见的紧张关系，不易做到两全其美。③ 有些人根据欧洲经历，将“民主”也看作民族主义的一个重要组成部分。在中国，同样存在那种通过共同语言等因素结成的长期的共同命运产生出的认同感，但在中国近代民族主义兴起之前的千百年间，中华民族的认同感早已凝固，无须由什么人来强化。中华民族的“建成”既早，在中国也并不存在近代欧洲那种在民族建成之后对民权的自觉认识和对政治参与的明显需求，故“民主”到底是不是民族主义的一个重要组成部分，晚清中国士人对此并无确定的共识。

民族主义的反抗与建设属于相辅相成、不可分割之两面，如果不将这两面结合起来考察、分析，就无法真正了解晚清知识分子为“强国”而激烈反传统以求“西化”的民族主义心态，也不可能真正认识民族主

① 罗厚立. 从思想史视角看近代中国民族主义//李世涛. 知识分子立场：民族主义与转型期中国的命运. 北京：时代文艺出版社，2000：223. 郑师渠也认为，晚清民族主义分别源于法国和德国两种范式，法国范式属于强调民权论的政治民族主义，德国则可归类于强调民族精神和文化传统的文化民族主义。（郑师渠. 近代中国的文化民族主义//李世涛. 知识分子立场：民族主义与转型期中国的命运. 北京：时代文艺出版社，2000：278）

② 关于拉克伯里学说对晚清中国民族主义的影响，参见孙江. 拉克伯里“中国文明西来说”在东亚的传布与文本之比较. 历史研究，2010（1）：116-137。

③ 李帆. 民族主义与国际认同之间：以刘师培的中国人种、文明西来说为例. 史学理论研究，2005（4）：97.

义在晚清政治中所起的作用。也许跟晚清中国的确是破坏多而建设少相关，中外既存之近代中国民族主义研究较多注意其针对外侮的反抗一面，而甚少论及其建设一面，将二者结合起来进行研究的就更加少见。"回向传统"和"面向未来"这两种类型的民族主义在晚清同时存在，对于许多趋新者来说，由于未来必然是或至少可能是美好的，所以是否保存本民族固有之文化就已不那么重要，从传统中寻找不足而不是光荣，以摈除或改进这样一种反求诸己的取向不但不那么可怕，而且简直成为走向美好未来的必由之路。但正因为他们的基本目标是力图重建"民族或国家的整体目标与价值体系"，以指向一个风格不同的未来，所以他们的反传统恰是出于民族主义的关怀，这是近代中国民族主义与其他许多地方民族主义的一个显著区别。同样，近代中国士人向往无政府主义、世界主义、社会主义这样一些带有"超人超国"意味的理念，其实也多半出自其强烈的民族主义情怀。①

对于晚清以来中国民族主义的特征，当代学人往往用不同的形式加以概括，比较常见的说法是把"民族主义"按其"政治"和"文化"两种倾向进行划分。持有何种民族主义往往与学人之思维模式以及在制度中所处的位置有关，也与其个性、禀赋密不可分。许纪霖即认为，民族主义从情感形态上升到理论形态大致有两种发展途径：一种是政治性的，另一种是文化性的。这两种民族主义认同的对象是不同的：政治民族主义效忠的是政治共同体或权力国家，文化民族主义效忠的是本土文化。上述不同的价值取向与知识分子个体的思维模式是制度化的还是文化化的有直接关联，因为这决定了他将为自己的民族主义观点汲取和确定什么样的知识资源，决定了他认同的终极价值是国家还是文化。②

秦晖则以为，使用空洞玄虚的文化思想倾向来判断晚清民族主义的特征是没有意义的，晚清民族主义多以利益认同为基础。民族主义在国际关系中主要是一个利益认同而非文化认同问题，与利益冲突而不是与"文明冲突"相联系。英国人发动鸦片战争主要是为了捞钱，而不是为

---

① 罗厚立. 从思想史视角看近代中国民族主义//李世涛. 知识分子立场：民族主义与转型期中国的命运. 北京：时代文艺出版社，2000：202－209.

② 许纪霖. 文化民主主义者的心路历程//李世涛. 知识分子立场：民族主义与转型期中国的命运. 北京：时代文艺出版社，2000：314.

了在中国传播“基督教文明”，他们后来与尊崇儒教的清廷联手打击皈依“基督教文明”的太平天国运动就是证明。当时英国的制度优于中国，所以英国胜了。中国人的利益受到英国人的无理侵犯，所以才要抗英，而英国的制度相对优越，所以中国人又要向英国人学习，于是外部利益冲突带出了内部的制度冲突。至于“文明”因素的作用，则无非为上述两种冲突提供象征符号而已。

因此，民族主义既然以利益认同为基础，民族主义者就必须首先成为利益评价的主体。没有自身独立利益的奴隶是无所谓利益认同的。民族主义所要捍卫的民族利益只能是民族中每个成员个人利益的整合，因而民族利益的体现者只能通过自由公民意志的契约整合程序即民主程序产生出来。任何人都不能超越这一程序而自称民族利益的体现者，并要求别人为他所宣称的“民族利益”做出牺牲。①

综上所述，民族主义的产生、播散与清末兴起的改革和革命思潮及其实践经验密切相关，是中国人受到西方思想影响后做出的自觉反应，亦是近代国人对建立现代国家政体做出不同选择所诱发出的一波思想涟漪。立宪派和革命党产生分歧的关键点在于，是承接清朝大一统的多民族共同体治理模式，还是建立以汉族为唯一主体族群的现代民族国家，实际上双方的争议涉及晚清以后如何安排生活于中国不同区域内的多种族群的地位以及如何确立其身份认同的问题。

第二节　人类学理论与概念史视野下的晚清“民族主义”研究

晚清以来民族主义的产生因为常常与是立宪还是革命等议题纠缠在一起，故经常在语义上显得模糊不清与自相矛盾。一些受到西方社会科学方法熏染的当代学者开始另寻途径，从“民族”一词语义的演变及其在传统与现代不同语境下的作用入手观察民族主义的源起问题。在国内

---

① 秦晖. 自由主义与民族主义的契合点在哪里？——回应盛洪先生的“挑战”//李世涛. 知识分子立场：民族主义与转型期中国的命运. 北京：时代文艺出版社，2000：384－386.

学界率先开其端者是社会人类学家费孝通先生。费先生在谈到“中华民族”形成的二元特征时有一段经典表述，他说：“中华民族作为一个自觉的民族实体，是近百年来中国和西方列强对抗中出现的，但作为一个自在的民族实体则是几千年的历史过程所形成的。”① 费孝通创造性地把中华民族的形成划分为长程（自在实体）和短程（自觉实体）两个阶段，并以中国遭到西方列强冲击时间的前后作为区别两个阶段的界标，实际上包含了立宪、革命两派言说中大、小民族主义的内容，同时又兼顾了“中华民族”连续发展的脉动过程与近代新观念对之进行重新建构这两个相互无法割裂的层面，可谓别出心裁。

现代“民族”观念在世界范围内均属于晚出，这已是一个不争的事实。在近代以前，中国学界一般用“族类”概念来划分不同的种族。故传统的“族类”如何演变为现代的“民族”是具有民族学、人类学思维背景的学者较为关注的问题。一些社会人类学家开始使用“族群”（ethnic group）概念来分析“民族”的产生。“族群”是一个由其组成成员认定的范畴，通过强调特定的文化特征来限定族群的“边界”和排斥他人，它不是单独存在的，而是存在于与其他族群的互动关系中，没有“他人”就没有“我们”；族群的认同是需要与模仿的某种结合，所以，族群是其成员有意识构建的，或者说是共享利益意识的结果。②

当然，“族群”概念也强调在较大的文化和社会体系中具有自身文化特质以及体质特征的一种群体，其中最显著的特质就是这一群体的宗教、语言，其成员所具有的对共同起源的信仰以及共同的群体身份感，但更多地强调这种身份感拥有与“他者”相区分的边界和一种相对固化的“身份认同”。故用“族群”概念去考察中国的“族类”历史是需要小心行事的，并不一定具有贴合性。例如，若考察“夷夏之辨”的开放性与相互转换的特征，“族群”理论就未必适用。所以，在“族群性”（ethnicity）的分析架构之外可能还有另外一种模式，虽然在各群之间也存在着“我们”与“他人”的界限，但依照一种对主导文化的认同和习得程度的标准，这种界限的边界可能是递进的、模糊的和开放的，我

① 费孝通，等. 中华民族多元一体格局. 北京：中央民族学院出版社，1989：3.

② 菅志翔. “族群”：社会群体研究的基础性概念工具. 北京大学学报（哲学社会科学版），2007（5）：139.

群与他人的边界是模糊的，即使出现冲突，敌我的界限也往往不会在族群边界的意义上清晰化。[①] 有些学者断定中国传统的“夷夏之辨”和“有教无类”完全可以作为“族群”理论的分析对象，而我恰恰以为“夷夏之辨”这类传统认知框架不是简单挪用“族群”理论就能给予合理解释的。

许纪霖则认为，nation 翻译为中文，在不同语境下可以有国家、国民和民族三种不同译法。国家、国民和民族，无论在欧洲国家还是在中国，都是近代的产物，它们同时诞生，具有某种“三位一体”的性质，同时又充满了内在冲突和紧张。虽然在近代欧洲流行单一民族的国家，但就世界范围而言，更多的国家内部不是只有一个民族，而是有多个民族，形成多民族国家（multi-nation-state），或者由多个族群共同构成一个国家。nation 最重要的是建构内部的同一性（identity），不同民族与族群的居民应该拥有同一的身份和认同，于是 nation 就拥有了第三种含义：“国民”。[②] 可是身处一个国家中，作为“国民”的身份与作为当中多元“民族”的自我身份认同是有很大差异的，而且二者时常发生冲突，如何协调二者的关系就成为近代知识分子面临的一大难题。

有鉴于“民族”与“国家”身份认同的复杂性，社会学家马戎提出了一个新思路。马戎认为，中国几千年来在处理族群关系中具有把族群问题“文化化”的传统，但是近代在新的历史条件下开始吸收欧洲把民族问题“政治化”和制度化的做法。具体来说，“民族”是目前最常用的中文词汇之一，另一个中文词汇“族群”则近年来才开始出现。前者对应的英文词汇是“nation”，后者对应的英文词汇是“ethnic group”（或 ethnicity）。“nation”和“ethnic group”在国外文献中是两个截然不同的概念，代表着完全不同的人类群体，表现了不同历史场景中人类社会所具有的不同认同模式。“民族”（nation）与 17 世纪出现于西欧的“民族主义”和“民族自决”政治运动相联系；“族群”（ethnic group）则出现于 20 世纪，并在美国使用较多，用于表示多族群国家内部具有不同发展历史、不同文化（包括语言、宗教等）传统甚至不同体质特征

---

① 菅志翔. “族群”：社会群体研究的基础性概念工具. 北京大学学报（哲学社会科学版），2007（5）：142.

② 许纪霖. 国家/国民、国家/民族：国家认同的两个面向. 浙江社会科学，2017（6）：6.

但保持内部认同的群体，这些群体在一定程度上也可被归类于这些社会中的“亚文化群体”。①

“族群”（ethnic group）作为具有一定文化传统与历史的群体，和作为与固定领土相联系的政治实体的“民族”（nation）之间存在着重要差别。但二者之间并非不可逾越，通过一定的内外部条件的影响，二者可以相互转化。所以，一个国家内部的族群关系是多元和动态的，而不是单一和固定不变的。在某些内部条件和外部条件共同作用下，一些族群确实存在从现有国家中分裂出去的可能性，从“族群”转变成“民族”。在群体认同意识和政治实体边界的演变过程中，政府政策的引导作用非常重要，政府在如何引导族群关系方面大致体现出两种不同的政策导向：一种把族群看作政治集团，强调其整体性、政治权力和“领土”疆域；另一种把族群主要视为文化群体，承认其成员之间具有某些共性，但更愿意从分散个体的角度处理族群关系，在强调少数族群的文化特点的同时淡化其政治利益，在人口自然流动的进程中淡化少数族群与其传统居住地之间的历史联系。中国虽有“夷夏之辨”的传统，但“诸夏”与“夷狄”之间呈现出的是一种开放状态，主张以“文化”教化的方式凝聚“族群”。尽管在任何年代、任何国家，民族和族群问题都必然带有政治性，但中国传统的族类在观念上和实际交往中都被努力地“文化化”了。而“文化化”也正是相对发达的中原地区核心族群得以凝聚、融合周边族群的思想结果。也正因为中国的思想传统是将族群差异主要作为“文化差异”来看待，所以得以实施“化夷为夏”策略，不断融合、吸收边疆各族人口，最终形成以中原汉人为凝聚核心的“中华民族多元一体”格局。② 但在 20 世纪以后，“族群”问题逐渐趋于“政治化”（politicizing），“民族自决”也再次成为分裂现存多族群国家的政治武器。因此，如何处理好“文化多元”与“政治一体”的关系成为一个重要课题。

石元康则区分了“民族自决”与“民族自治”这两个概念。民族自决权（the right of national self-determination）与自治权（the right to

① 马戎. 理解民族关系的新思路：少数族群问题的“去政治化”. 北京大学学报（哲学社会科学版），2004（6）：123.

② 同①125.

self-rule）是不同的。自治权事实上等于民主国家中人们所具有的参政权利，与民主政治是同一个东西。而民族自觉权是相对于其他民族而言，每一个民族都拥有的自己决定是否建立起一个国家的权利。民族自决权是一种集体的权利，而自治权则是一种个人的权利。这就意味着，即使我们同意每个人都有实现及完成自己的认同的这种权利，同时要达到这个目标，各民族应该有权利保持自己的文化，也不一定会引导到民族自决的权利，也就是说，这并不一定能证明该民族有建立一个独立国家的权利。①

运用以上理论分析晚清的民族主义就会发现，晚清时期的保皇党坚持的是传统的“中国文化主义”族群观，以儒家文化为群体认同的标准，主张把接受了中华文化的满族和其他族群都视为“中华”的成员，以此为基础推动中国社会的发展，这也是族群“文化化”的观点。当时激烈反满的革命党则坚持汉人“民族主义”族群观，把汉、满等各族群看作各自相对独立的政治实体，从而把汉、满之间的族群关系“政治化”、族群边界清晰化，强调汉、满不同“种”，否认各族群成员之间已经出现的文化融合和认同意识的相互渗透影响，坚持“驱除鞑虏”才能“恢复中华”。故参照清末的历史教训，吸收古人的智慧，建立“政治一体，文化多元”的民族治理框架仍是必要的功课。②

“政治一体，文化多元”的构想无疑是一个很好的创意，但我的质疑是：马戎希望在保持文化多元的情况下维系对“国家”的认同和“国民”的身份感，然而倡导“文化多元”的结果难道不会强化对自身民族的身份认同感，最终引导其向“民族自决”的方向转换吗？晚清以来孙中山曾一度刻意强调民族自身的文化特性，他在发觉一些民族通过凸显文化特性而力图走上民族自决道路时，又担心这样选择会导致统一疆域的分崩离析，从而失去以“中华民族”为整体以抗衡西方的能力。所以，他最终仍选择效仿清政权的“大一统”治理策略，寻求建立多民族共同体的政治格局。这就说明文化自觉与民族自决之间有着不可分割的

① 石元康．民族与民族自觉//刘青峰．民族主义与中国现代化．香港：香港中文大学出版社，1994：26－30．

② 马戎．理解民族关系的新思路：少数族群问题的“去政治化”．北京大学学报（哲学社会科学版），2004（6）：129．

联系，不可分而论之。

张凤阳沿着马戎的思路进一步深化了对“民族”与“族群”之区别的认识，他认为在近代欧洲，“nation”一词的政治化使用与领土型国家的成长紧密相连，其话语背景主要涉及王权与教权的关系、王国与帝国的关系、王国与王国的关系、国王与诸侯的关系。围绕这四组关系展开的政治博弈，最终将“民族”与“国家”锁合在一起，并使之呈现出相对于普遍主义的“特殊性”和相对于地方主义的“聚合性”。反映在话语表述上，政治共同体意义上的“民族”（nation）被理解为领土型国家的整全性人格化身，而生活在领土型国家范围内的诸多“族群”（ethnic group）则只能被界定为多样性的文化共同体。无论是基于原始的血缘—地域—习俗，还是基于模拟血亲的想象和历史记忆的建构，抑或二者兼而有之，“民族”皆可归入“共同体”（community）之列。①

有些民族学者则试图证明中国自古即有“民族”一词。郝时远为此罗列出十条古典文献中出现的“民族”记载，指出中国古典文献中的“民族”一词，就含义而言，既指宗族之属，又指华夷之别。宗族之属包括泛指的民众，也包括相对于“皇族”的“贵族”“世族”“巨族”之类。华夷之别则包含区别“五方之民”（蛮、夷、戎、狄、华夏）的意义。② 但郝时远也承认，“民族”一词在日译西方著作中明确对应了volk、ethnos和nation等词语，这些著作对nation等词语的定义及其相关理论，对清末民初的中国民族主义思潮产生了直接影响。③ 但黄兴涛却发现古文中的“民族”多表示“民族族属”和“民之族类”的一般分类含义，与“族类”一词相当，固定化程度远不如“宗族”“家族”。古人仍习惯使用单音节词“族”。“民”与“族”的连用应出现于19世纪30年代德国早期来华传教士郭士立所编的中文杂志和著作中。④ 清末现代汉语中“民族”一词和概念流行开来，应得益于日本汉字新词对

---

① 张凤阳，等. 民族主义之前的“民族”：一项基于西方情境的概念史考察. 中国社会科学，2017（7）：48.

② 郝时远. 中文“民族”一词源流考辨. 民族研究，2004（6）：64.

③ 同②60.

④ 郭士立（Karl Friedrich August Gützlaff，1803—1851），德国基督教路德会牧师、汉学家。

译西文 nation 的用法。①

关于如何用人类学的“族群”理论来观察清朝历史的演变，一些学者尤其是美国持“新清史”观点的学者多有尝试。欧立德（Mark C. Elliott）就提出了以下问题：如何理解所谓“以少数人进行统治的问题”，即满洲作为人口不及汉族三百五十分之一的少数民族，为什么能够征服汉族并维持对中国的长达近三百年的统治？对于这个问题的解答不应该采用所谓的同化论，而应该分析满洲人是如何建立起他们的民族主体意识的。

在欧立德看来，王朝统治的正统性是以两种理论为基础的。一种理论基于中国传统的王权思想，另一种理论则基于满洲人作为外来征服集团所具有的利害关系，对于清朝来说，统治中国的重要课题之一就是在上述矛盾之间保持某种平衡。天平无论向何方倾斜，都有招致失败的危险。欧立德反对只以第一种理论即站在以儒教为核心的王权理论方面来观察清朝历史的演变，而是认为以“八旗制度”为核心的具有“满洲”特色的体制对于树立满洲人的民族主体意识，乃至创造一种区别于汉人王朝的独特统治风格具有重要作用。他也承认，目前所能看到的有关满洲人之民族主体意识的记述，描述的都是在 18 世纪初叶以后满洲的民族特性濒临失传，清廷为了保持其特性而采取了种种挽救对策，却仍然未能阻止满洲人摈弃自身的传统习俗而接受汉人文化。清廷把注重“国语骑射”“崇尚简朴”作为满洲之道加以鼓励，却未能收到相应的效果。但欧立德认为，“八旗制度”直到晚清仍得到了较为完整的延续，用来识别民族的那些典型指标，比如语言、风俗、服装和宗教信仰等，并没有完全消失，与汉人通婚直到清末还被看作很特殊的事例。“八旗”的社会组织显示出很强固的力量，直到今天还在很多地方留下了痕迹。清廷在不同时期出台了一系列对策及技术性办法，以求保证延续自身所必需的条件，说明这个群体尽管在很多局部已经起了变化，但仍然作为“满洲”而继续着它的存在。“满洲”的事例也清楚地表明，像这类民族的特质，并不简单是一个政治上构筑的概念，同时也是由文化和历史的

① 黄兴涛. 清末现代“民族”概念形成小考. 人文杂志，2011（4）：141.

要素，以及血统的正统性而形成的。①

欧立德对“满洲自主意识”的强调，对过多沉溺于“汉化论”的单一面向论述具有相当强势的纠偏作用，但欧立德并没有举出充分的证据来证明他所说的“满洲之道”即八旗制度在清朝具体的王朝治理方面发挥了什么重要作用。从 19 世纪太平军起事以来，“八旗”作为军事建制的作用就已基本趋于无效。各地为平叛而不得不依靠汉人的团练武装以抵挡太平军的进攻。分散于各地的“八旗”组织单位基本作为一种城市边缘的多余物而存在，这是一个不争的历史事实，以此来证明满洲人的民族主体意识的延续似乎缺乏足够的说服力。②

邵丹则从东北作为满人的故土认同之地转变为民族国家之“省”的过程来考察族群变化的轨迹。近年来，满族汉化论在新清史学派的强有力挑战下日益受到质疑，“汉化”或“同化”几乎成为一个“政治不正确”的词汇。但要注意的是，在研究满族或满汉关系时，不能简单化地将“满族其实没有被汉化”或者“满族即使在文化语言上有一定程度的汉化，其民族意识和身份认同也没有被汉化”的观点延展为“清史不应该是中国史（chinese history）的一部分”，或者忽视中国人身份认同和“国家”概念在 20 世纪上半期对现当代满族族群变迁的巨大影响。

满人入关后曾一度视“东北”为龙兴之地，并通过各种手段强化满人对祖地的认同意识，但近代以来东北地区不断卷入国际纷争，直接强化了当地人的中国与中国人认同。20 世纪初，一些维护朝廷的人士常常用边境危机与国土被侵来反对中原地区的反满主义。无论是保守人士还是激进人士，争论双方其实都以国家为中心来讨论满洲在中国的位置。有关边境危机与满汉矛盾的争论延续到辛亥革命时，自总督至八旗基层的东三省官员皆以国家边境不安警告下属与南方革命党人，勿以满汉冲突摧毁国家。在上述种种压力下，因“省化”满洲根本之地与正在形成中的以疆土主权（territorial sovereignty）定义的中国国家观念相适应，即便是反对以西方为模本进行变法的人士也少有反对东三省改制

---

① 欧立德. 清代满洲人的民族主体意识与满洲人的中国统治. 清史研究，2002（4）：87－90.

② 对美国新清史比较集中的批评，参见钟焓. 清朝史的基本特征再探究：以对北美“新清史”观点的反思为中心. 北京：中央民族大学出版社，2018。

者。1907 年的“省化”确定了清帝国放弃在满洲根本之地的领域性上的族群主权（ethnic sovereignty）。虽然几代清帝推崇“满洲根本”之地，试图将此地保留为其族群的领地，东三省仍然演变成大多数满人不愿回去的遥远故土。晚清时，这里成为国际殖民争端纷起的边地，“满洲根本”被撼动拔起。清廷为了解决边地问题和八旗生计，正式取消东三省与中原的界隔，在国家主权框架下重新定位这个区域的领域性。可是，在 20 世纪初的中原出现了对中国、中国人或国族（nation）的不同定义。清帝国在东三省的领域性留下了复杂的历史遗赠，影响着反满革命者对满洲或旗人在中国之地位的看法，也影响了辛亥革命前后当地的变局。①

晚清以来的民族主义言说往往受到西方舆论的支配和左右，比如立宪派与革命党论争时常常出现一个所谓的“中国本部”概念，就是对西班牙文 La Propia China、拉丁文 Sinae Propiae 和英文 China Proper 等的中文翻译。它们源于 16 世纪至 18 世纪的欧洲并逐步得以塑造、成型，其产生土壤是欧洲的血亲专属观和族性地理观，以族性本部国度和族性国度“自身”为概念先导。“本部”概念的实质是族性本部，以民族国家为理想归宿。欧洲人最先把它运用于理解文化、族性混杂的中国，以减域型方式构造出“中国本部”，随后以反向的增域型途径用于理解欧洲诸国。西方人建构“中国本部”概念的方法包括初级比附、甄别原则挪用和概念倒栽等，其所指随时代不同而发生变化。②“中国本部”概念之所以重要，是因为这个概念把边疆民族排除在“中国”本域之外，清末激进革命党更把“中国本部”视为汉族聚居地。但民初顾颉刚已发现使用“中国本部”有造成国家分裂的危险，学界最终才放弃“中国本部”概念。钱穆更认为中国历史上根本就没有所谓本部与非本部之别，这个概念的发明原是外族有意混淆是非编造出来以做侵略的口实。③

通过缜密的概念史梳理来展现“中华民族”观形成的过程，是近期

---

① 邵丹. 故土与边疆：满洲民族与国家认同里的东北. 清史研究，2011（1）：21－38.

② 陈波. “中国本部”概念的起源与建构——1550 年至 1795 年. 学术月刊，2017（4）：145.

③ 同②164.

出现的新动向。此动向基本延续了费孝通先生对“中华民族”形成过程由“自在”转为“自觉”的看法，如黄兴涛就批评学界对“自在的民族实体”关注较多，却相对忽视对“自觉的民族实体”的把握。实际上“中华民族”从“自在”形态发展到“自觉”形态，首先表现为一种现代“中华民族”观念生成、强化的历史进程。“自在”的中华民族与“自觉”的中华民族之间的差别在于，同样作为“大民族”共同体，组成它的各子民族除了数量、构成不尽相同外，在前者，人们对于彼此之间客观存在并不断得到发展和加强的内在联系与一体性还缺乏更为自觉的认识，对于共同的利益安危在情感上还缺乏强烈的认同，在交往上也还存在语言沟通等方面的更多隔阂等，而在后者，上述诸情形都基本得到了改变。基于各民族之间全方位“一体性”的强烈体认，还形成了一个共同拥有和一致认同的民族符号或名称——“中华民族”。

黄兴涛围绕“大民族”观念的创发及其最初的指代词“中国民族”的使用，“中华民族”一词的最初出现及其被人忽略的内涵这个观念史层面的分析，立宪运动与国内各民族平等融合意识的增强，辛亥革命与现代“中华民族”观念的基本形成等政治史议题，系统阐述了“中华民族”观念“自觉”生成的过程及其与现代政治变革运动的关系。黄兴涛意识到，就民族共同体关系的总体认识而言，君主立宪派起初认识得较为深远，显得相对理性，但对于满族统治者实行民族歧视的危害性及其拒绝放弃民族特权的顽固性认识不足；而革命派起初的确显得偏激，较多表现出狭隘的汉族民族主义立场，但其致力于先打倒满族统治者的特权地位，实际具有不同寻常的民族解放意义，并为建立新型的民族共同体关系创造了必要前提。

以往我们从革命与改良对立的角度着眼，更多看到了立宪派与革命派之间的分歧和矛盾，如果换个角度，从现代中华民族意识或观念的形成视角去认知，那么就会发现，二者之间“互动”和“同一”的效果也甚为明显。立宪派提出民族融合的“大民族”观念，即是针对革命派激烈“排满”做出的回应，而革命派的“排满”观念也在与立宪派的论争中不断得到修正，辛亥革命爆发后才放弃了过去的主张，完全接受了立宪派的观点。从这个角度看，辛亥革命后现代中华民族意识或观念的初步形成，实不过是戊戌维新以降改良派、立宪派与革命派实现思想和实践彼此互动的一种逻辑结果。①

亦有人注意到，清末民初打着“民族主义”旗号的话语构造可谓五花八门，甚至有所谓“洪门民族主义”的说法。“民族主义”既非洪门固有的精神或者传统，亦非纯由外部植入，而是清末激进知识人及革命者出于“排满”这一目标而进行发掘和重新解释的结果。“洪门民族主义”作为一种特殊话语的提出、完善和定型，洪门只是贡献了经验层面的素材，至于概念、理论层面的加工、提升则主要由清末激进知识人和革命者完成，其中又汇入了 19 世纪以来西方人研究天地会的知识成果。“反清复明”的说辞确实在某种程度上反映了传统的族类意识，不过往往流于形式。而且，洪门很少使用“种”“族”“类”这样抽象层次的术语。到了清末，孙中山明确使用“种族主义/民族主义”“民族主义根苗”等概念、术语，将洪门的“反清复明”口号放在特定历史语境下进行理论化处理。从形式化的“反清复明”口号，到抽象的“种”“族”“类”“种族”“民族”概念，再到理论化的“种族主义/民族主义”，“洪门民族主义”逐渐浮出水面。“洪门民族主义”作为一种特殊话语的形成，适逢汉语中“民族”一词逐步定型为一个现代概念之时。革命过程中，革命派对于“种族/民族”概念的阐发偏重于族群差异和对立，强调“汉”与“非汉”之别，事实上倡导了一种狭隘的“民族”概念，从洪门发掘“民族主义”的努力即为具体例证。而在后革命时代，曾经的革命派欲跟此前狭隘的“种族/民族”概念告别，转向一种基于“国民”和“国家”认同，侧重于族群并存和融合的宽泛的“民族”概念。②

人类学与概念史方法的引入，其意义在于使学界不再拘泥于单纯考察中国“民族”形成的源流问题，或者习以为常地持守某种同化论看法，而是更多地顾及“民族”乃至“中华民族”概念的构成是一个现代性的后果，特别是“民族”概念的形成以及中国在建立现代国家的奋斗中所扮演的特殊角色。所以，在考察这些概念的特质与内涵时，必须探寻这些概念在晚清以来特定政治与文化语境中的变化，以防止用固化的

---

① 黄兴涛. 现代“中华民族”观念形成的历史考察——兼论辛亥革命与中华民族认同之关系. 浙江社会科学，2002（1）：139.

② 李恭忠. 辛亥前后的“洪门民族主义”论说. 近代史研究，2016（6）：22.

眼光看待中国“民族”演变的历史轨迹。

第三节 晚清“民族主义”是如何被“建构”起来的：后现代的视角

如上所论，史学界对中国“民族主义”的研究受到费孝通先生“中华民族”的形成有一个从“自在”到“自觉”的演变过程观点的强烈影响，一些史家不仅关注“中华民族”的起源及流变，而且开始注意其在晚清以来如何形成一种自觉意识并使之付诸行动。但大多数人仍坚持这种“自觉”意识是建立在长期“自在”的历史延续性基础上的。近些年后现代理论开始传入中国史学界，后现代理论比较极端的看法是完全不承认“民族”的形成和发展是一个长期延续的历史过程，所谓“民族”不过是一个近现代建构起来的概念，根本不存在自古即有的历史起源和演变路径。这方面的言论以沈松侨的观点最具典型意义。沈松侨基本认同西方学界对国族（nation）与国族主义（nationalism）的研究，声称西方学人大都扬弃了纯粹根基论的立场，改而采取偏向建构论（constructionism）或工具论（instrumentalism）的观点。“国族”不再被视作由血统、语言、文化等根基性纽带（primordial ties）自然衍生的“既定（given）资源”；反之，“国族”是在特定历史条件下被“发明”、被“建构”出来的“想象的社群”（imagined community），是国族主义意识形态催生了国族，而不是国族激发了国族主义情怀。①

沈松侨据此追问：对于“民族”而言，是谁在对它进行想象？是通过怎样的文化、符号过程来进行想象？这样的想象又造成了怎样的结果与影响？循此追问即可发现，国族建构与“文化表述（representation）”有关，具体说就是与“历史叙事”的方式有关。“国族”是通过历史叙

① 一般而言，海外学者更倾向于使用“国族”和“国族主义”来分别翻译“nation”和“nationalism”，其原因是：在表达现代 nation 特有的、以全体国民为“族”的特性内涵方面，“国族”一词似乎较“民族”一词更为准确，因为其中既包含了“国家”，又体现了“族类”。（黄兴涛. 重塑中华：近代中国“中华民族”观念研究. 北京：北京师范大学出版社，2018：368）

事的表述被召唤出来的，其中包括起源的故事、建国先祖的神话以及英雄系谱，同时伴随着对历史的故意遗忘、扭曲和有意选择。晚清最后十年大量涌现的“民族英雄”历史书写，即与这种“神话历史”或“历史意识形态”的运作有关。

晚清知识分子在国族主义风潮鼓荡下，开始着手编造中国“民族英雄”的光荣系谱。为了唤起国魂和民族情感，他们透过一套由特定的框架、声音与叙事结构所构成的论述策略，将上起秦汉、下迄明清等生活在漫长历史时期的人物剥离出其原有的历史脉络，重加评判，编次甲乙，为国族认同修建起一座民族英雄万神殿。现代“想象的社群”正是由这些“民族英雄”的历史叙事与表述编造出来的。但是，在倡导民族主义的过程中，梁启超等人却陷入了近代在非西方国家屡见不鲜的困境。他们为了应付生存竞争的挑战，不能不接受国族主义及其所夹带的“现代性”价值，并据此否定中国的过去，可是作为“国族主义”者，他们又不能不肯定中国历史传统自有其独特价值，不能须臾背离。

梁启超倡导的“新史学”标榜以“进化史观”为导向，中国国族透过一套由新的语汇与叙事结构所构成的论述策略，被建构为一种具有根基性、本质性的统一而连续的集体偶像，并进而取得中国历史主体的特权（privileged）地位。与此相应，中国的“过去”又反过来在这套“国族叙事”的霸权支配下，被转化成“国族”起源、发展的历程。梁启超受伯伦知理的影响，认识到“民族”与“国民”的区别之所在。“民族”是文化、历史与社会之代名词，其赖以生存者，在于血统、语言、宗教信仰、风俗习惯等根基性联结纽带；而“国民”则是一个政治概念，是构成一个国家的实体与主体，其形成依赖有意识的政治作为与一套明确的法制结构，使人人得以参与其间，共建一国。在这一新体认之下，梁启超的“民族主义”逐渐转化成以“中国”这个政治单位为核心的“政治性国族主义”（political nationalism）。[①]

几乎在同一时期，一些与沈松侨的观点彼此呼应的观点也不时出现，如孙隆基借助英国历史学家霍布斯鲍姆（Eric Hobsbawm）的“传

---

① 沈松侨．振大汉之天声：民族英雄系谱与晚清的国族想象．“中央研究院”近代史研究所集刊，2000，33：77-158.

统的发明”理论，强调“传统”是指在某一历史场合为其自身需要而对过去的挑选与重新叙述。在民族国家未形成之前，甚至连所谓的共同记忆都不曾存在，而透过选择与剔除过程塑造的“共同过去”，正是民族国家形成的混凝土式文化结构。历史是一个共同回忆，其组成有一个系谱学线索可寻。有关现代国家起源的民族史系谱往往属于近代的发明。中国人好称“黄帝子孙”，此种概念在中国的大一统时代是不可能出现的。明清之际王夫之提倡严夷夏之防，曾奉黄帝为华夏畛域之奠立者，清季的汉民族主义分子遂将黄帝转化为民族始祖。黄帝崇拜的叙事，由古代的、现代的、本土的、外来的因素编织而成，表面上首尾一贯，其实是一个混合语，而且一头一尾都是舶来品。在中华文明被纳入以西方为中心的世界秩序之前，根本不会有“民族肇始者”的构想，作为孔教文明，它的中心人物只可能是孔子，而不可能是黄帝，这是毋庸争辩的事实。

黄帝的地位被拔高凸显出来，与拉库伯里（Terrien de Lacouperie）学说传入日本有关。这位法国学者是泛巴比伦说的提倡者，认为黄帝是两河流域的君主尼科黄特（Nakhunte），他率领巴克（Bak）民族东徙，途经昆仑山，辗转来到中土定居，“巴克”即“百姓”，是汉民族之前身。“中国民族西来说”可以补偿中国思想界在面对西方时流露出的自卑心理，也有助于验证黄、白二色人种共同主宰世界这样一套奇妙构想。为了迎合当时达尔文主义的优胜劣败原理，中国民族主义必须是外来征服者而不是原住民，犹如入主印度的雅里安人、征服英格兰的诺曼人、建立美国的英裔，以及来自东北亚的大和民族。①

持“民族主义建构论”的学者大多受到萨义德后殖民理论的影响，均把“民族主义”视为近代各种政治势力角逐、竞争导致的产物。比如，杜赞奇就承认民族观的多样性以及政治认同的变动不居使我们最好把民族主义看作相对性的身份。换言之，一个民族即使它确实不是新近才被创造的，也很难说它是一种原初本质的体现。相反，它是一个旨在容纳某些群体并常常以暴力形式排斥其他群体或将其他群体边缘化的历史建构。杜赞奇强调，应该用复线的历史及交易的眼光观察民族主义的变迁，而不应该采取单纯的线性史观的研究方法，因为现代民族身份认

① 孙隆基. 清季民族主义与黄帝崇拜之发明. 历史研究，2000（3）：68－78.

同的形式与内容是世代相传的有关群体的历史叙述结构与现代民族国家体系的制度性话语之间妥协的产物。[①]

奠基于后殖民理论之上的“民族主义建构论”，也导致了一些商榷和批评。比如，针对沈松侨刻意强调民族主义完全出自近代人的穿凿、附会与想象，故而使历史的连续书写产生了断裂，近代国族主义不但构造了一套“英雄谱系”，而且以“黄帝”为中心建构了中国人的共同祖先这套“近代建构论”说辞[②]，王明珂提出了质疑。王明珂指出，持此论者认为在近代国族主义与相关学科如民族学、语言学、体质学等引领下，世界各地都曾发生一个“国族化”及连带的现代化过程。中国当代的国族认同、国族下的民族区分，以及相关的民族、语言、体质与历史知识，都在此过程中被建构起来。重溯此建构过程，可以说是一种“后现代”（post-modern）觉醒，是在认知下对“近现代”（modern）国族与相关文化的建构。然而，“近代建构论”者只是解构近代以来被建构的“历史”与“国族”，对“古代史实”毫无兴趣，或将“近代以前的历史”简化为一个同质的、停滞的状态，如此一个同质的“古代”凸显了近代的变迁，也因此在许多学者眼中“中国国族”在近代以前根本就不存在。

王明珂同意近代的确存在一个国族与相关文化被建构的过程，清末知识人也的确受西方国族主义影响，重新集体回忆黄帝并赋予黄帝新的意义，以创建中华民族。然而，如果不以“近代”的尺度割裂历史，那么我们就可以发现一个“族群想象”能够经历两千年而形成当代的“炎黄子孙”。所谓“近代建构”，只是长远历史建构与想象的一部分，而近代“中华民族”之形成也基于一个长远的“族群形成过程”，所以相对于后现代主义学者聚焦的历史断裂现象，王明珂更强调一种历史的延续性。[③]

王明珂的看法其实暗合了费孝通先生所提出的中华民族具有“自

---

① 杜赞奇. 从民族国家拯救历史：民族主义话语与中国现代史研究. 王宪明，等译. 北京：社会科学文献出版社，2003：60.

② 沈松侨. 我以我血荐轩辕：黄帝神话与晚清的国族建构. 台湾社会研究季刊，1997，28：1－77.

③ 王明珂. 论攀附：近代炎黄子孙国族建构的古代基础. “中央研究院”历史语言研究所集刊：第73本第三分，2002：585－587.

在”和“自觉”两个面相的理论。只不过“自在”的视角瞩目的是其延续性的一面，而“自觉”的观察则留意于中国民族思想在西方势力冲击下被“建构”和“唤醒”的一面，这样可以谨防生硬地趋于两个极端而失去对历史走势的均衡把握。

还有一种观点与王明珂强调历史有可能是一种长时段的“建构”的看法有些相似。所谓“建构论”并非产生于受西方人支配的近代时期，在清朝初年就已出现清帝主动对自己族类身份进行“建构”的现象。而“满洲”演变为“民族”就经历了一个漫长的过程。天聪九年（1635），皇太极下诏以“满洲”来称呼“诸申”部众。从此，这个原先由金元女真边缘人群后裔的部落集合蜕变而来的共同体经历了一系列重大变化。直到乾隆时期，通过将满洲人的集体记忆“世谱化”和重新勘定“满洲源流”等大规模的文化动员，满洲人的集体身份意识方才成功地转型为以“共同血统”观念为中心的前现代民族认同。这说明民族认同意识并不完全是“民族”作为一种“已然的客观存在”在人们意识中的反映，它实际上是民族“构建”的积极参与者。① 这种对前近代“民族建构论”方法的叙述同样大量引用社会学家、人类学家的民族理论，去破除所谓民族史研究中的原基论倾向。原基论主张民族是基于语言、宗教、人种、亲缘性、习俗、生活地域等“原基”联系而形成的自然单元和人类经验的整合要素。因此，现代称为“民族”和“民族主义”的政治实体及其意识观念反映，在现代之前就以一种自然状态始终存在着，尽管当时人们不这样指称它们，也尽管与其历史前身相比，现代民族和民族主义的规模与有效性都获得了前所未有的提升。②

后现代理论与后殖民理论对民族主义研究产生的影响在于扭转了把“民族”看作一种理所当然地自然形成之历史延续体的观点，它们完全把“民族”的生成视为一种近代的人为构造，这个视点对于持传统民族观的人而言可谓惊世骇俗、振聋发聩。但后现代理论支配下的民族观基本无视前现代历史中“民族”的构成要素即已存在这个历史事实，把“民族”观念的历史传承与近代“国族”的构造进程完全对立起来，看

---

① 姚大力，孙静.“满洲”如何演变为民族——论清中叶前“满洲”认同的历史变迁.社会科学，2006（7）：5.

② 同①25.

作两不相干的东西，如此决绝的极端态度因缺乏历史资料的验证最终难以服人。解决问题的最佳办法恐怕是，兼顾前现代“族类”意识与近现代“民族”观并打通二者之间的关系，把它们放在具体的历史语境下进行细致的梳理和考察，才能洞悉不同历史阶段民族观构成的复杂性及意义。

第八章　晚清"中体西用说"与文化保守主义的生成和转型

——以民初以来的若干讨论为例

在晚清学界持续受到西学冲击的历史背景下，"中体西用说"一直是较为流行的既可保存固有文化，又不致动摇王朝根本，通过有限度地吸纳西学之优长以为传统思想之补充的一种权宜理论。至于此理论到底能否实际发生效用，一直众说纷纭，莫衷一是。民初以来，有关"中体西用说"的争议始终未曾消歇，新中国成立以后，"中体西用说"更是一度被纳入宏大的革命史叙事中，作为维新派舆论的对立面而遭到严厉批判，"中体西用说"遂成为晚清保守派人士困守落后思维以抵抗西学输入的典型反动例证，不断遭到抨击。

20 世纪 80 年代以后，随着改革开放政策的实施，对洋务派与清流派之历史作用的评价逐渐有所变化，对持有维系中国传统文化根脉意向的"中体西用说"的批评也逐步趋于缓解。许多论者往往把"中体西用说"与清末民初兴起的文化保守主义思潮关联起来加以论述，更多地赋予它传承、延续中国文化命脉的悲壮含义，"中体西用说"也随之成为国粹倡导者们重释中国传统之现代意义的一种艰难尝试。本章拟对不同语境变化中的"中体西用说"及其辅翼学说"西学中源说"与文化保守主义的渊源略加梳理和申说，以尝试阐明其与晚清学术思想总体演变走势的关系。

第一节　“中体西用说”的内涵构成及其演变态势

民国初年已有人关注到“中体西用”这个说法，只不过认为其暧昧不明，不易把握。如一位名叫志坚的作者在1933年3月29日的《中华周报》上发表了一篇名为《中体西用》的文章，他在这篇文章中指出，无法发现中学为“体”与西学为“用”之间有何制约关系。他形容这个说法就如把“中医为体，西医为用”当作口号，那就相当于让熟读《汤头歌》的人使用X光线，岂不变成了一个笑话？这是因为对“学”“体”“用”三种概念没有真正梳理清楚，就“学”本身而言，用科学方法把一盘散沙的知识和经验组成一种有系统的学问，像天文学、法理学等，这叫作明学之体，再把这种学问应用于实际，这叫作达学之用，可见“体”“用”两字，是学的两面，并不是相互对立之物。说甲是学的体，乙是学的用，勉强将二者分开，这根本就是不明白学的道理。

有人以政治为例做说明。西方的政治组织有其特别的背景，不能随便仿效，所以代议制度、立宪政治在别的国家均能顺利实行，而一旦引入中国则弊端丛生。如能以固有的历史风俗、习惯为体，再参酌若干西方的方法，则必不至于发生这样严重的流弊，这就是“中学为体，西学为用”之意。这样的言论是根本不知道政治制度运行的那些案例，根本就不是学，而是事实。政治事实好比每个人穿的鞋子，鞋子的大小长短，当然无一致之理。可以将西学的体比喻成这些不同鞋子的要件，凡是鞋子必有底、有面、有端、有跟，这是鞋子之体，女人的鞋子用缎子做，男人的鞋子用皮革做，宴会的鞋子加上长柄，运动的鞋子加上铁钉，这是鞋子之用。不管本国的国情，总想抄袭外国的制度，这不只是失去了“用”的意义，而且失去了“学”的意义，世间没有有体无用之学，也没有有用无体之学，凡是学问就不能偏重于“体”“用”的任何一方，更没有古今中外的界限。① 志坚的这篇文章并没有仔细讨论“中体西用说”的内涵及其与具体历史运动和人物之间的关系，而只是较为

① 志坚．中体西用．中华周报，1933－03－29（17）．

笼统地宣泄对“体”“用”分离所造成的误解之不满，强调必须使二者达于一致。

另一位论者曹日昌却主张应该纯粹从西学的角度立论，完全放弃从中国本身的传统意义界定体用关系。在他看来，就学术角度而言，生产方法是体，纯粹科学是用；就社会意义来说，生产关系是体，社会之别的方面则是用。更具体地说，社会的基本结构与发展阶段是体，而存在于社会之中的文化、科学、技术是用。[①] 照这样的看法，体是本质，用是现象，体、用是一件，不是“两橛”，有什么基本社会结构的体，就有什么社会各种文化的用。若想保持一个社会的体，却采取另一个社会的用，则是“张冠李戴”，根本行不通。

邹云亭则在一篇题为《中体西用·全盘西化·中国本位及其他》的文章中特意昭显了“体”“用”定义的混乱，批评舆论界在讨论什么是“中体西用”时往往或者以中学为体，西学为用，或者以中国的“道学”为体，西洋新学为用，或者以中国的内学为体，西洋的外学为用，或者以中国的旧学为体，西洋新学为用，或者以中国的精神文明为体，西洋的物质文明为用。更有人以为体是能力（capacity），用是动作（action），或者体是机体（organ），用是功用（function），常常陷于混乱。[②]

为了避免出现类似情况，邹云亭开始试图把“中体西用说”看作与近代化运动密切相关的一个思想背景，在他看来，“中学为体，西学为用”口号，虽由张之洞提出，但实际上曾国藩、李鸿章发动的洋务运动应该被看作这个口号的思想与实践的先导，康、梁发起的维新运动亦不过是这个口号的延续性表达，这两种运动前后相续，彼此影响，形成一段不可割断的“时间之流”，二者的性质全无差异，不同的地方只在对于西洋文化的了解程度有深有浅。至于张之洞所主张的“西艺非要，西政为要”与“政犹急于艺”，可以说是给以后维新变法运动提供了一个启示。所以，康有为发动变法维新还要以“孔子托古改制”与“通三统”、“张三世”的公羊之义来附会。康有为的“托古维新”与梁启超的“拿西洋的文明来扩充我们的文明，又拿我们的文明来辅助西洋文明”

---

① 曹日昌. 谈中体西用. 当代评论，1943，25（3）：6.

② 邹云亭. 中体西用·全盘西化·中国本位及其他. 新认识，1942，6（3/4）：59.

的主张，亦不过是中体西用理论的沿袭推衍而已。

邹云亭据此提出三点批评意见。其一是体用分离是“中体西用说”最大的错误。持此说者根本不知道文化是有机的统一体，体、用不可分离。凡用必含其体，凡体必包其用。有其体必显其用，有其用必赖其体，所以中国文化有其体亦有其用，西洋文化亦自有其体有其用；单取西洋文化之用，以置于中国文化之体上，无异于以目嗅味或以鼻视物。其二是“中体西用说”犯了舍本逐末的毛病，在理论上有“体用分离”的谬误，在运用上必有“本末倒置”的弊端。曾、李所认知的西洋文明固然都止步在输入船炮机器这个阶段，即使是康、梁所要维新的制度也只是对西洋法律、政治的模仿；至于张之洞心目中的西学，也只不过是些西政和西艺而已，中学便是指四书五经之事。西学能否达致强国富民的目标尚且存疑，他们所标榜的“中学”，又是否包括了中国文化的全体呢？似乎也令人起疑。其三是把精神与物质对立起来，这也是一个错误，本来文化是人类精神力量透过物质的实在而显现出来的价值物，故所谓某一文化，有其精神的要素，也有其物质的成分，文化的物质方面不外是精神活动的表现，而精神方面的表现又必赖物质以为工具，故对文化的构成因素不能做机械的分析，而必须视之为有机的整体。如果把东方文化拆解成精神文化，把西洋文化统统归属为物质文化，便是犯了机械分析的错误。邹云亭追问：东方文化里难道真的没有物质的成分吗？中国的丝绸缎纱、山珍海味、高楼大厦、长城运河等不都是物质文化吗？至于西方固然有汽船、飞机、火车、工厂等物质文化，但也有哲学、宗教、文史、艺术方面的精神文化，不但有爱迪生、亨利·福特等发明家，也有卢梭、黑格尔等思想家。由此可知，西洋的物质文化由精神文化而来，东方的精神文化亦自有其物质的要素，故将精神文化与物质文化截然分开，不但歪曲了理论，而且抹杀了事实，这种文化运动难免造成“中西不调”“体用两橛”的局面。①

自 20 世纪 80 年代以来，学界再次掀起对“中体西用说”的评价热潮，但更多地把“体用”关系置于近代资本主义与封建主义相互斗争的框架内予以评析。如陈旭麓就以为，“体”与“用”涉及的范围常因论旨而异，是一对古老的哲学范畴，常和另一对更古老的哲学范畴“道”

① 邹云亭. 中体西用·全盘西化·中国本位及其他. 新认识，1942，6 (3/4)：61.

与“器”发生联系。本来中学有中学的体、用，西学有西学的体、用，封建主义和资本主义各有自己的体、用，而移花接木地把西方资本主义的“用”挪移到中国封建主义的“体”上，这是在近代中国特殊历史条件下的产物。①

陈旭麓提出，“中体西用说”的发明权应该归于冯桂芬 1861 年在《校邠庐抗议》中说的这句话：“以中国之伦常名教为原本，辅以诸国富强之术。”王韬则从“道”“器”与“形而上”“形而下”之关系的角度涉及“中体西用”宗旨，他所列举的“形而上者”“道”“本原”为一方，是中学，“形而下者”“器”“末”为另一方，是西学。中学为“主”“体”，西学是“辅”“用”。他把中西两方纳入中国传统的哲学范畴内以阐明它们的主从关系，对那时的士大夫具有诱导作用。② 而一字不差地提出“中学为体，西学为用”者是沈毓桂（沈寿康），他在 1895 年发表于《万国公报》上的文章《匡时策》中提出：“为华人计，宜以中学为体，西学为用。”1898 年 5 月，张之洞《劝学篇》中则有“旧学为体，新学为用”的提法，反而没有用“中学为体，西学为用”的原话，所以发明权实不在张之洞。以后的研究者基本沿用了陈先生的结论，而且经常不断重复此义，基本没有新的推进。

至于“中体西用说”持有者的范围，似乎并不限于洋务派。如果说洋务运动是 19 世纪 60 年代至 90 年代初清朝政府中洋务派的改革部署，被称为早期改良派的那批人以及其他谈时务的人大抵附从于洋务派，则“中体西用”作为洋务派的纲领自然当之无愧，但也应该承认一个事实，即持此主张者绝不只是洋务一派。“中体西用”主张是经早期改良派阐发而成为洋务运动的指导思想的。也可以这样说，早期改良派的言论是洋务运动的理论指导，洋务派则是“中体西用”宗旨的实施者。对“西学”既要求其“用”，在举办洋务的“用”中，日益碰到有形和无形的“中体”障碍，并发觉西学是体、用兼备的，“中国求其用而遗其体”，所以成效难期。③

台湾学者王尔敏则发现清季士大夫提出“中体西用说”代表了时代

---

① 陈旭麓. 论中体西用//陈旭麓文集：第 2 卷. 上海：华东师范大学出版社，1997：278.

② 同①279.

③ 同①292.

的意义，亦即代表着这一时期的知识分子对于西方认识的改变；也可以说，他们对西方的进一层认识，无论成熟与否，都已胜过前人对西方的了解。进一层讲，这个“中体西用”观念，正代表着中国士人对西方态度的一种开新，承认西学的学术地位，并视之为足资扶翼中学。再进一层讲，这个“中体西用”理论，是这一时期的知识分子重新提出接受西化的方法。这三层意义只是一个观念的三个方面。与前一时期做比较，就可以明显看出来。前一时期，中国士大夫只意识到西方之长者是技，他们采取的态度则是“师夷长技”，洋务运动大致在符合这一观念的条件下得以展开；后一时期，一些论者已开始注意西方自有其优长之学，进而提出“中学为体，西学为用”理论，作为接受西方知识的原则。此种理论遂成为晚清更改学制的思想基础。① 京师大学堂与南洋公学创学之宗旨，也建立在“中体西用”思想的基础上。王尔敏认为，民国以来的学人似乎不该过度低估这个具有时代意义的重要观念，更不可采取任意讥讽的态度，以免蹈数典忘祖之嫌。

丁伟志和陈崧则认为，在冯桂芬提出中西本辅论之时，“中体西用”文化观的基本构架就已成型，它的最基本特征是，在中学和西学兼蓄并容的文化结构中，以突出中学的主导地位为条件，借此确认西学的辅助作用之价值。② 这有策略上的考虑，也有自身持守信念的考量。从策略上的考虑看，提倡西学者，之所以要借助“中体西用”文化观定式来抬高中学之地位，并在形式上适当压低西学之作用，恰恰是为了防卫对手的攻击，减少由于重视西学所招致的重大阻力。从个人心理而言，主张此说者的内心确实没有放弃中学作为根本的信念。面对守旧派的非难，洋务派一方面要极力表白自己坚信礼教立国的中学实具主导意义，另一方面又要想方设法论证西学在富国强兵中具有不可替代的作用。

前者不是分歧之所在，只须做表态性说明，而后者才是决定争论胜败的关键。正因如此，洋务派人士在所谓“中学西学之争”中着力论述的就是，证明引进西学是中国唯一可取的富强之道。为此，他们不仅要

---

① 王尔敏. 清季知识分子的中体西用论//晚清政治思想史论. 台北：华世出版社，1970：67.

② 丁伟志，陈崧. 中西体用之间：晚清中西文化观述论. 北京：中国社会科学出版社，1995：160.

全力证明西学可以和中学并容互补，采用西学无害于作为主体的中学，而且要进一步证明采用西学对于中学还能起到“固本”的作用。换言之，洋务派提出“中体西用”论式，意图并不在于着重说明“西用”离不开“中体”，而在于着重说明“中体”离不开“西用”。[①] 洋务派人士虽然偶尔也讲纲纪伦理教育的重要性，可是他们连篇累牍地议论中学与西学之关系，其用心显然不在于说明中学与西学之间地位的高低主次，不在于说明西学需要依靠中学来主宰、来统御，而在于竭力证明“道义大本”必须用西学来辅助、来保卫，国家社稷只有靠西法来振衰起颓。[②]

随着洋务运动的进展，“中体西用”文化观这种论式已经显露出无法容下向西方学习经济、政教的新内容，可是，薛福成、王韬、郑观应、钟天纬这些早期提倡“中体西用说”的人，并没有改变祖宗法统与圣贤名教的自觉和勇气，他们陷入既想引进“西体”，又不敢公开革新“中体”的两难中。[③] 他们运用的论证方式，正是这种扩大了的“西用”和缩小了的“中体”结合而成的、名存而实变的“中体西用”文化观。守旧派与持“中体西用说”者的一致之处就是，把作为“大本”而推崇的中学，并不解释为内容极其丰富博大的中国传统文化的全体，而是只把它归结为孔孟传承的礼乐教化、纲纪伦常。这样就造成了论战双方共同存在的一种认识误区，似乎儒学伦理政治观念与西方资本主义近代文化之间的关系就等于中西文化的全部关系。这种把中国传统文化强解为儒学伦理政治观的偏狭之见，在中西文化论战中恰恰是一着败招。它使得守旧一方无法借此单一论说抵挡住西学的全面涌入，空泛的礼乐教化、纲纪伦常的说教，显然不能代替西方近代文明成果的作用，致国家于富强。同时，这种对中国传统文化的偏狭解释，又使得提倡西学的“中体西用”论者陷于无法自圆其说的逻辑混乱中，既然把中国传统文化的丰富内容淘刷得只剩下礼乐教化、纲纪伦常的信条，那就愈加解释不清楚中国传统文化的现实价值之所在，从而也就愈加解释不清楚既要

---

① 丁伟志，陈崧. 中西体用之间：晚清中西文化观述论. 北京：中国社会科学出版社，1995：162.

② 同①164.

③ 同①168.

引进“有体有用”的西学，又何以还要死死维持那个礼乐纲常的信条作为“中体”。①

第二节　维新派与洋务派对“中体西用说”内涵的不同理解

甲午战争之后，洋务派的“中体西用”文化观逐渐发生了重点转移，从强调“西用”以反对守旧派，逐渐转为强调“中体”以反对维新派。张之洞写《劝学篇》的目标已不是崇“西学”，而是保“名教”。曾任其幕僚的辜鸿铭对此深有所悟，他发现张之洞甲午战争后“其意以为非效西法图富强无以保中国，无以保中国即无以保名教。显然，文襄之效西法，非慕欧化也；文襄之图富强，志不在富强也。盖欲借富强以保中国，保中国即所以保名教”②。又说康有为误解了张之洞的意思：“不知文襄一篇不得已之苦心，遂倡言变法行新政，卒酿成戊戌庚子之祸。”③ 张之洞写《劝学篇》是针对康、梁“新学”而发，《劝学篇》奉旨颁行也表明了朝廷以“中学为本”的态度。

关于严复针对“中体西用说”的那段著名的“牛体马用”的批评，丁伟志不以为然。他的观点是，把“牛体马用”一类的比喻用于解释文化现象是有很大漏洞的，照此推论下去，岂不等于说，处理中西文化问题只能或者是中体中用，或者是西体西用吗？岂不是说中西文化绝对无法交流、无法融汇吗？

丁伟志还发现，戊戌时期康、梁所倡导的“新学”中所表述的中西文化观已远非“中体西用说”所能包容，即便说他们还打着“中体西用”的招牌，也是名存实亡、名是而实非了。在反对变法改制的一些人看来，维新派的“中体西用”之类的声明无疑是口是心非的。他们看穿

---

① 丁伟志，陈崧. 中西体用之间：晚清中西文化观述论. 北京：中国社会科学出版社，1995：173.

② 辜鸿铭. 辜鸿铭文集. 冯天瑜，标点. 长沙：岳麓书社，1985：《张文襄幕府纪闻》卷上 7.

③ 同②《张文襄幕府纪闻》卷上 8.

了维新派口头上尊奉“中体西用”原则，实际上却是要在“西用”的名义下引进作为“西体”的根本政教法度，并以之改变“中体”旧制，因此才愤然以“中体”卫道者的姿态站出来，宣讲他们心目中真正的“中体西用”，借以反对康、梁的“新学”。可见，在维新思潮兴起之际，“中体西用说”的现实作用发生了重大变化。对于维新派来说，它确实已经成为一种不起实质性作用的套语，可是当时它在文化领域确实还起着很大作用，只不过并不是推动维新的作用，而是反对维新的作用。梁启超所说之最乐道“中体西用”的张之洞，恰恰就是用这种“中体西用说”来反对康、梁的“新学”，反对维新变法的主要代表。“中体西用说”的形式未变，但基调变了，从提倡采西学的革新基调一变而为反对以西方为模式实行变法改制的保守基调。①

“中体西用说”发生这一实质性嬗变同甲午战争后守旧派与洋务派在思想文化上渐趋合流有关。这种合流趋势是双向的：一方面，守旧派文化观念的主调，渐从“排外拒洋”转为“中体西用”；另一方面，洋务派的“中体西用”文化观，形式上虽无变化，但实际上却从强调“西用”以反对守旧派，逐渐转为强调“中体”以反对维新派。以张之洞为代表的洋务派开始与维新派划清界限。这种做法固然是从现实政治力量的对比出发而采取的一种保身策略，但也确实表露出洋务派在文化观念、价值取向上与康、梁的“新学”存在着本质差异。② 洋务群体在甲午战争前后阐释“中体西用说”的重点有所转移：甲午战争前，着眼于阐释在不触动“中体西用”之“体”的前提下，采纳西学以为用的必要；甲午战争后，张之洞虽依旧把“中体西用”作为文化论纲，但其意图已变成强调在采纳西学以为用的时候，必须把中学确立为思想行为的准则。这从孙家鼐为京师大学堂所拟宗旨与康有为提倡“以日为师”的变法改制精神大相径庭即可见一斑。孙家鼐讲“体”“用”之别，是为着明确“主”“辅”地位的不同，坚持只能“以中学包罗西学”，不许“以西学凌驾中学”。

丁伟志概括洋务派文化观的新矛盾是“反维新而倡新学”，张之洞通过《劝学篇》想达到双重目的，固然要借此和维新派划清界限，但同

① 丁伟志.“中体西用”论在戊戌维新时期的嬗变.历史研究，1994（1）：141.
② 同①142.

时也委婉地、有保留地表达了对新法新政的若干赞同之处。所以，并不能说他在提倡“务本以正人心”的同时又提倡“务通以开风气”纯属故作姿态，伪装开明。① 张之洞的中西会通观，是以中学、西学不能“糅杂”为限的。从形式上看，他主张中西会通，力图调和中学、西学，事实上他却认为二者作用不同，只能“各司其职”，不能融会，不能合一。正因为如此，他仍要强调“中学为内学，西学为外学；中学治身心，西学应世事”。可见，这种“中体西用”的文化会通论，并不是真正提倡两种文化水乳交融，试想：中学难道没有“应世事”的作用？西学难道没有“治身心”的功能？② 尽管如此，“中体西用”文化观的提出毕竟是中国近代文化史上处理中西文化关系这个重大问题的第一次尝试。因此，可以说，就文化观念的传承和学理逻辑的衍化而言，本质上正确的“会通中西”文化观，恰好是由本质上错误的“中体西用”文化观启导出来的。③

关于中体、西用孰重孰轻的问题，喻大华与丁伟志等人意见不同。喻大华认为，“中体西用”的目标还是落在了“中体”上，“西学”仍是卫道的手段而非目的，“中体西用说”在引进西学方面是有条件的，如果引进的西学主要限于器物层面，中体、西用就可以协调起来，但如果将西学扩大及于政体，中体、西用有限的形式就会被冲破。但在如何协调体、用方面，喻大华的观点与丁伟志的观点基本接近，即认为严复、胡礼垣、何启等批评“中体西用说”是“牛体马用”，强调中学有中学之体、用，西学有西学之体、用，分之则并立、合之则两亡的观点是错误的，对体用关系，在中国哲学范畴中有两种解释：其一是本体及其功用，其二是事物的主次两方面。他们依据第一种解释来批中体西用，并提出“牛体马用”之讥，而事实上应从第二种意义上来解释。所以，“中体西用说”基本上不存在学理和逻辑的错误。④

与国内学者的关注取向稍有差别，李文森提出了一个有意思的看法：中国人面对蒙古人和满洲人时，不仅有“道统”上的优越感，而且

① 丁伟志．“中体西用”论在戊戌维新时期的嬗变．历史研究，1994（1）：147.

② 同①150.

③ 同①154.

④ 喻大华．晚清文化保守思潮研究．北京：人民出版社，2001：25.

在“器”即“用”的方面也不打算予以汲取，因为在汉人眼里，游牧或渔猎社会的生活方式不会高于农耕社会的生活方式，而西方的入侵则首先在“用”的方面体现出绝对优势，首先是坚船利炮，其次是商业贸易，故国人哪怕自认为在“道统”的“体”方面高于西方，也不得不在“用”的方面放下身段，向西方学习。其谬误是，中国人认为需要向西方学习进行改革的是那些只具有实用价值而不具有基本价值的领域。西方知识被用来保卫中国文明的核心而不是取代它，既然西方文化的因素被介绍进来只是为了实用，那么西方文化就只能屈居于“实践”的位置，中国就可以无所顾忌地将西方方法借用过来作为中国文化之“体”的补充，正是因为西方科学价值只具备“有用性”的特点，与道德价值和美学价值这些根本性要素区分开来，所以“中体西用说”就可推断出不是西方科学比中国科学更有价值，而是西方科学在价值上不如中国的道德和美学，这种差距正在于它的有用性。如果某种东西有用，那么它就只能是手段，而手段在价值上不如目的。①

但李文森也证明，“中体西用说”在中国只能归于失败，因为与它相配套的制度已经崩解。中学之所以被珍视，是因为它具有进入仕途之敲门砖的功用，现在这个功用已被剥夺，其“学”就必然枯萎，西学越是作为生活和权力的实际工具被接受，儒学便越是失去其“体”的地位。在没有对手的条件下被视为当然真理的儒学，现在已成为一种历史遗产，一种拒绝向改变了中国生活基础的西方对手投降的浪漫象征。“中体西用”这个在心理学上颇有感染力的模式没有产生出其希望的效果，因为人们根本就不可能在文化的物质部分与文化的精神部分之间划分明确的界限，而且对于所有传统的儒家思想派别来说，现代体、用二分法只能是传统发生根本变化与衰落的一种掩饰。②

为中国精神价值寻求物质保护物的张之洞，告诉那些比他更保守的儒家士人说，“体”和“用”是连在一起的。表面上张之洞像朱熹的继承者，认为只有“体”是不够的，因为“经典”和“铁路”这两种东西中国都需要，但是当他暗示“体”“用”不可分离，并分别在“中学”

---

① 列文森. 儒教中国及其现代命运. 郑大华，任菁，译. 北京：中国社会科学出版社，2000：49－50.

② 同①53.

中找到“体”、在西学中找到“用”的时候，他的体用理论与新儒家的体用观就毫无共同之处了。因为张之洞从两种文化中分别找来“体”和“用”，并把它们加在一起，绝非朱熹之体中有用、用中有体的体用一体结构。①

张之洞似乎是在无意中改变了体、用二分法的本来意义。朱熹的体用理论具有形而上学的意义，“体”与“用”是一物之两面。而张之洞的体用理论具有社会学的意义。他关心的不是事物的本质，而是文化的本质，根据他的理论，在具体事物中体用是西方的，这与朱熹不同，而在抽象思维时体用是合一的，这就是说，人们可以将一些东西（如中学）作为“体”，而将另一些东西（如西学）作为“用”。但在朱熹看来，所有的东西都既为“体”又为“用”。张之洞就是这样使用正统的体用模式，企图通过中西融合使自己的努力达到保存正统的目的。但他将挽救传统的努力引入了歧途。事实上，正统是不能通过体用模式掩饰下的非正统行为来保存的。一个正统观念经过这样的胡乱处理，就只能在想象中被保存下来。②

罗志田则认为，张之洞的确主张“中学为内学，西学为外学；中学治身心，西学应世事”，当时的重心正在“世事”上，即其所谓“今欲强中国、存中学，则不得不讲西学”。中学之“存”不能不靠西学之“讲”，最能体现其实际关注之所在，且他在《劝学篇》中更明白地指出中学仍以“致用为要”，可知张之洞“中体西用说”之目的和重心都在“西学为用”上。③

王先明则以为，以《劝学篇》为界，前后“中体西用”之基本精神和内容、外延均不相同。在范围上，维新派的“中学”比较宽泛，康、梁对传统的诸子学更感兴趣，因诸子学便于作为其鼓吹变法维新的学术手段。张之洞的“中学”比较狭窄，认为“中学”只能是孔孟正统之学，提出结合汉、宋之学，讨伐“中学”的异端者。在“西学为用”上，《劝学篇》也不同于前，首先是内涵、外延上的侧重不同。早期维

① 李文森. 儒教中国及其现代命运. 郑大华，任菁，译. 北京：中国社会科学出版社，2000：56.

② 同①57.

③ 罗志田. 清季保存国粹的朝野努力及其观念异同. 近代史研究，2001（2）：70.

新思想家的“西学”则又引入了发展民族工商业和西政的内容。维新派的“西学”已包含了西方资本主义的根本政治制度。《劝学篇》中“西学”的内容却十分有限。张之洞把已经发展了的“西学为用”内容倒退到洋务运动时期，把其范围限制在“西艺、西史、西政”上，而“西政”又仅指“富国强兵”的具体措施和制度。①

有人从文化的“常”（经）与“变”（权）的角度理解“中体西用说”的演变过程。经者，常也，指亘古不易、普遍永恒的常驻性；权者，变也，指因时义之所宜的变通性。常（经）是自然和人事所遵循的必然之则，变（权）则是实现常（经）的方式，二者既相反又相济。常与变相统一的文化观表现为晚清的“中体西用说”，其含义有三：

第一，文化具有连续性的常道，也有阶段性的权变，故文化的发展要在常中求变、在变中求常。“中体西用”的“体”即是恒常的道，指儒家内圣的道德伦理学，属于观念上的价值体系；“用”则是变化的器，指西方近代的科学技术知识，属于物质上的工具层面。作为“体”的中学是形而上之道，作为“用”的西学则是形而下之器，“中体”与“西用”的结合就是道与器的统一，道不变而器日新，故“中体西用说”蕴含常与变的文化观，是在谨守常道而求其变通。

第二，从比较文化的角度来观照，一种文化既有所长，也存在所短点。“中体西用说”就预设了这种观念。中学之所长在“道体”，之所短在“器用”，而西学之所长在“器用”，之所短在“道体”，要“求形下之器，以卫形上之道”，使中学与西学在体用模式中互补互通。这反映了持此说者承认中西文化皆存在短处，故在信守儒经为常道的同时，也认识到诠释经书的经学和儒学在工具性的技艺之学方面不如西学。当然，说中学以道胜而西学以器胜，这明显带有中学本位主义的立场，是尊经时代所必不可免的，是传统士大夫受儒经信仰之心灵积习的影响而使然。②

第三，尽管严复曾指出，“中体西用”模式背离了“体用不二”原则，片面地以道体来定义中学、以器用来规范西学，忽略了中学与西学均有体有用的特质。但并不尽然，晚清郭嵩焘就强调“西洋立国，有本

① 王先明. 近代“体用”思维模式与《劝学篇》. 天津社会科学，1989（6）：49－50.

② 黄燕强. 近代中国的知识进化论及其反思. 武汉大学学报（人文科学版），2016（3）：45.

有末”，张树声的奏议提倡“采西人之体，以行其用”，可见“中体西用”有时只是一种态度的宣称，表明持论者的文化本位观念而已，其在实事求是的文化研究上已然突破“体用分离”的思维，承认西学有体有用、有本有末，且基于中西文化的一致性与共通性的前提，致思于中学与西学的融合贯通。①

谢放建议把“中体西用说”放在一个长时段的“语境”中加以认识，以窥其不同时期的嬗变状况。“中体西用”作为一种文化模式，大体经历了“艺（器物）—政（政制）—教（教化）”的嬗变过程。已有的研究比较注意这一文化模式的定型过程，却多未注意以甲午战争为界，议论“中体西用”者关怀的焦点是有所不同的。甲午战争前，侧重于“艺”和“政”的关系；甲午战争后，则侧重于“政”和“教”的关系。

19世纪后期，有识之士认识西洋之长有一个从“西用”扩展到“西体”，也就是从“西艺”扩展至“西政”的过程，与此相应的便是“中体”的范围从“政”“教”退缩到仅有“教”的范围。大体说来，最初只承认“西艺”优越于“中艺”，后来又承认“西政”也优越于“中政”。不过直到甲午战争前为止，不管是所谓的“早期维新派”还是所谓的“洋务派”，有一点认识是相同的：中国之“教”是优越于西洋的。这说明，甲午战争前，“中体西用说”着重讨论“艺”和“政”即“富强之术”和“立国之本”的关系。“富强之术”从枪炮船舰扩大到通商制造。“立国之本”从主张改善传统之“政”到要求引进西洋之“政”。正因为关怀的焦点是“艺”和“政”的关系，所以甲午战争前议论得最多的是“立国之本末”，议论的“语境”则大多与筹海防、修内政有关。筹海防需要引进“西艺”，引入中国后皆为“用”。甲午战争后，“中体西用说”最值得注意的变化是开始普遍关怀“政”和“教”的关系，并着重从“教”的内涵来检讨“中体”的地位问题。

在文化教育领域流行的“中体西用说”，主要立意于学术文化层面，在这一层面，传统儒学本来是一种有体有用之学，内在的“修身”与外在的“治国”是相对统一的，目的最终落实在“经世致用”上。“中体西用说”的流行表明本来有体有用的中学已经成了有体无用之学，失去

---

① 黄燕强. 近代中国的知识进化论及其反思. 武汉大学学报（人文科学版），2016（3）：46.

了固有的经世功能。原来体用兼备的中学，现在只剩下“治身心”的意义，其“应世事”的功能不复存在，引进“西用”来应“世事”便势在必行，否则就不能“强中国，存中学”。因此，“中体西用”文化模式在学术文化层面实际上是在强调通过引进西学、新学来恢复儒学“经世致用”的传统。①

谢放也指出，“中体西用说”的根本缺陷在于，在政治变革中其保守性日益显露，然而，当中国的统治者在政治上固守“中体西用”防线，拒绝近代的民主主义精华时，知识分子却在思想上日益倾慕西洋文化，以致后来出现了全盘西化思潮。结果，中国在政治现代化上一再延误，专制主义阴魂不散；而在文化现代化上又一再“彻底革命”，丢掉了民族传统。或许后者正是以一种“逆反心态”来表示对前者的反抗。当然，在近代中国，要把学术与政治截然分开是困难的，“中体西用说”的历史命运便是如此：学术领域的“中体西用”，强调的是弘扬儒学经世致用的传统；政治领域的“中体西用”，强调的是以“三纲”为核心的传统礼教，成了维护专制的理论。结果因学术与政治不可分，人们在反对传统礼教的同时，连儒学的传统也一并抛弃了；同样，人们在维护儒学的学术传统时，又不自觉地维护了传统礼教。于是，自“中体西用说”提出以后的中西文化论战，始终摆脱不了这一“怪圈”。②

章清则把“中体西用说”摆在西学知识引进的次第中加以考察，说明代表晚清士人之共同见解的“中体西用说”，不仅主导着对西方知识的接引，而且制约着对学科建制的规划，值得当作中国现代学科形成的一项特殊结果加以观察，而无论是“中体西用说”还是其他类似的表述，所涉及的正是为学之次第，只不过所探求的是“中西学之门径”。在“中体西用”思想下形成的“西学必先由中学”的看法，可以张之洞《劝学篇》中“循序第七”的见解为代表，试图按照中学、西学之次第安排教学，在晚清也甚为流行。“中体西用说”的产生，还与针对西学所做的区分密切相关。中国本土对西方知识的接纳，重要一环即是将西方知识区分为“学”“政”“教”，将中西文化交流描绘为器物、制度、

① 谢放. 中体西用：转型社会的文化模式. 华中师范大学学报（哲学社会科学版），1996（3）：5.

② 同①8.

文化三个层面的递进，此肇端于梁启超所著《五十年中国进化概论》。若具体到中国本土接引“西方知识”所涉及的不同面相，则“西学”“西政”“西教”的区分更值得重视，针对西学之“学”“政”“教”的区分，展现的也正是对西学的取舍。所谓“学”“政”“教”，又未尝不是一种次第。①

代表晚清士人之共同见解的“中体西用说”，从某种意义上说，所涉及的正是为学之次第，强调“西学必先由中学”。无论是捍卫“中体”还是接纳“西用”，都是对西方的回应，以此审视中国本土对西学之接纳，辩护“采西学”的正当性就成为题中应有之义。换言之，即便恪守“中体西用”之论旨，也需要为接纳西学寻求辩护。正是在此背景下，学科次第问题浮现出来；区分不同学科，甚至赋予某一学科在西学中的特殊地位，也成为论辩中心。比如围绕同文馆的争论，就显示中国本土已明确提出如何“采西学”的问题，由此才逼出“体用”“道器”之论辩，其出发点则在分别中、西，“中体西用说”的调和大致缓解了所引发的紧张，这样针对采西学似乎是一劳永逸的解决之道，也被广为接受。然而，即便有“中体西用说”的卫护，也并不能完全解决所衍生的一系列问题，时人对同文馆的批评，即要求学有所本以及学有专门，学科次第问题于是也浮现出来。

在晚清，“格致之学”差不多成为西学的代名词。受此影响，晚清对西学学科的认知显出富于特色的内容，所接受的还不仅仅是西学分科观念，其中还显示了由于将西学（“格致”）纳入“格致诚正修齐治平”的架构，晚清士人从中所获得的不只是文化的优越感，还因此把认知知识的方式援引到对西学的把握中，按照一定的学科次第接纳西学、安置西学。毕竟围绕学科次第的论辩，多少预示着中国本土对现代学科的取舍，并主导着中国本土学科建制的规划，如译书、科举考试科目的改动以及各级学校课程的设置等，值得当作中国现代学科形成的重要一环加以审察。②

---

① 章清．“采西学”：学科次第之论辩及其意义——略论晚清对“西学门径”的探讨．历史研究，2007（3）：109．

② 同①120．

第三节 “西学中源说”与“中体西用说”的互渗及其意义

“中体西用说”的出现是深受中国传统熏陶的士人对西学汹涌冲击的一种自卫式回应，这种回应并不是拒斥西学，而是希求在尽量保存中体的状态下寻求变革之路。因此，就必须花相当的气力去论证“中体”并不衰朽而是仍具有相当的活力，且足以完成在西学冲击下维系政教的根本任务。于是，在论证“中体”之优势从未遭到消减的这一支之外，还有另一个流派在不断证明西学之所以仅能扮演“用”的角色，是因为其内核本身就是“中学”延伸的结果，或者干脆指证所谓“西学”不过源自“中学”这个“体”，故“西学”只具有“用”的含义的说法自然就成立了。全汉昇比较早地发现，清末这种被称为“西学中源说”的看法与汉魏时期“老子化胡说”的思路相近，是一种文化自慰的办法。“老子化胡说”的出现使得原本以为会被中国人排斥的佛教在中国大行其道，其缘由即在于使人们相信，佛教虽是外来的，但因为佛是老子教化出来的，所以中国人信仰它并不算耻辱，反过来正说明中国第一。①

“西学中源说”的大体思路也是想证明，中西交通自远古以来已经很发达，中国古圣贤之学遂能自东而西，教化西人，造就了今天的西学。其中最重要的证据是代数。西人称代数为东来法，表示代数来自中国，此外如《墨子》一书中的《经说》上下篇，也被看作西洋自然科学的来源之一。《墨子》倡导的兼爱，正是耶稣的博爱教义之所本。总之，整个西学都出自古代中国，所以中国接受西学，不单没有用夷变夏的嫌疑，反而应具有复古的美誉。然而，如果考证其真实性，全汉昇认为除了火炮一项值得考虑外，其余的证据都是站不住脚的。他引《宋高僧传》卷十七载释法明的问题说：老子化胡成佛，是用汉语还是用胡语化？若用胡语化，就必须翻译。这个问题问得人哑口无言，无法回答。“西学中源说”也面临着同样的尴尬，但不必因此而忽略其在近代中西

① 全汉昇. 清末的西学源出中国说. 岭南学报，1935 (2)：58.

文化交流史上的意义。

“西学中源说”在光绪戊戌年间最为发达，但其源流可回溯到二百年前的梅文鼎，他是头一个发明中国古代的立天元一法即西洋的代数，从而断定西洋的代数学自中国的人。康熙帝根据梅氏的说法，推论整个的西洋历法都源自中国。[①] 到了乾嘉时期，阮元把西学源出中国的范围扩大到地动说及八线表等，甚至作《自鸣钟说》断定西洋自鸣钟之制出于中国古时的刻漏。张之洞在《劝学篇》里也猜测“中土之学术政教，东渐西被，盖在三代之时”。那么，既然西学出自中国，又如何回答“中国从来西学不发达，为什么反而能大行其道于西洋”这个问题？全汉昇的答案是：因为中国士大夫一向以为雕虫小技的“器”不足学，其足学者是至大至远的“道”，所以西学虽源自中国，但结果却在西洋发达起来。[②] 王仁俊写出《格致古微》和《格致精华录》则是对于当时朝廷接受西学给予一个源出中国的根据，以免反对者给他扣上用夷变夏的罪名。

关于“西学中源说”的作用，全汉昇举出了三条：第一，西学既然源出中国，那么，这本来就是国货，并非外货，便用不着排斥。这样一来，种族意识便在无形中被除去，西学便被中国人接受了。这是对抗传统“夷夏之辨”说的利器和护身符。反对西学所要攘的“夷”便无可攘，因为西学并不是“夷”而是“夏”。第二，西学源出中国，这证明了中国人的聪明才智不在西人之下，故西人所能掌握之西学，中国人当然亦可胜任。开关以来，中国屡次战败的结果使得中国人渐渐失去民族自信力，以为西人的聪明才智均比国人高出许多，故他们研究出很好的西学，我们却无能力与之比肩齐驱。中国历代重“道”而遗弃了对“器”的探索，科学究竟不精，所以对于国人的聪明才智是否适于研究西学，尤其在自然科学方面，时人大多持悲观态度。主张接受西学的人，只有解答了这个难题，才能把理想付诸实践。因为西学来自中国，故中国人原本就是西人的先生。“西学中源说”不单是告诉我们中国人的聪明才智不下于西人，而且证明了中国民族之伟大，这样一来，我国民族的自大性便得以满足。第三，既然西学源出中国，则它在古代中国

① 全汉昇. 清末的西学源出中国说. 岭南学报，1935（2）：60.

② 同①68.

就已经存在，所以采用西学即与复古同义。复古观念起于春秋时代的儒家，当时的儒家士大夫主张社会退化论，以为古代社会是他们要寻找的那个理想的黄金世界，时代愈后社会愈坏，如果西学非“古”，那么自然就无接受的必要。主张接受西学的人，乃反过来说，西学恰恰正是“古”，因为它在古代中国很发达，只是后来传入西洋，故反而在中国不存在了。所以，我们接受西学，正好利用它来复古。但“师于古”不是直接效法古人，而是“因敌国已睹之效，以明经术之用”；换句话说，就是采用西法以达到复古的目的。

全汉昇的结论是：持“西学中源说”者就是西学的讴歌者，但这只是一种表层的解读，从深层而论，持“西学中源说”者大多数仍是中国文化本位论者，即认为中国传统的“体”“道”是有优势的，只要变化了“器”的一面，与“道”相辅相成，即能应对西学的挑战，而并非骨子里的“西化”论者，当然他们与那些完全拒斥西学的文化保守主义者拉开了距离，但在持守中国之“道”的立场上二者并无实质分别，这是必须要予以澄清的。如“以敌国之法，明经术之用”的提法即是证明。又如阮元所说“吾中土之法之精微深妙，有非西人所能及者”① 是反西法的言论，故持“西学中源说”者未必均是赞同输入西学者，要仔细加以甄别。② 比如那些对世界大势变化持谨慎欢迎态度之人，其心理的微妙差别也是很复杂的，即有人认为世界交通发达是好事，好就好在能使“用夏变夷”的速度加快，使中国文化以更快的速度教化西方，如李元度、王先谦都持这样的看法。王先谦在《虚受堂文集》卷六《西被考略序》中就说：“环球全辟，声教遂通，孔孟之书，译行遐壤，此圣教西渐之期运也。”③

丁伟志和陈崧则认为，守旧派与洋务派在具体面对西学时有分歧，但在拘守“道统”上却是一致的，所以洋务派就只剩下一条路可走，即千方百计地证明中学与西学无冲突而能相容，证明二者之间具有互补性，可以相辅相成，引进西学对于中学无害而有益。最简便的方法就是发明“西学中源说”。守旧派屡屡用西方学理、技艺均乃剽窃中国古学

---

① 阮元，等. 畴人传汇编：下. 扬州：广陵书社，2009：512.

② 全汉昇. 清末反对西化的言论. 岭南学报，1936（3/4）：130.

③ 同②162.

之绪余为由来贬斥西学，洋务派则反其道而行之，用“西学中源说”来证明西学之可用。西学既然是中国古已有之而后来传到西方的学问，可见西学本来就是中学，西学不是异端，不是与华夏文明异类的夷狄之学。也就可以说，学西学无非就是“礼失求诸野”，找回自己祖宗所创而后来丢失了的文化遗产。说到底，学西学其实就等于学中学，“师事夷人”其实是继承祖宗事业的一种途径。如此一来，什么“严夷夏之防”的禁忌，什么“用夷变夏”的罪名，统统不攻自破，提倡西学由此而显得理直气壮。①

还有一种说法把“中体西用说”“西学中源说”“文化保守主义”思潮当作三胞姊妹加以看待。“西学中源说”严格地说在明清之际就已经诞生，其代表论者是黄宗羲，而后经王锡阐和梅文鼎等人阐发开来，加上康熙定下调子，促成了“西学中源说”的一度流行，然而其真正的发展期和高潮阶段却发生在晚清。“中体西用说”与“文化保守主义”则被普遍认为是近代西学催生的产物，并且许多学者也认为“中体西用”本身就是文化保守主义。② “中体西用”“西学中源”，这两种见解虽然表达形式不同，但从本质上看，都是中西文化调和论，二者有相通、相似之处，所以它们的实际运作轨道有很多重合，许多“中体西用说”的信奉者同时也是“西学中源说”的倡导者。但“西学中源说”毕竟是一种病态的文化优越论，到晚清渐渐退出了历史舞台。“中体西用说”本身设计了两条发展轨道：一条是向西方学习，引进西学，对此“西学中源说”发挥了主要的推动作用；另一条是维护中国传统文化，并促使其向近代转型，对此“文化保守主义”扮演了重要的角色。③ 王尔敏认为，19 世纪“西学中源说”多为新派学者所主张，实并非对异型文化深闭固拒之保守态度。既非由传统观念发展、演变而来，亦非直接引介西方固有思想，盖亦为两种不同文化接触而产生之思想，其论说内容主

① 丁伟志，陈崧. 中西体用之间：晚清中西文化观述论. 北京：中国社会科学出版社，1995：143.

② 王先明，张海荣. 晚清“中体西用”论的再思考//黄爱平，黄兴涛. 西学与清代文化. 北京：中华书局，2008：58.

③ 同②59.

体，较之前代历算学源出中国说复杂数倍。①

在许多舆论场合，“中体西用说”往往与“西学中源说”互为犄角，相互声援。如最早提出“中体西用”思想的冯桂芬，就在《校邠庐抗议》中说过“诸夷晚出，何尝不窃我绪余”这样的话，对“西学中源说”很肯定。洋务派采西学、制洋器，除了揭橥“中体西用说”外，也借助于“西学中源说”。19世纪90年代以后，郑观应、陈炽、薛福成、汤震、宋育仁、陈虬等都曾论证了西学为“中国本有之学”，并到中国古代典籍中探求西学的源流。他们采撷发掘，把“西学源出中学”的思想从多方面推向深入：一是进一步论证了“东学西渐”的途径，二是扩大了源出中学的西学范围。尤为重要的是，他们还开始较多地为西方政治在中学里寻找落脚点。陈炽、郑观应等都把西方的议院制度与中国古代的“乡举里选”之法相提并论。源出中国的西学名目越来越多，内容具体而微，这实际上反映出随着近代社会实践的发展，中国人对西学的了解步步深入。戊戌维新失败后，“西学源出中学”的高潮逐渐低落，但是到20世纪初，国粹派在宣扬“国故”时，又煞费苦心地开始钩稽中学与西学的关系。

综观晚清几十年倡导“西学源出中学”者，包括了几代知识分子，如果做些定量分析的话，大体以洋务派、维新派及倾向革命的一些派别为主，其中又以维新派鼓吹最力。维新派将西学与中学的关系做如此比附，仍是企图衔接中西文化，探求两种文化的联结点，自觉或不自觉地为输入西方文化推波助澜。② 陶飞亚和刘天路认为，“西学中源说”在晚清的流行基于以下原因：首先，“西学中源说”蕴含着西学就是中学的思想，这是为了在文化引进中破除民族的界限。任何一种独立民族文化形态的形成，都离不开文化隔离的要素，文化隔离包括了自然、社会、心理等多方面因素，其中地域与种族又起着至关重要的作用。文化隔离机制能够强化民族文化传统，使得人们对在长期共同劳动和共同斗争中培育起来的民族文化有着血肉难分的联系，但也极易形成文化的排异心理。其次，“西学中源说”包括了西学就是古学的认识，这是为了

① 王尔敏. 中西学源流说所反映之文化心理趋向//中国近代思想史论续集. 北京：社会科学文献出版社，2005：56.

② 陶飞亚，刘天路. 晚清“西学源于中学”说. 历史研究，1987（4）：154.

借助复古传统的需要，强迫古代封建“圣人”充当西学的代言人。最后，“西学中源说”提出了西学从属于中学的价值判断，这是为了克服国人在面对西学时所产生的民族自卑感。“西学中源说”做出了西学是中学、是古学的文化认同后，还指出西学从属于中学，既然如此，那就还是中学天下第一，优越者照样可以优越，自卑者大可不必自卑。

“西学中源说”对近代文化产生的影响有以下几个方面：其一，在西学的启迪下，诱导出对传统文化的初步反省，主张“西学源出中学”的人们煞费苦心地论证了自己的命题，反过来就提出了以下问题：为什么古代的中国学术在西洋获得如此辉煌的发展，反而在其故乡中国音沉响绝了？这就启发着人们去思考传统文化方向性的弊端。① 其二，在西学的参照下，引导人们努力发掘传统文化的精华，历来被儒者所轻视的《管子》《墨子》《庄子》《淮南子》《吕氏春秋》成为人们的中心议题。虽然比附并不科学，但与先进的西方文明相比附，激发了人们重新认识传统文化的精华。其三，“西学源出中学”的思想，越过“中体西用”的界限，把延纳西方文化的层次引向深入。近代知识分子面对西方文化的冲击，曾经从传统的道器观出发，归纳出有至深影响的“中体西用”理论模式。但“体用”观人为地把构成文化整体的物质文化、制度文化及精神文化割裂开来，反对学习西方的精神文化。“西学源出中学”的思想则把全部西学看作中学的衍生物，这就取消了“体”“用”之间的壁垒，使人们在接受西学方面视野更为开阔。到维新时期“中体西用说”所不敢涉及的西方精神文化也在“西学源出中学”的理论外衣下得到进一步传播。②

第四节　晚清文化保守主义对“中体西用说”的延续与修正

晚清一些希望保留传统文化以与西学相竞逐的知识人一般被称为

① 陶飞亚，刘天路. 晚清“西学源于中学”说. 历史研究，1987（4）：160.

② 同①162.

“文化保守主义者”，他们的观点在很大程度上延续了“中体西用说”，却又在应对新时局的情况下不断有所修正。即使章太炎这样的旧学宗师，当时提倡“国学”，无论在政治态度上还是在文化观念上，也既没有混同于愚昧守旧的腐儒，又没有混同于主张“中体西用”的洋务官僚。但是，既然认为国学与西学都属于有用之学，那他们为什么要竖起“国粹”的大旗，大声疾呼地提倡国学？显然国粹派的内心仍觉得单靠西学不足以救国。①

丁伟志和陈崧由此区分了晚清国粹派与守旧派的区别。他们认为，从表面上看，国粹派之文化观是向守旧派之文化观的复归，但事实上二者之间在宗旨上存在着本质差异。守旧派鼓吹崇经、卫道、复古，是为了维护清朝君主专制制度和既有的宗法秩序，排拒引进资本主义文明成果，而国粹派提倡国学，其批评却不是针对资本主义文明成果而发，其主张“反本以言国粹”，不是为保护清朝政权提供依据，而是为彻底推翻清朝统治制造舆论。也就是说，提倡国学，“以国粹激励种性”，其直接的现实目的并不在于反对外来的欧美资本主义文明，而在于推进“逐满兴汉”的民族革命。1905 年《国粹学报》创办之初，就明确宣告并不是为了与“西学”相对抗，而是为了揭橥“民族之宏义”，“寓种族革命之思想”，“保存国粹”寓存的是“遗民怀汉”之思，所以《国粹学报》从第一期起就渲染《春秋》“尊王攘夷”之大义，对遗民诗文的发掘、编纂进一步彰显了此意图。国粹派标榜“严夷夏之防”，已经与当年守旧派在排斥西学、反对洋务、拒绝维新时举起的旗帜大异其趣。国粹派所说的“夏”与“夷”，已经不是“中”与“西”，而是“汉”与“满”。②

但是炽烈而偏激的民族主义情绪，使得国粹主义文化观无法以严密的逻辑自圆其说。既然保存国粹就是光复“皇汉声明文物”，那么难道汉族的旧有文化都是好的，都值得原封不动地保存和提倡？难道只靠光复汉族的旧有文化，把中国恢复到汉唐盛世模样，就能使中国免于危亡，走向富强，雄立于当世？既要提倡复古，又要反对守旧，国粹派创

① 丁伟志，陈崧. 中西体用之间：晚清中西文化观述论. 北京：中国社会科学出版社，1995：346.

② 陶飞亚，刘天路. 晚清“西学源于中学”说. 历史研究，1987（4）：350.

造了一种自我辩解的办法，这就是把提倡国粹比拟为欧洲的文艺复兴。提倡国粹主义的革命派人士，固然在政治主张上与保皇党、立宪派处于尖锐对立的势态，但在文化观念上却往往由于其复古倾向而与其政治对手产生共鸣，甚而与之合流。①

罗志田甚至认为，“中体西用说”与国粹派所提倡的“以吾为主观，以他人为客观，先强化已缺乏竞争力的‘主观’，然后通过‘研究’的方式确定对‘客观’异学之取舍”的主张在精神上大致相通。如果考虑立说的先后，甚至可以说国粹派的主观客观说不过是用另一种方式表述了张之洞等人的“中体西用说”。实际上，虽然双方的主张特别是政治倾向有许多歧异对立之处，但双方在文化立场上都同意在引进西学的同时不能抛弃自我，且应以“自学”为精神上的主导，同时也都反对盲目抵制西学，主张在实践层面可以而且必须更侧重西学。②

对于民间在野的“国粹派”与官方倡导的存古学堂在看待中国传统文化保存、复兴方面到底是什么关系，罗志田提出了以下问题：清季（中央和地方）政府在当时的思想言说中起到了什么样的作用？它们同当时在野并与之竞争的各政治派别的观念有多大歧异，又有多少共性？过去的中外研究明显受从同盟会到国民党意识形态的影响，较少关注那一时段政府人士的观念和举措，其实二者在很大程度上分享着共同的思想资源，尤其是政府对民间言论的采纳和包容程度远远超过既存的认识。③

郑师渠则较早地界定了国粹派的性质，认为它是革命派队伍中的一个派别，此派人士多是一些具有传统学术根底的资产阶级小资产阶级知识分子，不仅主张从中国历史与文化中汲取精灵，以增强“排满”革命宣传的魅力，而且强调在效法西方改革中国政治的同时，必须立足于复兴中国固有文化，所以具有一身而二任的特点。④

马庆钰则从中西政治哲学思想对比的角度，把文化保守主义定位成一种有限的社会变革原则，是在鸦片战争后社会危机加剧的背景下凸显出来的政治文化思潮，“中体西用说”及其实践是其主要表现形式，一方

① 陶飞亚，刘天路. 晚清“西学源于中学”说. 历史研究，1987（4）：350.
② 罗志田. 清季保存国粹的朝野努力及其观念异同. 近代史研究，2001（2）：71.
③ 同②100.
④ 郑师渠. 晚清国粹派：文化思想研究. 2版. 北京：北京师范大学出版社，1997：8.

面在认同传统文化的基础上批判传统，另一方面又在批判异质文化的前提下学习异质文化，主张以中国文化为本位的中西文化的调和、互补，所以它是介于文化民族主义的传统派和激进主义的西化派之间的文化选择。保守主义最初在西方是作为与革命相对立的概念出现的。它的存在基于这样一种哲学认识，即人类的生存以紧张状态为其特征，而政治活动可以使之缓和但绝不可能使之消除。这种保守主义哲学观念中关于社会紧张状态是绝对存在的思想，其意义在同激进的革命学说进行比较时更易理解。

在持激进的革命学说的人士看来，邪恶和苦难的主要原因并非藏于人类活动的本质中，而是源于不合理的社会结构，因此，至少可以考虑通过对社会秩序中的相应部分进行彻底变革来消除这些原因，从而解放人类于水火苦难之中。不同的是，邪恶和苦难在保守主义人士眼中是人类生存所无法摆脱的，明智的做法不在于用宏大的乌托邦方案加以废除，而在于以温和的措施抑制和减少其影响。政治活动相对于人类存在的绝对紧张状况来说，只是一种相对的、有限的活动，从保守主义和革命思想的本质出发，保守主义可以被定义为是以维护相对的、有限的政治为目的，以调和、平衡和节制为内容的政治艺术。近代保守主义创始人埃德蒙·伯克（E. Burke）就认为，以革命方式追求自由并不像法国大革命独立主义者希望的那样会扩展有限政治并使之发展，相反，革命会毁坏维持有限政治的必要条件，这些条件中首要的和最关键的是法治，是独立的司法制度，是代议制度，是私有财产制度，是靠维持均势以保护政治独立的对外政策。比较起来，中国近代的文化保守主义与西方的保守主义既相通又有异。相通者，它们都是伴随着现代化运动的冲击而出现的、关于发展模式的思考与选择，它们都基本以维护已有政治权威和政治秩序为出发点来确定发展模式，它们都基本体现出折中、调和、平衡、节制的本质特征。所不同的是，中国的文化保守主义在方式、范围和程度、目的上都有自己的特定含义，它不是相对于革命而是相对于彻底的改革与全面进步，产生于权力集团和知识阶层中间的一种有限变革思潮，反映的是中国传统文化对于异域文化的关系和原则，在流变、演进中逐渐显露出浓重的文化民族主义色彩和以有限改革之名行维护道统之实的目的。这些都是西方的保守主义所不具有的。①

---

① 马庆钰．对于文化保守主义的检省．中国人民大学学报，1997（3）：33.

中国近代的文化保守主义企图不改变宗法专制的思想基础，在以儒家为核心的政治文化的前提下，对传统的经济体制、政治体制进行表面的、局部的有限调整，因而其文化批判和文化吸收的效果总是微弱的。文化的特性说明，倘若不把中国封建政治制度和政治精神当作一个彼此互动、不可分割的完整文化实体，对其实施整体结构功能和深层价值准则的否定，而仅是孤立地进行个别批判，则不但不能动摇封建传统文化的牢固根基，并且对个别部分的改造也必定流于形式。

有人归纳出东方保守主义兴起的主要特征有以下三条：首先，以本民族传统中的精神性来抗拒现代化的物质主义。俄国的斯拉夫主义者强调俄国思想中的精神性，中国的新儒家强调传统儒学的心性之学。这些观点基本采取了“东方＝精神，西方＝现代化＝物质”的策略，抨击现代化带来的对传统秩序的破坏，把西方文化贬低为物质主义加以批判。这些批判部分地抓住了现代化进程中的某些消极现象，并加以夸大，其批判锋芒是犀利的，但解决问题的方案值得推敲。其次，强调文化相对主义，用文化相对主义和文化保守主义互相论证、互相支持。欧洲的文化保守主义虽然也强调多元化，但基本上不脱离欧洲中心论的语境，东方民族的文化保守主义则反对欧洲中心论，宣称本民族的精神和思想能够拯救西方文化。东方民族的文化保守主义者往往借用西方保守主义的超验立场来为本民族文化的永恒性辩护。最后，东方民族的文化保守主义者在政治上并不一定主张传统政治，而往往是在接受西方政治文化的基础上强调本民族的精神内涵。也就是说，他们大多采取了精神文化与政治架构分离的策略。①

张世保则认为，中国的文化保守主义与文化民族主义情绪有某种内在的关联性，中国的文化保守主义有两个特征：一是建立在对西方现代性文化理解基础上的反思或拒斥；二是必须对中国传统文化的价值加以维护与守持，且这种维护与守持是其思想中的主导方面。中国人的这种反思是在 20 世纪初才做出的，其标志性的思想成果是章太炎 1906 年提出的“俱分进化论”，他认为随着社会进化，人类的道德（善）也在进化，但同时恶也在扩张。虽然章太炎由此导致了“文明否定论”，但这种认识是深刻的，对后来的文化保守主义者（如梁漱溟）产生过很大影

---

① 赵海峰. 关于文化保守主义和文化进步主义的思考. 哲学研究，2011（9）：105.

响。章太炎一方面对西方现代性进行反思和批评，另一方面又对中国传统进行维护和守持。①

文化民族主义与文化保守主义都强调珍重民族文化，特别重视民族传统文化的价值，但又有以下区别：第一，文化民族主义主要是一种情感诉求，感性多于理性，而文化保守主义主要是一种理性反思，理性多于感性；第二，文化民族主义仅仅是现代性所激起的一种本能反应，它本身不一定对现代性进行反思，而文化保守主义是对现代性进行反思的产物。中国人对西方文化的认识有一个演化过程，只有到了一定的阶段，中国人在对西方文化的认识达到相当的程度之后，对西方文化的反思才可能出现。只有那些持建立在对现代性文化进行批评基础上的"中体西用说"者才是文化保守主义者。有两种"中体西用说"，一般而言，20世纪之前的"中体西用说"在当时"实已是一革命性的态度"，是当时中国最为激进的西化论。进入20世纪之后，"中体西用说"才通过对西方文明的批评与反思而具有文化保守主义的特征。看不到有两种"中体西用说"，而只看到一种"中体西用说"，是与中国近代思想发展的实际不相符的。当然，无论是哪种"中体西用说"，由于都持中国文化优越论的立场，都可以归入文化民族主义行列。②

总结而言，"中体西用说"的提出与变异经过了一个较为漫长的过程，这个命题最早由早期改良派思想家提出，论证中心并非落在中国传统本位上，而是借由维护中学之名，阐述引入西学之必要。到了甲午战争后，持"中体西用说"者转为强调巩固中学之本的重要性，借以排拒清末维新派以西政改革政体之激进思想。与此同时，"中体西用说"也与晚清以来逐渐兴起的文化保守思潮形成交集态势，"国学"的提倡又成为革命党反满兴汉论说的思想渊源。民国建立以后，因为民初政局混乱，政党之争破坏了民主变革的议程，故文化保守主义极力阐发的保存国粹的想法一度成为时代的强音，其坚持论证的文化保守策略与其他各种政治和社会改造思潮一起成为晚清民初思想谱系中的重要一环。

① 张世保. 文化民族主义与文化保守主义论析. 社会科学战线，2008（12）：192.
② 同①193.

参考文献

黄爱平. 百年来清代汉学思想性问题研究述评. 清史研究，2007（4）：92－106.

章清. “采西学”：学科次第之论辩及其意义——略论晚清对“西学门径”的探讨. 历史研究，2007（3）：107－128.

罗检秋. 从清代汉宋关系看今文经学的兴起. 近代史研究，2004（1）：1－45.

刘巍. 从援今文义说古文经到铸古文经学为史学——对章太炎早期经学思想发展轨迹的探讨. 近代史研究，2002（4）：61－100.

漆永祥. 从《汉学师承记》看西学对乾嘉考据学的影响//黄爱平，黄兴涛. 西学与清代文化. 北京：中华书局，2008.

王晓朝. 从明清天主教文献看中国近现代理性思维方式的生成//黄爱平，黄兴涛. 西学与清代文化. 北京：中华书局，2008.

黄克武. 从“文明”论述到“文化”论述：清末民初中国思想界的一个重要转折. 南京大学学报（哲学・人文科学・社会科学），2017（1）：68－78.

李良玉. 从辛亥到五四：民族主义的历史考察//李世涛. 知识分子立场：民族主义与转型期中国的命运. 北京：时代文艺出版社，2000.

吴伯娅. 从新出版的清宫档案看乾隆年间的西学东渐//黄爱平，黄兴涛. 西学与清代文化. 北京：中华书局，2008.

罗厚立. 从思想史视角看近代中国民族主义//李世涛. 知识分子立场：民族主义与转型期中国的命运. 北京：时代文艺出版社，2000.

罗炳良. 崔述的史考与史识. 史学史研究，2006（3）：37－46.

朱维铮. 重评《新学伪经考》. 复旦学报（社会科学版），1992（2）：44－52.

黄燕强. 重论晚清经今古文学之争：与两汉经学的比较研究. 清史研究，2013（3）：73－86.

易惠莉. 传教士、儒士与西学东渐. 学术月刊，1993（4）：55－59.

胡卫清. 传教士 儒学 儒学教育. 史学月刊，1996（6）：49－54.

史革新. 程朱理学与晚清“同治中兴”. 近代史研究，2003（6）：72－104.

张寿安. 打破道统，重建学统：清代学术思想史的一个新观察. “中央研究院”近代史研究所集刊，2006，52：53－111.

胡适. 戴东原的哲学. 国立北京大学国学季刊，1925（1）：1－153.

周昌龙. 戴东原哲学与胡适的智识主义//新思潮与传统：五四思想史论集. 台北：时报文化出版企业有限公司，1995.

孙钦善. 戴震与古籍整理：兼谈对清代考据学派历史经验的批判继承. 北京大学学报（哲学社会科学版），1980（1）：50－61.

冯天瑜. 道光咸丰年间的经世实学. 历史研究，1987（4）：138－154.

方平. 地方自治与清末知识界的民族国家想象. 史林，2012（2）：103－114.

段琦. 丁韪良与西学东渐. 世界宗教研究，2006（1）：104－114.

邢科.《东西史记和合》与晚清世界史观念. 清史研究，2018（1）：112－120.

马庆钰. 对于文化保守主义的检省. 中国人民大学学报，1997（3）：32－37.

杨念群. 反思西学东渐史的若干议题：从“单向文化传播论”到知识类型转变的现代性分析. 华东师范大学学报（哲学社会科学版），2019（3）：18－34.

侯外庐. 方以智——中国的百科全书派大哲学家：论启蒙学者方以智的悲剧生平及其唯物主义思想（上篇）. 历史研究，1957（6）：1－21.

侯外庐. 方以智——中国的百科全书派大哲学家：论启蒙学者方以智的悲剧生平及其唯物主义思想（下篇）. 历史研究，1957（7）：1－25.

李里峰. 概念史研究在中国：回顾与展望. 福建论坛（人文社会科

学版)，2012 (5)：92－100.

黄兴涛. 概念史方法与中国近代史研究. 史学月刊，2012 (9)：11－14.

方维规. 概念史研究方法要旨：兼谈中国相关研究中存在的问题//黄兴涛. 新史学：第 3 卷　文化史研究的再出发. 北京：中华书局，2009.

冯国瑞. 顾亭林入关史迹考. 西北史地季刊，1938 (1)：96－113.

邵丹. 故土与边疆：满洲民族与国家认同里的东北. 清史研究，2011 (1)：21－38.

许纪霖. 国家/国民、国家/民族：国家认同的两个面向. 浙江社会科学，2017 (6)：4－16.

杨向奎，冒怀辛. 关于方以智和中国传统哲学思想的讨论. 历史研究，1985 (1)：33－61.

王宏斌. 关于"经世致用"思潮的几点质疑. 史学月刊，2005 (7)：106－114.

赵海峰. 关于文化保守主义和文化进步主义的思考. 哲学研究，2011 (9)：103－108，123.

邱汉生. 关中大儒李颙思想再探(下). 西北大学学报(哲学社会科学版)，1987 (2)：17－27.

蔡尚思. 黄宗羲反君权思想的历史地位. 文史哲，1987 (2)：19－22，11.

贾庆军. 黄宗羲与弟子学术分歧研究之思考：《清初浙东学派论丛》专章析评. 史林，2013 (1)：176－184，191.

陶飞亚. 怀疑远人：清中前期的禁教缘由及影响. 复旦学报(社会科学版)，2009 (4)：43－52.

张先清. 疾病的隐喻：清前期天主教传播中的医疗文化. 中山大学学报(社会科学版)，2008 (4)：100－111.

柳诒徵. 记王锡侯《字贯》案. 史学杂志，1929，1 (2).

杨天宏. 甲午战后中国知识分子的民族主义情愫. 四川师范大学学报(哲学社会科学版)，1997 (4)：96－104.

黄兴涛. 近代中国新名词的思想史意义发微：兼谈对于"一般思想

史”之认识. 开放时代，2003 (4)：70－82.

桑兵. 近代中国哲学发源. 学术研究，2010 (11)：1－11.

黄燕强. 近代中国的知识进化论及其反思. 武汉大学学报（人文科学版），2016 (3)：44－53.

郑师渠. 近代中国的文化民族主义//李世涛. 知识分子立场：民族主义与转型期中国的命运. 北京：时代文艺出版社，2000.

王先明. 近代“体用”思维模式与《劝学篇》. 天津社会科学，1989 (6)：47－50.

萧一山. 经世释义. 经世，1937，1 (1)：4－11.

刘巍. 经典的没落与章学诚“六经皆史说”的提升. 近代史研究，2008 (2)：4－25.

邓国光. 康熙与乾隆的“皇极”汉、宋义的抉择及其实践：清代帝王经学初探//彭林. 清代经学与文化. 北京：北京大学出版社，2005.

吴义雄. 康有为与理学初论. 中山大学学报（社会科学版），1996 (4)：104－113.

胡适. 科学的古史家崔述. 国立北京大学国学季刊，1923 (2)：265－308.

孙江. 拉克伯里“中国文明西来说”在东亚的传布与文本之比较. 历史研究，2010 (1)：116－137.

陈强. 理学实践的失败与清学的兴起. 复旦学报（社会科学版），2006 (4)：55－60.

沈艳. 理学经世路线与曾国藩的理学经世. 湖北大学学报（哲学社会科学版），1998 (1)：70－75.

马戎. 理解民族关系的新思路：少数族群问题的“去政治化”. 北京大学学报（哲学社会科学版），2004 (6)：122－133.

陈其泰. 廖平与晚清今文经学. 清史研究，1996 (1)：58－66.

刘晓洲. 梁启超的国家主义与晚清的中国认同问题. 西南交通大学学报（社会科学版），2014 (6)：85－94.

张瑞龙. “六经皆史”论与晚清民国经史关系变迁研究. 中国文化研究，2005 (冬之卷)：64－74.

王扬宗.《六合丛谈》中的近代科学知识及其在清末的影响. 中国

科技史料，1999，20（3）：26－41.

范广欣. 刘蓉的“门户之见”与理学家的经世观念. 学术月刊，2016（8）：141－151.

严寿澂. 略论清初江南理学之风：以陆桴亭、陈确庵为例. 史林，2013（2）：71－83.

王先明. 论清代的“禁教”与“防夷”：“闭关主义”政策再认识. 近代史研究，1993（2）：97－106.

房德邻. 论康有为从经古文学向经今文学的转变——兼答黄开国、唐赤蓉先生. 近代史研究，2012（2）：100－114.

陈居渊. 论晚清儒学的“汉宋兼采”. 孔子研究，1997（3）：39－48.

陈旭麓. 论中体西用//陈旭麓文集：第2卷. 上海：华东师范大学出版社，1997.

王明珂. 论攀附：近代炎黄子孙国族建构的古代基础. “中央研究院”历史语言研究所集刊：第73本第三分，2002：583－624.

姚大力，孙静. “满洲”如何演变为民族——论清中叶前“满洲”认同的历史变迁. 社会科学，2006（7）：5－28.

石元康. 民族与民族自觉//刘青峰. 民族主义与中国现代化. 香港：香港中文大学出版社，1994.

李帆. 民族主义与国际认同之间：以刘师培的中国人种、文明西来说为例. 史学理论研究，2005（4）：97－102，159.

张凤阳，等. 民族主义之前的“民族”：一项基于西方情境的概念史考察. 中国社会科学，2017（7）：29－48，204－205.

齐思和. 民族与种族. 禹贡，1937（1/2/3）：25－35.

唐擘黄. 明季清初西来天算对于清代学术的影响. 中山文化教育馆季刊，1936，3（2）：447－569.

杨向奎.《明夷待访录》作者黄宗羲. 史学月刊，1980（1）：40－45.

严寿澂. 明末大儒王船山的人格与思想. 中华文史论丛，2007，87（3）：97－119.

吴震. 明末清初道德劝善思想溯源. 复旦学报（社会科学版），

2008（6）：66－75.

陈受颐. 明末清初耶稣会士的儒教观及其反应. 国立北京大学国学季刊，1935（2）：1－65.

刘耘华. 明末清初中西文化关系研究之反思. 北京大学学报（哲学社会科学版），2005（4）：56－64.

何兆武. 明末清初西学之再评价. 学术月刊，1999（1）：24－29，35.

黄兴涛. 明末至清前期西学的再认识. 清史研究，2013（1）：1－12.

钞晓鸿. 明清人的“奢靡”观念及其演变——基于地方志的考察. 历史研究，2002（4）：96－117.

林金水. 明清之际士大夫与中西礼仪之争. 历史研究，1993（2）：20－38.

卜正民. 明清时期的国家图书检查与图书贸易. 史林，2003（3）：90－104，124.

江晓原. 欧洲天文学在清代社会中的影响//黄爱平，黄兴涛. 西学与清代文化. 北京：中华书局，2008.

刘大年. 评近代经学//朱诚如，王天有. 明清论丛：第1辑. 北京：紫禁城出版社，1999.

刘墨. 乾嘉学术与西学. 清史研究，2005（3）：53－62.

王法周. 乾隆皇帝及其王朝后三十年的政治文化生态. 史林，2013（4）：67－75.

谢景芳. 清初抑制西学探论. 史学集刊，1999（1）：24－29.

刘耘华. 清初宁波文人的西学观：以黄宗羲为中心来考察. 史林，2009（3）：54－61.

李秋零. 清初“中国礼仪之争”的文化学再反思——兼与安希孟先生商榷. 中国人民大学学报，2003（4）：113－118.

高良佐. 清代民族思想之先导者. 建国月刊，1933，9（5）：45－51.

吴景贤. 清代史学与民族思想. 国师季刊，1940（7/8）：79－102.

王庆成. 清代西教在华之环境——康雍乾道咸朝若干稀见文献考释. 历史研究，1997（6）：41－54.

何佑森. 清代经世思潮. 孔子研究，1996（1）：53－114.

申小龙. 清代古音学系统论. 学术月刊，1995（10）：73－80.

黄开国. 清代今文经学发展阶段略论. 哲学研究，2013（11）：47－51.

欧立德. 清代满洲人的民族主体意识与满洲人的中国统治. 清史研究，2002（4）：86－93.

张循. 清代汉、宋学关系研究中若干问题的反思. 四川大学学报（哲学社会科学版），2007（4）：43－53.

罗志田. 清季保存国粹的朝野努力及其观念异同. 近代史研究，2001（2）：28－100.

王尔敏. 清季知识分子的中体西用论//晚清政治思想史论. 台北：华世出版社，1970.

孙隆基. 清季民族主义与黄帝崇拜之发明. 历史研究，2000（3）：68－80.

罗检秋. 清末古文家的经世学风及经世之学. 近代史研究，2001（6）：21－54.

全汉昇. 清末的西学源出中国说. 岭南学报，1935（2）：57－103.

朱维铮. 清末的民族主义//李世涛. 知识分子立场：民族主义与转型期中国的命运. 北京：时代文艺出版社，2000.

黄兴涛. 清末民初新名词新概念的“现代性”问题——兼论“思想现代性”与现代性“社会”概念的中国认同. 天津社会科学，2005（4）：128－136.

常安. 清末民初宪政世界中的“五族共和”. 北大法律评论，2010（2）：343－371.

全汉昇. 清末反对西化的言论. 岭南学报，1935（3/4）：122－166.

黄兴涛. 清末现代“民族”概念形成小考. 人文杂志，2011（4）：140－144.

杨立红，朱正业. 清实录曲笔之考察. 史学史研究，2008（3）：44－50.

陈国生. 清世宗的自卑情结及相关问题初论. 学术月刊，1995（10）：58－63.

姜海军. 清中期南北学术的分立、一统与《四库全书》的编纂. 史学史研究，2016（2）：18－26.

张循. “求同”与“存异”：明清之际儒学社会性格的转变. 武汉大学学报（人文科学版），2017（3）：73－86.

傅正. 斯宾塞“社会有机体”论与清季国家主义——以章太炎、严复为中心. 近代史研究，2017（2）：34－51.

李仁渊. 思想转型时期的传播媒介——清末民初的报刊与新式出版业//王汎森，等. 中国近代思想史的转型时代：张灏院士七秩祝寿论文集. 台北：联经出版事业股份有限公司，2007.

余英时. 明代理学与政治文化发微//宋明理学与政治文化. 桂林：广西师范大学出版社，2006.

张灏. 宋明以来儒家经世思想试释//“中央研究院”近代史研究所. 近世中国经世思想研讨会论文集. 台北：“中央研究院”近代史研究所，1984.

村田雄二郎. 孙中山与辛亥革命时期的“五族共和论”. 广东社会科学，2004（5）：121－128.

杨淑华. 试探曾国藩以礼经世之思想. 台中师院学报，1998（1）.

李海生. 社会批判思潮与明末清初的学术转变. 华东师范大学学报（哲学社会科学版），2001（3）：64－68，127.

刘凤云. 十八世纪的“技术官僚”. 清史研究，2010（2）：17－20.

高王凌. 18世纪经世学派. 史林，2007（1）：150－161.

杨念群. “社会福音派”与基督教乡村建设运动//杨念群自选集. 桂林：广西师范大学出版社，2000.

曹日昌. 谈中体西用. 当代评论，1943，25（3）：4－7.

黄兴涛. 晚清民初现代“文明”和“文化”概念的形成及其历史实践. 近代史研究，2006（6）：1－34.

张晨怡. 晚清湖湘理学群体与湘军网络的形成与维系. 江苏社会科学，2017（2）：247－252.

陶飞亚，刘天路. 晚清“西学源于中学”说. 历史研究，1987（4）：152－164.

王先明，张海荣. 晚清“中体西用”论的再思考//黄爱平，黄兴涛. 西学与清代文化. 北京：中华书局，2008.

束世澂. 王船山先生之政法思想. 史地学报，1924，3（4）：77－93.

王孝鱼. 王船山的历史进化论. 中山文化教育馆季刊，1935，2（1）：105－112.

杨念群. “文质”之辩与中国历史观之构造. 史林，2009（5）：82－90.

张世保. 文化民族主义与文化保守主义论析. 社会科学战线，2008（12）：190－194.

许纪霖. 文化民主主义者的心路历程//李世涛. 知识分子立场：民族主义与转型期中国的命运. 北京：时代文艺出版社，2000.

沈松侨. 我以我血荐轩辕：黄帝神话与晚清的国族建构. 台湾社会研究季刊，1997，28：1－77.

潘先林. “五族共和”思想的内涵与实质探析. 贵州民族研究，2005（6）：6－13.

叶晓青. 西学输入和中国传统文化. 历史研究，1983（1）：7－25.

江怡. 西学东渐与中国的现代化过程//中山大学西学东渐文献馆. 西学东渐研究：第1辑　西学东渐与中国社会现代化. 北京：商务印书馆，2008.

沈定平. 西洋铜版画在清宫廷之流传及其影响//黄爱平，黄兴涛. 西学与清代文化. 北京：中华书局，2008.

黄兴涛. 现代“中华民族”观念形成的历史考察——兼论辛亥革命与中华民族认同之关系. 浙江社会科学，2002（1）：129－142.

李恭忠. 辛亥前后的“洪门民族主义”论说. 近代史研究，2016（6）：4－22.

黄克武. 严复与近代中国的文化转型. 华东师范大学学报（哲学社会科学版），2011（1）：83－89.

王宪明. 严译名著与中国文化的现代化——以严复译《群学肄言》为例的考察. 福州大学学报（哲学社会科学版），2008（2）：24－30，112.

章绛. 与王鹤鸣书. 国粹学报，1910，6（3）：3－6.

孙宏云. 1905—1907年汪精卫梁启超关于种族革命的论战与伯伦知理《国家学》的关系. 学术研究，2002（6）：109－114.

许小青. 1903年前后新式知识分子的主权意识与民族国家认同. 天津社会科学，2002（4）：126－131，144.

敖光旭. 1920年代国内蒙古问题之争：以中俄交涉最后阶段之论争为中心. 近代史研究，2007（4）：55－73.

汤志钧. 再论康有为与今文经学. 历史研究，2000（6）：72－80.

赵刚. 早期全球化背景下盛清多民族帝国的大一统话语重构——以《皇朝文献通考・象纬考、舆地考、四裔考》的几个问题为中心//杨念群. 新史学：第5卷. 北京：中华书局，2011.

胡维革，张昭君. 曾国藩理学经世思想探渊. 北方论丛，1996（1）：17－22.

秦晖. 自由主义与民族主义的契合点在哪里？——回应盛洪先生的"挑战"//李世涛. 知识分子立场：民族主义与转型期中国的命运. 北京：时代文艺出版社，2000.

菅志翔. "族群"：社会群体研究的基础性概念工具. 北京大学学报（哲学社会科学版），2007（5）：138－147.

杨念群. 作为话语的"夷"字与"大一统"历史观. 读书，2010（1）：33－37.

蒋国保. 章学诚"六经皆史"说新论. 华东师范大学学报（哲学社会科学版），2007（6）：52－57.

沈松侨. 振大汉之天声：民族英雄系谱与晚清的国族想象. "中央研究院"近代史研究所集刊，2000，33：77－158.

丁伟志. "中体西用"论在戊戌维新时期的嬗变. 历史研究，1994（1）：137－155.

志坚. 中体西用. 中华周报，1933－03－29（17）.

谢放. 中体西用：转型社会的文化模式. 华中师范大学学报（哲学社会科学版），1996（3）：1－9.

邹云亭. 中体西用・全盘西化・中国本位及其他. 新认识，1942，6（3/4）：59－75.

郝时远. 中文"民族"一词源流考辨. 民族研究，2004（6）：60－69.

王尔敏. 中西学源流说所反映之文化心理趋向//中国近代思想史论

续集. 北京：社会科学文献出版社，2005.

陈波. “中国本部”概念的起源与建构——1550 年代至 1795 年. 学术月刊，2017（4）：145－166.

皮明勇. 中国近代民族主义的多重架构//李世涛. 知识分子立场：民族主义与转型期中国的命运. 北京：时代文艺出版社，2000.

杜赞奇. 从民族国家拯救历史：民族主义话语与中国现代史研究. 王宪明，等译. 北京：社会科学文献出版社，2003.

左玉河. 从四部之学到七科之学：学术分科与近代中国知识系统之创建. 上海：上海书店出版社，2004.

黄兴涛. 重塑中华：近代中国“中华民族”观念研究. 北京：北京师范大学出版社，2018.

侯外庐. 船山学案. 重庆：三友书店，1944.

稽文甫. 船山哲学. 上海：开明书店，1936.

郑吉雄. 戴东原经典诠释的思想史探索. 台北：台湾大学出版中心，2008.

丘为君. 戴震学的形成：知识论述在近代中国的诞生. 北京：新星出版社，2006.

罗志田. 道出于二：过渡时代的新旧之争. 北京：北京师范大学出版社，2014.

刘禾. 帝国的话语政治：从近代中西冲突看现代世界秩序的形成. 北京：三联书店，2009.

白谦慎. 傅山的交往和应酬——艺术社会学的一项个案研究. 上海：上海书画出版社，2003.

白谦慎. 傅山的世界：十七世纪中国书法的嬗变. 北京：三联书店，2006.

辜鸿铭. 辜鸿铭文集. 冯天瑜，标点. 长沙：岳麓书社，1985.

陈居渊. 汉学更新运动研究：清代学术新论. 南京：凤凰出版社，2013.

杨念群. 何处是“江南”：清朝正统观的确立与士林精神世界的变异. 北京：三联书店，2010.

杨念群. 何处是“江南”?：清朝正统观的确立与士林精神世界的变

异. 增订版. 北京：三联书店，2017.

吴光，等. 黄梨洲三百年祭：祭文·笔谈·论述·佚著. 北京：当代中国出版社，1997.

舒新城. 近代中国教育史料. 北京：中国人民大学出版社，2012.

高翔. 近代的初曙. 北京：社会科学文献出版社，2000.

罗检秋. 近代诸子学与文化思潮. 北京：中国社会科学出版社，1998.

汤志钧. 近代经学与政治. 北京：中华书局，1984.

艾尔曼. 经学、政治和宗族：中华帝国晚期常州今文学派研究. 赵刚，译. 南京：江苏人民出版社，1998.

艾尔曼. 科学在中国（1550—1900）. 原祖杰，等译. 北京：中国人民大学出版社，2016.

罗威廉. 救世：陈宏谋与十八世纪中国的精英意识. 陈乃宣，李兴华，胡玲，等译. 北京：中国人民大学出版社，2013.

姚念慈. 康熙盛世与帝王心术：评“自古得天下之正莫如我朝”. 北京：三联书店，2015.

刘禾. 跨语际实践：文学、民族文化与被译介的现代性（中国，1900—1937）. 北京：三联书店，2002.

李塨. 李塨集. 陈山榜，等点校. 北京：人民出版社，2014.

李孝悌. 恋恋红尘：中国的城市、欲望和生活. 上海：上海人民出版社，2007.

梁启超. 梁启超全集：第四集　论著四. 汤志钧，汤仁泽，编. 北京：中国人民大学出版社，2018.

梁启超. 论中国学术思想变迁之大势. 上海：上海古籍出版社，2001.

梁元生. 林乐知在华事业与《万国公报》. 香港：香港中文大学出版社，1978.

陆九渊. 陆九渊集. 钟哲，点校. 北京：中华书局，1980.

余英时. 论戴震与章学诚：清代中期学术思想史研究. 2 版. 北京：三联书店，2005.

徐迅. 民族主义. 2 版. 北京：中国社会科学出版社，2005.

张廷玉，等. 明史. 北京：中华书局，1974.

何冠彪. 明末清初学术思想研究. 台北：台湾学生书局，1991.

赵园. 明清之际士大夫研究. 北京：北京大学出版社，1999.

郑宗义. 明清儒学转型探析：从刘蕺山到戴东原. 香港：香港中文大学出版社，2000.

孟森. 明清史论著集刊. 北京：中华书局，1959.

漆永祥. 乾嘉考据学研究. 北京：中国社会科学出版社，1998.

张涛. 乾隆三礼馆史论. 上海：上海人民出版社，2015.

叶高树. 清朝前期的文化政策. 台北：稻乡出版社，2002.

钟焓. 清朝史的基本特征再探究：以对北美“新清史”观点的反思为中心. 北京：中央民族大学出版社，2018.

林存阳. 清初三礼学. 北京：社会科学文献出版社，2002.

萧一山. 清代通史. 上海：华东师范大学出版社，2006.

张丽珠. 清代新义理学：传统与现代的交会. 台北：里仁书局，2004.

张丽珠. 清代义理学新貌. 台北：里仁书局，1999.

杜维运. 清代史学与史家. 台北：东大图书有限公司，1984.

梁启超. 清代学术概论. 上海：商务印书馆，1930.

陆宝千. 清代思想史. 上海：华东师范大学出版社，2009.

吴通福. 清代新义理观之研究. 南昌：江西人民出版社，2007.

郭成康，林铁钧. 清代文字狱. 北京：群众出版社，1990.

刘仲华. 清代诸子学研究. 北京：中国人民大学出版社，2004.

龚书铎，史革新. 清代理学史. 广州：广东教育出版社，2007.

李孝悌. 清末的下层社会启蒙运动：1901—1911. 台北：“中央研究院”近代史研究所，1993.

刘师培. 清儒得失论. 长春：吉林人民出版社，2013.

王汎森. 权力的毛细管作用：清代的思想、学术与心态. 台北：联经出版事业股份有限公司，2013.

罗志田. 权势转移：近代中国的思想与社会. 北京：北京师范大学出版社，2014.

列文森. 儒教中国及其现代命运. 郑大华，任菁，译. 北京：中国社会科学出版社，2000.

郭伯恭. 四库全书纂修考. 北平：国立北平研究院史学研究会，1937.

任松如. 四库全书答问. 上海：启智书局，1935.

张寿安. 十八世纪礼学考证的思想活力：礼教论争与礼秩重省. 北京：北京大学出版社，2005.

黄兴涛. “她”字的文化史. 北京：北京师范大学出版社，2016.

张瑞龙. 天理教事件与清中叶的政治、学术与社会. 北京：中华书局，2014.

何贻焜. 亭林学术述评. 南京：正中书局，1944.

张寿安. 晚清民初的知识转型与知识传播. 北京：北京师范大学出版社，2018.

陶绪. 晚清民族主义思潮. 北京：人民出版社，1995.

潘光哲. 晚清士人的西学阅读史：1833—1898. 台北：“中央研究院”近代史研究所，2005.

李细珠. 晚清保守思想的原型：倭仁研究. 北京：社会科学文献出版社，2000.

郑师渠. 晚清国粹派：文化思想研究. 2 版. 北京：北京师范大学出版社，1997.

喻大华. 晚清文化保守思潮研究. 北京：人民出版社，2001.

王汎森. 晚明清初思想十论. 上海：复旦大学出版社，2004.

周积明. 文化视野下的《四库全书总目》. 北京：中国青年出版社，2001.

李明军. 文统与正统之间：康雍乾时期的文化政策和文学精神. 济南：齐鲁书社，2008.

方维规. 文学话语与历史意识. 上海：复旦大学出版社，2015.

黄克武. 惟适之安：严复与近代中国文化的转型. 台北：联经出版事业股份有限公司，2010.

杨念群. 五四的另一面：“社会”观念的形成与新型组织的诞生. 上海：上海人民出版社，2019.

毛文芳. 物·性别·观看——明末清初文化书写新探. 台北：台湾

学生书局，2001.

邹振环. 西方传教士与晚清西史东渐：以 1815 至 1900 年西方历史译著的传播与影响为中心. 上海：上海古籍出版社，2007.

熊月之. 西学东渐与晚清社会. 北京：中国人民大学出版社，2010.

赵晖. 西学东渐与清代前期数学. 杭州：浙江大学出版社，2010.

汪晖. 现代中国思想的兴起. 北京：三联书店，2004.

桑兵，关晓红. 先因后创与不破不立：近代中国学术流派研究. 北京：三联书店，2007.

黄东兰. 新史学：第 4 卷　再生产的近代知识. 北京：中华书局，2010.

张寿安. 以礼代理：凌廷堪与清中叶儒学思想之转变. 台北："中央研究院"近代史研究所，1994.

张寿安. 以礼代理：凌廷堪与清中叶儒学思想之转变. 石家庄：河北教育出版社，2001.

范广欣. 以经术为治术：晚清湖南理学家的经世思想. 南京：南京大学出版社，2016.

杨国强. 义理与事功之间的徘徊：曾国藩、李鸿章及其时代. 北京：三联书店，2008.

卢明玉. 译与异：林乐知译述与西学传播. 北京：首都经济贸易大学出版社，2010.

黄进兴. 优入圣域：权力、信仰与正当性. 修订版. 北京：中华书局，2010.

王达敏. 姚鼐与乾嘉学派. 北京：学苑出版社，2007.

刘禾. 语际书写：现代思想史写作批判纲要. 桂林：广西师范大学出版社，2017.

胡适，姚名达. 章实斋先生年谱. 上海：商务印书馆，1929.

章太炎. 章太炎政论选集. 汤志钧，编. 北京：中华书局，1977.

山口久和. 章学诚的知识论：以考证学批判为中心. 王标，译. 上海：上海古籍出版社，2006.

郑天挺. 郑天挺西南联大日记. 北京：中华书局，2018.

李世涛. 知识分子立场：民族主义与转型期中国的命运. 北京：时

代文艺出版社，2000.

鱼洪亮. 知识与救世：明清之际经世之学研究. 北京：北京大学出版社，2008.

费孝通，等. 中华民族多元一体格局. 北京：中央民族学院出版社，1989.

马戎. “中华民族是一个”：围绕1939年这一议题的大讨论. 北京：社会科学文献出版社，2016.

丁伟志，陈崧. 中西体用之间：晚清中西文化观述论. 北京：中国社会科学出版社，1995.

何兆武. 中西文化交流史论. 北京：中国青年出版社，2001.

罗威廉. 中国最后的帝国：大清王朝. 李仁渊，张远，译. 台北：台湾大学出版中心，2016.

钱穆. 中国近三百年学术史. 北京：商务印书馆，1997.

梁启超. 中国近三百年学术史. 上海：上海古籍出版社，2014.

杨荣国. 中国十七世纪思想史. 永安：东南出版社，1945.

余英时. 中国思想传统的现代诠释. 南京：江苏人民出版社，1995.

朱鸿林. 中国近世儒学实质的思辨与习学. 北京：北京大学出版社，2005.

王尔敏. 中国近代思想史论续集. 北京：社会科学文献出版社，2005.

宋文炳. 中国民族史. 上海：中华书局，1935.

葛荣晋. 中国实学思想史. 北京：首都师范大学出版社，1994.

孙钦善. 中国古文献学史. 北京：中华书局，1994.

张仲民. 种瓜得豆：清末民初的阅读文化与接受政治. 北京：社会科学文献出版社，2016.

图书在版编目（CIP）数据

百年清史研究史．思想文化史卷/杨念群著．—北京：中国人民大学出版社，2020.5
ISBN 978-7-300-27938-1

Ⅰ.①百… Ⅱ.①杨… Ⅲ.①中国历史-研究-清代 ②思想史-研究-中国-清代
Ⅳ.①K249.07 ②B249.05

中国版本图书馆 CIP 数据核字（2020）第 026174 号

国家出版基金项目

黄兴涛　夏明方　杨念群　主编
百年清史研究史・思想文化史卷
杨念群　著
Bai Nian Qingshi Yanjiu Shi • Sixiang Wenhua Shi Juan

出版发行	中国人民大学出版社		
社　　址	北京中关村大街 31 号	**邮政编码**	100080
电　　话	010－62511242（总编室）		010－62511770（质管部）
	010－82501766（邮购部）		010－62514148（门市部）
	010－62515195（发行公司）		010－62515275（盗版举报）
网　　址	http://www.crup.com.cn		
经　　销	新华书店		
印　　刷	涿州市星河印刷有限公司		
规　　格	160 mm×230 mm　16 开本	**版　　次**	2020 年 5 月第 1 版
印　　张	17.5　插页 3	**印　　次**	2020 年 5 月第 1 次印刷
字　　数	262 000	**定　　价**	109.00 元